KB059680

노
자

도
덕
경

老子 道德經

노자 도덕경

── 길을 얻은 삶

정세근 지음

문예출판사

爲天下母

소리도 꼴도 없으며,
홀로 서 바뀌지 않고,
맴돌면서도 멈추지 않으니,
천하의 어머니이리라.

寂兮廖兮, 獨立不改, 周行而不殆, 可以爲天下母.
-제25장-

천하에 처음이 있으니 천하의 어머니로 여긴다.

天下有始, 以爲天下母.
-제52장-

《노자》는 어렵다고 한다.《도덕경》이라는 말 때문에 더 그렇다. 그러나 이 책은 쉬우려고 무던히 애쓴 글이다.

　모르면 어렵게 말한다. 내가 모르면 남에게 어렵게 말할 수밖에 없다. 그래서 '나'를 기준으로 이해한 것을 한마디로 정리해놓았다. 본문을 읽지 않고 제목만 보아도 그 구절의 핵심적인 뜻이 무엇인지 알도록 했다. 그래서 제목도《도와 덕 이야기》,《나의 길(도道)을 얻은(덕德: 득得) 너에게》,《노자 할아버지의 도덕경》,《한마디 노자 도덕경》,《우리말 노자 도덕경》으로 갔다가, 마침내《노자 도덕경: 길을 얻은 삶》으로 정했다. 옛날식으로는《노자 가볍게 보기》(노자천견老子淺見),《노자 엿보기》(노자관규老子管窺) 정도로 생각해주었으면 한다.

　이를테면 제20장에 '밥 어머니'라는 표현이 나오는데, 뜻이 밥이라서 '먹을 식食'이 아니라 '밥 사食'라는 사전적인 구별을 하지 않고 우리말에 널리 쓰였던 '식모'(食母)라는 낱말로 적었다. 식모는《예기禮記》〈내칙內則〉편에 나오는 용례('大夫之子有食母')에서 보여주듯이 '유모乳母'로 볼 수 있는데(청淸 오징吳澄도 그렇게 본다), 이것을 굳이 어렵게 풀

까닭이 없기 때문이다.《장자莊子》〈덕충부德充符〉에 나오는 죽은 어미젖을 빠는 새끼돼지 이야기에서도 '식'(食於其死母)은 '젖을 빤다(乳)'는 뜻이다. 일본 쪽(大漢和辭典, 44014··136)에서도 식모(ショクボ)로 읽는다.《논어論語》〈옹야雍也〉의 '광주리 밥에 표주박 물(一簞食, 一瓢飮)'이라는 표현은 전통적으로 '일단사, 일표음'으로 읽고 중국어에서도 엄격히 따진다(shí가 아닌 sì). 중요한 것은 내용으로 '밥 주는 사람이 최고'라는 이야기다. 하상공은 식과 모를 각기 '용用'과 '도道'로 보고, 왕필은 식모를 '삶의 바탕(生之本)'으로 본다. 강아지도 식모를 따르지 주인을 따르지 않는다. 누구한테도 밥 주는 사람이 제일이다. 엄마가 아이에게 가장 많이 하는 말이 바로 "밥 먹었니?"라는 물음 아닌가. '우리는 남에게 식모가 되어야 한다'는 것이 바로 노자의 뜻이기에 나는 식모라는 말이 더 좋았다. 우리 모두 밥 어머니가 되자는 뜻에서, 나는 남과 다르게 밥 어머니를 높인다는 뜻에서.

마찬가지로 제54장의 '국國'도 한 고조 유방의 '방邦' 자를 휘諱하기 위해 국으로 바꾸었다손 치더라도 우리말에 방보다는 국이 나라의 이미지에 맞기에 그대로 두었다. 제10장에는 '애국치민愛國治民', 제18장에는 '국가혼란國家昏亂', 제57장 '치국治國'과 '국가國家', 제60장에는 '대국大國', 제61장에는 '대국'과 '소국小國', 제65장에는 '치국', 제80장에는 '소국과민小國寡民'과 '인국隣國', 그리고 제36장, 제59장, 제65장, 제78장에는 '국' 자가 독립적인 표현으로 나오기 때문에 우리에게 익숙하고 쉬운 글자로 내버려 둔 것이다.

잘 알수록 쉽게 말한다. 이것이 이 글의 취지다. 쉽게 말하기 위해서는 한 사람의 주석에 구애받지 말고 여러 판본 속에서 앞뒤가 맞는 문자를 찾아야 했다. 하나의 주석본을 따라가다 보면 그 해석에 매달릴 수밖에 없기 때문이다. 따라서 하상공본, 왕필본, 부혁본을 따지지 않고 가장 좋은 뜻을 얻으려 했다. 당송唐宋뿐만 아니라 명청明淸 시대 주석서의 제안도 과감히 받아들였다. 노자의 주해를 정리하여 한자권에서 애독되는 진고응陳鼓應의 《노자금주금석老子今註今釋》(1970)도 참고했다. 조선조 여러 노자주도 빠뜨릴 수 없었다. 그러나 현대적인 해석이 절실했다. 독자들은 이 《노자》가 곧 나의 판본임을 기억해주기 바란다.

이를테면 제25장의 '왕王' 자를 '인人'자로 고쳤는데, 그것은 하상공본이나 왕필본이 모두 왕 자라고 해서 그 뜻을 따르기 어렵기 때문이다. '도도 크고, 하늘도 크고, 땅도 크고, 사람도 크다'라는 것이 노자의 뜻에 맞지 갑자기 '왕이 크다'면 권력을 좋아하는 노자가 되고 만다[그것에 관한 상세한 논의는 나의 《제도와 본성-현학이란 무엇인가》(2001)에 실려 있다].

제39장의 경우도 그렇다. 임금을 이야기하면서 '높은 것을 귀하게 여김(貴高)'은 노자의 사상에 맞지 않기 때문에 스승인 무구비재無求備齋 엄영봉嚴靈峯 선생의 의견을 따라 '곧음(貞)'으로 바꿨다. 그에 앞서 '발發'도 문맥상 '폐廢'이고, 《노자》에 '발'이 아닌 '폐' 자가 자주 나오기 때문에 고쳤다. 아울러 하상공, 왕필, 발굴 백서본까지 모두 '수레 여輿'로 되어 있지만 맥락상 '기릴 예譽'이기 때문에 음차로 보고 '예'로 통일했다.

제76장에서 통용 왕필본은 '병력이 강하면 이기지 못하고, 나무가 강하면 (잘려) 병기가 된다(兵强則不勝, 木强則兵)'고 쓰여 있는데, 그 밖의

9

하상공본뿐만 아니라 《도장道藏》의 왕필본과 부혁본 등은 모두 '병兵' 자가 아니고 '공共' 자로 되어 있다. 공 자가 가능하도록 이해시켜주는 것은 백서본의 '홍烘' 자로, 왜냐면 《이아爾雅》 〈석언釋言〉에 '홍은 태우는 것(烘, 燎也)'이라고 되어 있기 때문이다. 그러나 강하던 강하지 않던 태우는 데는 크게 지장이 없는 것이기 때문에 '나무가 강하면 불살라진다'는 해석은 아무래도 고개를 젓게 한다. 그런데 《열자列子》 〈황제皇帝〉, 《문자文子》 〈도원道原〉, 《회남자淮南子》 〈원도훈原道訓〉에 노자의 말이라면서 "군대가 강하면 멸망하고, 나무가 강하면 부러진다(兵强則滅, 木强則折)"고 나오므로, 위의 구절로 원문을 삼았다. 멸과 절은 운을 맞춘 것이며, 더욱이 고대문자인 전서篆書에서 절 자는 언뜻 공 자와 비슷하게 생겼기에 오기할 수 있기 때문이다(왼손과 오른손 위에 '斤'이 있으니 '兵'으로 보인다. 진주陳柱와 고형高亨의 의견). 우리 식으로 《현산어보玄山魚譜》('흑산어보'라는 뜻)를 현玄 자가 두 개 붙어 있었던 현의 옛글자를 자玆로 잘못 읽어 《자산어보》가 된 것과 같다.

전공자는 이런 판본학적인 문제에 주의하기 바란다. 나도 서생인지라 어쩔 수 없이 한자 하나도 놓치지 않고 모두 우리말로 새기려고 했다. 내 말에 해당되는 원문이 어떤 글자인지 찾아보면서 책을 읽는 것도 재미있을 것이다. 거꾸로 한자를 우리말의 어떤 표현으로 바꾸었는지를 대응시켜보면서 읽는 것도 흥미로울 것이다. 내 번역의 원칙은 '틀리더라도 애매해서는 안 된다'는 것이다. 틀리면 후학이라도 고치는데, 모호하면 고칠 수도 없다.

《노자》라는 이름은 철학자의 이름을 따 책 이름도 정하는 동양적 전통에 따른 것이다. 《맹자》, 《순자》, 《묵자》, 《한비자》가 곧 그렇다.

《도덕경》이라는 이름은 노자를 신격화시키면서 경전의 반열에까지 올리면서 생긴 말이다. 따라서 쉽게 《노자》라고 부르는 것도 좋다. 《도덕경》은 도덕에 관한 글이라고 오해하기 쉬운데 이때만 하더라도 오늘날의 뜻과 같은 '도덕'이라는 낱말이 생기기 전이다(위진현학에 가서야 '인의도덕仁義道德'이라는 말이 나온다). 《도덕경》이라고 불리는 까닭은 이 책이 '도道'와 '덕德' 곧 '진리'와 '실천'에 관한 경전이기 때문이다. 그리고 책은 반으로 나뉘기 때문에 〈도경〉, 〈덕경〉으로 불려도 좋고 그냥 〈상편上編〉, 〈하편下編〉으로 불려도 좋다. 심지어 무덤에서 뒤바뀐 채로 발굴되어 《덕도경》이라고 불리기도 한다.

　《노자》를 쉽게 읽는 비법이 있다. 한마디로 여성성이라는 코드다. 남성적 문화에 반기를 들고 여성적 문화를 복권시키려는 것이 노자였다. 《노자》에 나오는 '어머니', '암컷', '골짜기', '부드러움', '감춤', '아낌', '앞에 나서지 않음'이 모두 그렇다. 비록 그가 말하는 여성성이 소극적인 면이 많아 한계를 보이지만, 그 당시 가치의 전도를 꾀한 노력을 높이 봐주었으면 한다. 한마디로 노자는 어머니의 철학이다.

　이 글은 십 년 동안 쓴 글이다. 다 쓰고 나서도 십 년이 지났다. 십년이 더 가기 전에 책으로 만들어 함께 즐기고자 한다. 쉽게 들어오지 않으면 던져버리길. 여든 전에는 《우리말 장자》를 낼 것을 약속한다.

'너에게는 무위, 나에게는 자연'

2017년 맹하(孟夏) 시거옥(尸居屋)에서

차례

도경 道經

사람들은 낮은 데로 가기 싫어하지만, 물은 낮은 데에서 머뭅니다.
낮은 곳이라면 어디든지 달려갑니다.
- 나는 물처럼 싸우지 않습니다.

제1장   나는 본디 이름이 없습니다

1.1 길(道)을 말할 수 있으면 늘 그러한 길(常道)이 아니며,

　　이름(名)을 이름 지을 수 있으면 늘 그러한 이름(常名)이 아니다.

1.2 이름이 없는 것은 천지의 처음이며,

　　이름이 있는 것은 만물의 어머니이다.

1.3 따라서 하고자 함이 없어 그 야릇함을 보며,

　　하고자 하니 그 드러남을 본다.

1.4 이 둘은 한 곳에서 나왔지만 이름이 다르니,

　　같이 말하여 검다고 한다.

1.5 검고도 또 검으니

　　여러 야릇함의 구멍이다.

1.1 道可道, 非常道, 名可名, 非常名.
　　도 가 도　비 상 도　명 가 명　비 상 명

1.2 無名天地之始, 有名萬物之母.
　　무 명 천 지 지 시　유 명 만 물 지 모

1.3 故常無欲以觀其妙, 常有欲以觀其徼.
　　고 상 무 욕 이 관 기 묘　상 유 욕 이 관 기 요

1.4 此兩者, 同出而異名, 同謂之玄.
　　차 량 자　동 출 이 이 명　동 위 지 현

1.5 玄之又玄, 衆妙之門.
　　현 지 우 현　중 묘 지 문

1.1 도道를 '이것이다', '저것이다' 하면 그것은 진정한 도가 아닙니다. 왜냐하면 도는 한마디로 말할 수 없기 때문입니다. 이것을 도라 하면 저것은 무엇이 되고, 저것을 도라 하면 이것은 무엇이 되겠습니까? 도는 이것도 저것도 아닙니다. 도는 이것과 저것을 모두 아우르는 것입니다. 이름도 마찬가지입니다. 어떤 것에 하나의 이름을 붙이면 그 이름에 갇혀버리고 맙니다. 그래서 진정한 이름이란 이름에 갇혀 있는 것이 아닙니다. 나를 그런 사람이라고 말하면, 그렇지 않은 나는 내가 아닙니까? 그것을 이것이라고 이름 지으면, 이것 아닌 그것은 그것이 아닙니까?

◦ 나를 무엇이라 말하지 마십시오. 남을 무엇이라 이름 짓지 마십시오.

1.2 천지에는 이름이 없었습니다. 우리가 천지를 '하늘' 또는 '땅'이라고 이름 지었을 뿐입니다. 이름이 없는 천지가 바로 처음 그대로입니다. 그런데 언제부터인가 이름이 생겼습니다. 나무를 '나무'라 하고 새를 '새'라 하게 되었습니다. 만물이 자신의 이름을 갖습니다. 그래서 이름은 만물의 어머니가 되는 것입니다. 이름 때문에 '나무'와 '새'가 나누어집니다. '나무'라는 이름 아래, '소나무'도 '참나무'도 이름을 갖습니다. '새'라는 이름 아래, '참새'도 '파랑새'도 이름을 갖습니다. 세계는 처음에는 이름이 없었지만, 이름으로 자리를 잡아갑니다.

◦ 나는 본디 이름이 없었습니다. 그러나 이제는 이름 때문에 내가 있는 것입니다.

1.3 세상은 오묘한 것입니다. 그런데 오묘한 것을 보려면 마음에 욕심이 없어야 합니다. 마음에 욕심이 가득하면 그것에 마음이 가려 세

상의 오묘함을 보지 못합니다. 그러나 욕심도 살아가기 위해서는 없어서는 안 되는 것입니다. 밥을 먹으려 하고, 집을 지으려 하고, 벗과 사귀려 하는 욕심은 현실에서 필요한 것입니다. 그러한 욕심이 세상의 분명한 것을 보게 해줍니다. 그래서 무욕으로는 세상에 드러나지 않은 것을 보고, 욕심으로는 세상에 드러난 것을 보는 것입니다.

° 나는 욕심이 없을 때 이 세계가 무엇인지를 보게 됩니다. 그러나 나는 욕심이 있기에 이 세계를 살아갑니다.

1.4 이름이 없는 것과 있는 것, 욕심이 없는 것과 있는 것, 이 둘은 다른 것 같지만 사실 하나입니다. 이름이 있건 없건 모두 이 세계에 있으며, 욕심을 부리건 말건 모두 이 현실에 있기 때문입니다. 그렇다면 이름이 없는 것과 있는 것, 욕심이 없는 것과 있는 것을 모두 한마디로 말할 수 없을까요? 있음과 없음이 함께하는 것을 무엇이라고 불러야 할까요? 그것을 현玄이라고 합니다. 모든 것을 어둠 속으로 받아들입니다. 있는 것도 아니고, 없는 것도 아닙니다. 있으나 없는 것과 더불어 하고, 없으나 있는 것과 더불어 합니다.

° 나는 있지도 없지도 않습니다. 나는 없었지만 있고, 있지만 없어집니다.

1.5 세계는 어둡고도 어두운 현한 것입니다. 세계의 본모습은 검디 검으며, 눈에 확 들어오지 않고 가물거리며, 안개에 가린 듯 그윽합니다. 그것이야말로 이 세계의 오묘함으로 들어가는 문이 아닐 수 없습니다.

° 나는 진정한 세계로 들어가는 문을 보고자 합니다.

제2장 나는 끝나면 떠나는 이입니다

2.1 천하가 모두 아름다운 것을 아름답다고 알기에 이것은 미워지고,

모두 잘난 것을 잘났다고 알기에 이것은 잘나지 못하게 된다.

2.2 따라서 있고 없음이 서로 낳고,

어렵고 쉬움이 서로 만들고,

길고 짧음이 서로 꼴을 이루고,

높고 낮음이 서로 기울고,

가락과 소리가 서로 어울리고,

앞과 뒤가 서로 따른다.

2.3 그러므로 성인聖人은 함이 없는 일에 머물고,

말하지 않는 가르침을 행한다.

2.4 만물을 만들었으나 말이 없고,

낳으면서도 갖지 않고,

하면서도 자랑하지 않고,

공이 이루어지면 머물지 않는다.

2.5 오로지 머물지 않으니,

이로써 밀려나지 않는다.

2.1 天下皆知美之爲美, 斯惡已, 皆知善之爲善, 斯不善已.
천 하 개 지 미 지 위 미   사 오 이   개 지 선 지 위 선   사 불 선 이

2.2 故有無相生, 難易相成, 長短相形, 高下相傾, 音聲相和,
고 유 무 상 생   난 이 상 성   장 단 상 형   고 하 상 경   음 성 상 화

前後相隨.
전 후 상 수

2.3 是以聖人處無爲之事, 行不言之教.
시 이 성 인 처 무 위 지 사   행 불 언 지 교

2.4 萬物作焉而不辭, 生而不有, 爲而不恃, 功成而弗居.
만 물 작 언 이 불 사   생 이 불 유   위 이 불 시   공 성 이 불 거

2.5 夫惟弗居, 是以不去.
부 유 불 거   시 이 불 거

2.1 천하에는 아름다운 것이 있는데, 그것을 아름답다고 알기 때문에 이것이 미워집니다. 거꾸로 우리가 아름답다고 함은 미운 것을 알기 때문에 아름답다고 하는 것입니다. 왼쪽에 있는 사람을 '아름답다'고 해보십시오. 오른쪽에 있는 사람은 '나는 아름답지 않구나' 하며 속상해할 것입니다. 아름다움이 미움을 만들고 미움이 아름다움을 만드는 것입니다.

천하에는 잘난 것이 있는데, 그것을 잘났다고 알기 때문에 이것이 잘나지 못하게 됩니다. 거꾸로 우리가 잘났다고 함은 잘나지 못한 것을 알기 때문에 잘났다고 하는 것입니다. 앞에 있는 사람을 '잘났다'고 해보십시오. 뒤에 있는 사람은 '나는 잘나지 못했구나' 하며 마음 아파할 것입니다. 아름다움은 미움에서 나오고, 미움은 아름다움에서 나옵니다. 잘남은 잘 못남에서 나오고, 잘 못남은 잘남에서 나옵니다.

° 나는 너를 아름답다거나 잘났다고 말하지 않습니다. 그가 아름답지 못하거나 잘나지 못했다고 여겨질까봐 그렇습니다.

21

2.2 있음은 없는 데서 나오고, 없음은 있는 데서 나옵니다. 모든 것은 있다가 없게 되고, 없다가 있게 됩니다. 우리가 먹는 쌀은 한 해 전에는 없었고, 우리 앞의 꽃은 한 달 후에는 사라집니다.

어려움은 쉬운 데서 만들어지고, 쉬움은 어려운 데서 만들어집니다. 이것이 어려운 것은 저것보다 어렵기 때문이며, 이것이 쉬운 것은 저것보다 쉽기 때문입니다. 어려운 문제는 쉬운 문제보다 어렵다는 것이며, 쉬운 문제는 어려운 문제보다 쉽다는 것입니다.

깊은 짧은 데서 이루어지고, 짧음은 긴 데서 이루어집니다. 긴 것은 짧은 것과 견주어 긴 것이고, 짧은 것은 긴 것과 견주어 짧은 것입니다. 한 팔은 한 뼘보다 길지만, 한 팔은 한 길보다 짧습니다.

높음은 낮은 데로 기울고, 낮음은 높은 데로 기웁니다. 높은 것은 낮은 것보다 높은 것이고, 낮은 것은 높은 것보다 낮은 것입니다. 나는 키다리보다는 난쟁이이지만, 난쟁이보다는 키다리입니다.

가락은 소리를 타고, 소리는 가락을 탑니다. 가락과 소리는 어우러지는 것입니다. 가락 없는 노래도 없고, 소리 없는 노래도 없습니다.

앞의 것은 뒤의 것에 쫓기며, 뒤의 것은 앞의 것을 따릅니다. 앞은 뒤보다 앞서고, 뒤는 앞보다 뒤처지는 것입니다. '앞에 가는 사람은 도둑놈'이라면, 경찰에 쫓기는 도둑도 도둑이고 기자에게 쫓기는 경찰도 도둑입니다.

○ 나는 너에서 나오고, 너는 나에서 나옵니다.

2.3 성인聖人은 아무것도 하지 않지만 그것이 곧 그의 일입니다. 그는 일을 그렇게 합니다. 아무것도 하지 않는다고, 하는 일이 없다고

하지 마십시오. 아무것도 하지 않는 것이야말로 그의 가장 큰 일입니다. 성인은 말로 가르치지 않지만 그것이 곧 그의 가르침입니다. 그는 가르침을 그렇게 합니다. 말을 하지 않았다고, 가르침을 주지 않았다고 하지 마십시오. 말 없는 가르침이 그의 가장 큰 가르침입니다.

◦ 나는 일하지 않으면서도 일하고, 말하지 않으면서도 말합니다.

　2.4 만물을 잘 지었지만, 떠들고 다니지 않습니다. 열심히 경작해서 풍년이 되어도 시끌벅적하지 않고 조용합니다. 만물을 살리기만 할 뿐 갖지 않습니다. 생명을 불어넣어주지만 그렇다고 해서 소유하지 않습니다. 일을 하지만 잘난 척하지 않습니다. 일을 하기만 하면 됐지 이건 내가 했답시고 힘주지 않습니다. 할 바가 끝나면 떠납니다. 임무가 성공하면 그 자리에서 머뭇거리지 않고 일어섭니다.

◦ 나는 너를 살리지만, 네가 살아나면 나는 갑니다.

　2.5 일이 이루어지면 머물러 있지 않아야 됩니다. 완성된 것에서 떠나야 합니다. 머물러 있으면 결국에는 밀려나게 됩니다. 떠나십시오. 일이 끝나면 그 자리에서 머물러 있지 마십시오. 그것이 세상의 이치이고 법도입니다.

◦ 나는 끝나면 떠나는 이입니다.

제3장   나는 아무것도 하지 않지만, 모든 것이 잘 돼갑니다

3.1 똑똑함을 우러르지 않아 사람들이 싸우지 않게 하고,

얻기 어려운 재화를 귀하게 여기지 않아 사람들이 도둑이 되지 않게

하고,

욕심날 만한 것을 보이지 않아 사람들의 마음이 어지럽지 않게 한다.

3.2 그러므로 성인의 다스림은 마음을 비우게 하고,

배를 채우며,

뜻을 약하게 하며,

뼈를 강하게 한다.

3.3 늘 사람들을 앎이 없게 하고 하고자 함이 없게 하며,

머리 좋은 놈들이 어떻게 하지 못하게 한다.

3.4 하지 않음(無爲)을 하니, 다스려지지 않음이 없다.

3.1 不尙賢, 使民不爭, 不貴難得之貨, 使民不爲盜, 不見可欲,
   불 상 현   사 민 부 쟁   불 귀 난 득 지 화   사 민 불 위 도   불 현 가 욕

   使民心不亂.
   사 민 심 불 란

3.2 是以聖人之治, 虛其心, 實其腹, 弱其志, 强其骨.
   시 이 성 인 지 치   허 기 심   실 기 복   약 기 지   강 기 골

3.3 常使民無知無欲, 使夫智者不敢爲也.
   상 사 민 무 지 무 욕   사 부 지 자 불 감 위 야

3.4 爲無爲, 則無不治.
   위 무 위   즉 무 불 치

24

3.1 똑똑함을 우러르면 사람들은 서로 똑똑해지려고 싸우게 됩니다. 따라서 똑똑함을 우러르는 것은 싸움을 일으키는 것과 같습니다. 똑똑함을 우러르지 마십시오. 그래야 우리는 싸우지 않습니다. 똑똑하다고 잘났다고 여기지 마십시오. 싸움 날까 두렵습니다.

얻기 어려운 물건을 좋아하면 사람들이 그것을 얻으려고 도둑질하게 됩니다. 따라서 얻기 어려운 물건을 좋아하는 것은 도둑질을 벌이는 것과 같습니다. 얻기 어려운 물건을 좋아하지 마십시오. 그래야 우리는 도둑질을 하지 않습니다. 보석을 훔치는 것은 그것이 얻기 어렵기 때문이지 그것을 먹으려는 것이 아닙니다.

욕심날 만한 것을 보이면 그것 때문에 사람들의 마음이 어지러워집니다. 따라서 욕심날 만한 것을 보이는 것은 마음을 어지럽히는 것과 같습니다. 욕심날 만한 것을 보이지 마십시오. 그래야 우리의 마음이 어지럽지 않습니다. 미인이여, 예쁜 얼굴 보이지 마십시오. 예쁜 얼굴 할퀼까 걱정됩니다. 남성이여, 돈을 보이지 마십시오. 나쁜 사람 꼬일까 걱정됩니다.

∘ 나는 똑똑하지 않아 싸우지 않고, 모든 것을 버리니 훔쳐 갈 것이 없고, 좋아할 만한 것을 보여주지 않으니 사람의 마음을 흔들지 않습니다.

3.2 성인은 다스리지만 세속의 다스림과는 다릅니다. 성인의 정치는 마음을 비우게 하지만, 배를 채웁니다. 마음에 이것저것 많은 것이 들어 있으면 비뚤어지기 쉽습니다. 그러나 배가 차면 사람은 포만감에 부드러워집니다. 그래서 마음을 비우고 배를 채우는 것입니다. 나아가 의식을 약하게 하고 육체를 강하게 합니다. 의식이 강하면 하고

자 하는 것이 많아지고, 그러다 보면 여러 것과 부딪치게 될 뿐입니다. 오히려 육체가 강해야 건강해져서 몸과 마음이 편해지는 것입니다.

○ 나는 마음보다는 배를, 의식보다는 육체를 먼저 생각합니다.

3.3 사람들이 유식하면 말만 많아지고 그 지식으로 나쁜 짓을 벌이게 됩니다. 우리가 반드시 배워야 할 것은 열 살 때 다 배웠는지도 모릅니다. 그래도 지식을 늘리는 것은 남을 이용하기 위해서일지도 모릅니다. 사람들의 욕심은 끝이 없는 것입니다. 욕심을 채워주면 욕심은 또 한구석을 비우고 채워달라고 떼를 씁니다. 99만 원이 있으면 1만 원을 채워 100만 원을 만들고 싶은 것이 사람의 욕심입니다. 그래서 무지하고 무욕해야 하는 것입니다. 그렇게만 된다면 머리 좋은 사람들이 속이거나 등지지 못합니다. 왜냐하면 사기라는 것이 그것에 조금이라도 지식이 있고 욕심이 있는 사람들을 대상으로 하는 것이지, 아예 관심 없는 사람을 속일 수는 없기 때문입니다.

○ 나는 무식하게 욕심 없게 삽니다. 그러면 나를 건드릴 사람도 없습니다.

3.4 아무것도 하지 않습니다. 그러나 모든 것이 제대로 됩니다. 이것을 '하지 않음을 한다(爲無爲)'고 합니다. 이렇게 해야만 모든 것이 잘 다스려지는 것입니다.

○ 나는 아무것도 하지 않지만, 모든 것이 잘 돼갑니다.

제4장   나는 비어 있지만, 결코 끝나지 않습니다

4.1 도는 텅 비어 있으나,

이를 아무리 써도 끝이 나지 않는다.

4.2 깊도다,

마치 만물의 으뜸과 같다.

4.3 날카로움을 꺾고, 엉킴을 풀라.

빛을 부드럽게 하고, 먼지와 함께하라.

4.4 고요하도다,

마치 [어디서나] 있는 듯하다.

4.5 누구의 아이인지 나는 모르나,

하느님(帝)보다 앞서는 듯하다.

4.1 道沖, 而用之或不盈.
　　　도 충　이 용 지 혹 불 영

4.2 淵兮, 似萬物之宗.
　　　연 혜　사 만 물 지 종

4.3 挫其銳, 解其紛. 和其光, 同其塵.
　　　좌 기 예　해 기 분　화 기 광　동 기 진

4.4 湛兮, 似或存.
　　　담 혜　사 혹 존

4.5 吾不知誰之子, 象帝之先.
　　　오 부 지 수 지 자　상 제 지 선

4.1 도는 속이 텅 비어 있습니다. 아무것도 없는 것 같습니다. 그러나 이를 쓰고자 하면 끝도 없이 쓸 수 있습니다. 도는 마르지 않는 깊은 우물과도 같이 속이 비어 있지만 아무리 퍼내도 끊임없이 나옵니다. 사랑도 마음이 비어 있어야 할 수 있지만, 사랑을 한다고 해서 사랑이 떨어지는 것이 아닙니다. 오히려 사랑은 퍼낼수록 더욱더 많아집니다.

∘ 나는 비어 있지만, 결코 끝나지 않습니다.

4.2 깊은 물을 보십시오. 그 물 속에서 만물이 나옵니다. 그 물에서 모든 생명체가 탄생합니다. 아이는 어머니의 양수에서 헤엄을 치며 노닐다가 이 세계로 나옵니다. 물은 생명의 근원입니다. 그 물 속에 깊게 잠겨보십시오. 만물의 처음을 알 수 있을 깃입니다.

∘ 나는 만물의 처음입니다.

4.3 날카로운 것은 꺾어줍니다. 날카로운 것은 사람을 찌릅니다. 송곳 끝을 무디게 하십시오. 다칩니다. 엉킨 것은 풀어줍니다. 엉킨 것은 온갖 것을 꼬이게 만듭니다. 실타래를 잘 풀어놓으십시오. 하나씩 풀지 않으면 그것을 버려야 할지도 모릅니다.

빛이 나는 것은 빛을 죽여줍니다. 빛이 나면 너무 눈에 띕니다. 구두광을 죽이십시오. 너무 완벽해 보입니다. 먼지는 뒤집어씁니다. 너무 깨끗한 것은 두렵습니다. 집안 청소 너무 하지 마십시오. 손님이 오면 더럽혀질까 불안해합니다.

∘ 나의 마음은 날카롭거나 꼬인 것이 없습니다.

4.4 고요한 물을 보십시오. 그 물 속에는 모든 것이 들어 있는 듯합니다. 산과 들도 있고, 숲과 짐승도 있고, 추운 바람과 따뜻한 바람도 있습니다. 인어와 용궁도 있을지 모릅니다. 물이 화가 나면 해일이 일고, 물이 웃으면 파도가 치고, 물이 자면 달이 놉니다. 그 물을 조용히 바라보십시오. 그 속에는 무엇이나 있습니다.

◦ 나의 속에는 무엇이나 있습니다.

4.5 도는 언제부터 있었을까요. 도는 어디에서 나왔을까요. 도는 누구의 아이일까요. 우리는 아무도 그것을 모릅니다. 그러나 이 세상을 다스리는 절대자보다 앞서는 듯합니다. 태초에 도가 있었던 듯합니다.

◦ 나는 가장 먼저 있었습니다.

제5장 나는 너에게 어질지 않습니다

5.1 천지는 어질지 않아 만물을 짚으로 만든 개처럼 여긴다.

　　 성인도 어질지 않아 백성을 짚으로 만든 개처럼 여긴다.

5.2 천지 사이는 풀무와도 같다!

　　 비었으나 움츠러들지 않고, 움직이면 더욱 [많은 것을] 내뿜는다.

5.3 말이 많으면 자주 꼬이니, 빔(中)을 지키느니만 못하다.

5.1 天地不仁, 以萬物爲芻狗. 聖人不仁, 以百姓爲芻狗.
　　 천 지 불 인　 이 만 물 위 추 구　 성 인 불 인　 이 백 성 위 추 구

5.2 天地之間, 其猶橐籥乎! 虛而不屈, 動而愈出.
　　 천 지 지 간　 기 유 탁 약 호　 허 이 불 굴　 동 이 유 출

5.3 多言數窮, 不如守中.
　　 다 언 삭 궁　 불 여 수 중

5.1 하늘과 땅은 만물을 사랑하지 않습니다. 그저 쓰다 버릴 것으로 여길 뿐입니다. 천지가 만물을 사랑해서 그것에 집착을 가지면 천지는 돌아가지 않습니다. 떠날 것은 떠나보내고 없앨 것은 없애야 천지는 자기의 길을 갈 수 있습니다. 그래서 천지는 어질지 않은 것입니다. 지진이 났을 때, 천지가 누구는 죽이고 누구는 살리려고 하지 않는 것입니다.

성인은 백성을 사랑하지 않습니다. 그저 쓰다 버릴 것으로 여길 뿐입니다. 성인이 백성을 사랑해서 그것에 애착을 가지면 사회는 돌아가지 않습니다. 아플 것은 아플 수밖에 없고, 죽을 것은 죽을 수밖에 없습니다. 성인은 백성과 어울리지만 백성에 매여 있을 수는 없습니다. 그래서 성인은 어질지 않은 것입니다. 사랑스런 이가 졸라대지만, 성인은 뒤도 돌아보지 않고 떠나야 하는 것입니다.

◦ 나는 너에게 어질지 않습니다.

5.2 하늘과 땅 사이는 풀무와도 같습니다. 움직이지 않을 때는 아무 일도 일어나지 않은 듯 비어 있지만, 그렇다고 해서 위와 아래가 뭉쳐 버리지 않습니다. 하늘과 땅은 자기 자리를 지키면서 그 사이를 비워 놓습니다. 그러나 움직일 때는 많은 것이 뿜어져 나옵니다. 움직이면 움직일수록 더욱 많은 것이 뿜어져 나옵니다. 천지의 사이에는 아무 것도 없는 듯해도 온갖 것이 뿜어져 나오는 곳입니다.

◦ 나는 움직이지 않으면 비어 있지만, 움직이면 온갖 것을 만들어냅니다.

5.3 말을 많이 해보십시오. 말과 말이 서로 엉키고 섞여 마구 막히게 됩니다. 앞말이 뒷말에 잡히고, 뒷말이 앞말에 걸립니다. 말은 앞뒤가 맞아야 하는데, 말이 많다 보면 앞뒤가 자주 어긋납니다. 차라리 침묵을 지키느니만도 못합니다. 그 침묵은 자기를 비우는 데서 나오는 것입니다.

◦ 나는 말에 말이 막힐까 말을 하지 않습니다.

6.1 골짜기의 정신은 죽지 않으므로,

　　이를 일러 검은 암컷(玄牝)이라 한다.

6.2 검은 암컷의 문을 일러, 하늘과 땅의 뿌리(天地根)라 한다.

6.3 길고 길어 [끊임없이] 있는 듯하니,

　　이를 [아무리] 써도 다하지 않는다.

6.1 谷神不死, 是謂玄牝.
　　곡 신 불 사　시 위 현 빈

6.2 玄牝之門, 是謂天地根.
　　현 빈 지 문　시 위 천 지 근

6.3 綿綿若存, 用之不勤.
　　면 면 약 존　용 지 불 근

　6.1 산에는 능선과 계곡이 있습니다. 비가 오면 산의 물은 모두 계곡으로 모입니다. 비가 오지 않아도 계곡에는 물이 흐릅니다. 계곡은 산의 생명을 지켜주고 있습니다. 아무리 높은 데 있던 바위라도 세월이 지나면서 부서지고 마침내는 계곡의 돌멩이가 됩니다. 계곡에는 모든 것이 모입니다. 우리는 그것을 계곡의 정신이라고 부릅니다. 그 정신은 영원합니다. 결코 죽지 않습니다. 무엇이 계곡의 정신일까요? 그것

은 여성성입니다. 여성성이야말로 낮은 데 머물면서도 모든 것을 모으고 있습니다. 높은 데서 잘난 척하며 결국은 무너지는 남성성과는 다른 것입니다. 그 여성성은 '검은 암컷(玄牝)'이라고 상징될 수 있습니다. 검은 암컷은 모든 것의 어머니입니다. 나의 어머니이고, 아버지의 어머니이고, 어머니의 어머니입니다. 검은 암컷을 찾아보십시오. 그것이야말로 영원불멸한 것입니다.

◦ 나는 어머니의 어머니입니다.

6.2 모든 것의 어머니인 검은 암컷은 문을 가졌습니다. 그 문에서 온갖 것이 나옵니다. 나무도, 돌도, 새도, 사람도 그곳에서 나왔습니다. 강과 호수, 논과 들도 그곳에서 나왔습니다. 높은 산도 그렇고, 큰 바다도 그렇습니다. 그 문은 창조의 문이요, 생명의 문이요, 존재의 문입니다. 그 암컷의 문은 곧 하늘과 땅의 뿌리인 것입니다. 하늘도 그 문에서 나왔고, 땅도 그 문에서 나왔고, 하늘과 땅 사이의 온갖 것들도 그 문에서 나왔습니다. 그 문은 인간의 뿌리요, 만물의 뿌리요, 천지의 뿌리입니다.

◦ 나의 자궁은 천지의 뿌리입니다.

6.3 거미가 있습니다. 거미는 실을 뽑아냅니다. 가늘지만 끊임없이 나옵니다. 아무리 써도 다하지 않습니다. 검은 암컷의 문도 이와 같습니다. 길고 길어서 끊어지지 않습니다. 가느다랗게 이어지기 때문에 없는 것도 같지만 있기는 있습니다. 그런데 그것을 다 쓰고자 하면 끝이 보이지 않습니다. 아무리 뽑아내도 무궁무진합니다. 그 문으로부

터는 가늘지만 길고, 있는 듯 없는 듯하지만 언제나 이어지고, 쓰고 또 써도 끝이 없는 무엇인가가 나오고 있습니다. 그 문은 있는 것일까요? 아마도 있는 듯합니다. 그러나 그 문은 그침 없이 무엇인가를 내보내고 있습니다.

∘ 나는 없는 듯하나 끝이 없습니다.

제7장   나는 나를 없애므로 내가 이루어집니다

7.1 하늘은 길고 땅은 오래되었다.

7.2 하늘과 땅이 길고 오래된 까닭은, 그 스스로 살려 하지 않아 오래 살
    수 있다.

7.3 그러므로 성인은 그 몸을 뒤로 하나 몸이 앞서게 되고,

    그 몸을 버리려 하나 몸을 이루게 된다.

7.4 이는 내가 없기 때문이 아닌가? 따라서 나를 이룰 수 있다.

7.1 天長地久.
    천 장 지 구
7.2 天地所以能長且久者, 以其不自生, 故能長生.
    천 지 소 이 능 장 차 구 자   이 기 부 자 생   고 능 장 생
7.3 是以聖人後其身而身先, 外其身而身存.
    시 이 성 인 후 기 신 이 신 선   외 기 신 이 신 존
7.4 非以其無私耶? 故能成其私.
    비 이 기 무 사 야   고 능 성 기 사

7.1 하늘은 깁니다. 하늘이 없었던 적은 없었습니다. 늘 그곳에 그렇
게 있었습니다. 어제도 있었고, 오늘도 있고, 내일도 있습니다. 그저께
도 있었고, 시방도 있고, 모레도 있습니다. 길고도 긴 것이 하늘입니
다. 땅도 오래되었습니다. 땅이 없었던 적도 없습니다. 늘 우리를 받쳐

35

주며 그렇게 있었습니다. 왼쪽에도 오른쪽에도 있습니다. 해 뜨는 곳에도 있고 해 지는 곳에도 있습니다. 비가 와도 있고, 눈이 와도 있고, 진눈깨비가 와도 그곳에 있습니다. 너무도 오래된 것이 땅입니다.

◦ 나는 하늘과 땅처럼 오래되었습니다.

7.2 하늘과 땅이 왜 길면서도 오래될 수 있을까요? 그것은 너무도 간단한 까닭이 있습니다. 스스로 자신을 길고도 오래되려고 하지 않기 때문입니다. 하늘이 언제 만수萬壽를 누리려고 합니까? 땅이 언제 무강無疆을 얻으려고 합니까? 그렇지 않기 때문에 천지는 영원무궁한 것입니다. 하늘과 땅은 결코 스스로 자신을 살리려고 하지 않습니다. 그렇기 때문에 그렇게 늘 있는 것입니다.

◦ 나는 나를 살리려고 하지 않습니다.

7.3 성인은 자기 몸을 뒤로 빼지 앞서려고 하지 않습니다. 그러나 결국은 누구보다도 앞섭니다. 우리 주위에는 똑똑한 사람이 많습니다. 그들은 자기의 똑똑함을 자랑합니다. 그래서 남들이 싫어하게 되고, 따라서 남보다 앞서지 못하게 됩니다. 자기를 뒤로하는 사람만이 남들의 지도자가 될 수 있는 것입니다.

성인은 자기 몸을 버리지 이루려고 하지 않습니다. 그러나 결국은 자신을 이룹니다. 전쟁터에서 자신을 버리며 용감하게 싸운 사람이 오히려 살아남는 경우가 있습니다. 운동경기에서 승패에 집착하지 않고 무욕하게 임한 사람이 오히려 이기는 경우가 있습니다. 내가 나를 버릴 때 남이 나를 살려주는 것입니다.

∘ 나는 나를 뒤로하고 버립니다.

7.4 내가 없어야 합니다. 나 때문에 나를 살리지 못합니다. 나 하나 살려고 버둥대다가 나조차 잃어버리게 됩니다. 나를 살리는 길은 나를 버리는 것입니다. 나를 없애십시오. 그러면 내가 제자리를 찾아갑니다. 나를 없애십시오. 그러면 내가 이루어집니다.

∘ 나는 나를 없애므로 내가 이루어집니다.

제8장   나는 물처럼 싸우지 않습니다

8.1 가장 좋은 것은 물이다.

8.2 물은 만물을 잘 이롭게 하면서도 싸우지 않고,

　　뭇사람이 싫어하는 곳에 머물기에,

　　도에 가깝다.

8.3 좋은 땅에 머물고,

　　좋은 못에 마음을 두고,

　　좋은 사랑을 주고,

　　좋은 믿음으로 말하고,

　　좋은 다스림으로 바로잡고,

　　좋은 할 수 있음으로 일하고,

　　좋은 때 움직인다.

8.4 무릇 오직 싸우지 않으니, 허물이 없다.

8.1 上善若水.
　　상 선 약 수

8.2 水善利萬物而不爭, 處衆人之所惡, 故幾於道.
　　수 선 리 만 물 이 부 쟁　처 중 인 지 소 오　고 기 어 도

8.3 居善地, 心善淵, 與善仁, 言善信, 正善治, 事善能, 動善時.
　　거 선 지　심 선 연　여 선 인　언 선 신　정 선 치　사 선 능　동 선 시

8.4 夫唯不爭, 故無尤.
　　부 유 부 쟁　고 무 우

8.1 이 세상에서 가장 좋은 것이 무엇일까요? 그것은 물입니다. 물을 곰곰이 생각해보십시오. 물 없이는 세상을 살아갈 수 없습니다. 물 없이는 어떤 생명도 없습니다. 물은 세상의 본원이자 만물의 근원입니다.

◦ 나는 물입니다.

8.2 물은 만물에게 이로운 것입니다. 너무도 만물을 이롭게 합니다. 만물은 물을 먹고 삽니다. 물 없이 만물은 살 수 없습니다. 물은 생명의 것입니다. 그러나 물은 만물과 싸우지 않습니다. 부딪히면 돌아가고, 때리면 흩어집니다. 이 그릇에 담기면 이 꼴, 저 그릇에 담기면 저 꼴, 물은 남을 따라갑니다. 그러면서도 사람들이 가장 싫어하는 곳에 머물기를 좋아합니다. 사람들은 낮은 데로 가기 싫어하지만, 물은 낮은 데에서 머뭅니다. 낮은 곳이라면 어디든지 달려갑니다. 시궁창이라도 마다하지 않습니다. 그래서 물은 도에 가깝습니다. 물은 진리입니다.

◦ 나는 물처럼 삶을 줍니다.

8.3 물을 배워보십시오. 물의 좋은 것을 많이 배울 수 있습니다.
물은 좋은 땅을 찾아 머뭅니다. 그리고 그곳을 자기의 집으로 삼습니다. 물이 머물러 있는 곳을 보십시오. 좋은 곳입니다.
물은 고요한 연못 같습니다. 그 연못처럼 마음을 가져보십시오. 찰랑이는 물소리조차 크게 들립니다.
물은 좋은 사랑입니다. 물이 베풀듯 사랑을 베푸십시오. 물이 나에게 주듯 남에게 주십시오. 사랑은 베풀라고 있는 것입니다.

물은 좋은 믿음입니다. 우리가 물을 좋아하는 것은 물이 우리에게 보여준 믿음 때문입니다. 늘 아래로 흐를 것이라는 믿음, 넓은 데에서는 평평해질 것이라는 믿음, 우리는 물을 믿습니다. 말을 물 흐르듯 나긋나긋하게 하십시오. 그것이 곧 믿음입니다.

물은 좋은 다스림입니다. 물은 막힌 곳은 뚫어주고, 좁은 곳은 넓혀줍니다. 죽은 것은 없애주고, 오래된 것은 새롭게 해줍니다. 물처럼 바로잡아주십시오. 그것이 정치입니다.

물은 좋은 할 수 있음입니다. 물의 능력을 느껴보십시오. 나무를 자라게 하고, 물고기를 자라게 하고, 우리를 살게 해줍니다. 그 만능으로 일하십시오.

물은 좋은 때를 압니다. 넘치지 않으면 흐르지 않습니다. 흐르면 길을 만듭니다. 때로는 계곡을 흐르다 아름다운 폭포를 만들기도 하고, 때로는 강이 되어 흐르다 비옥한 삼각주를 만들기도 합니다. 물은 때에 따라 움직이는 것입니다. 물이 움직이는 때를 아십시오.

∘ 나는 낮은 데로 흐르는 물을 배웁니다.

8.4 물은 결코 싸우지 않습니다. 물은 싸우지 않기 때문에 허물이 없습니다. 누구에게도 잘못하지 않습니다. 허물과 잘못이라는 것은 남과 다투기 때문입니다. 남도 그의 길이 있고, 나도 나의 길이 있기에 싸우는 것입니다. 물은 남과 나의 길을 나누지 않습니다. 오로지 싸우지 않을 뿐입니다.

∘ 나는 물처럼 싸우지 않습니다.

제9장　나는 일이 이루어지면 뒤로 빠집니다

9.1 지니어 채우고 있는 것은 그치니만 못하다.

간직하여 날카롭게 하는 것은 오래 남겨둘 수 없다.

9.2 금과 옥이 집안에 가득하나 지킬 수 없다.

부귀하여 잘난 척을 하니 스스로 허물을 남긴다.

9.3 공이 이루어지면 몸을 빼는 것이 하늘의 길(道)이다.

9.1 持而盈之, 不如其已. 揣而銳之, 不可長保.
　　지 이 영 지　불 여 기 이　웨 이 예 지　불 가 장 보

9.2 金玉滿堂, 莫之能守. 富貴而驕, 自遺其咎.
　　금 옥 만 당　막 지 능 수　부 귀 이 교　자 유 기 구

9.3 功遂身退, 天之道.
　　공 수 신 퇴　천 지 도

9.1 지니고 있으면 많은 것 같습니다. 채워두면 많은 것 같습니다. 그러나 아무리 지니고 있어도, 아무리 채워두어도 모자라기는 마찬가지입니다. 하나를 지니면 둘을 지니고 싶고, 둘을 지니면 넷을 지니고 싶고, 넷을 지니면 여덟을 지니고 싶습니다. 반의 반을 채우면, 반을 채우고 싶고, 반을 채우면 하나를 채우고 싶고, 하나를 채우면 둘을 채우고 싶습니다. 사람의 마음이란 그런 것입니다. 그래서 그러한

지니거나 채우기는 차라리 그것을 그치느니만 못한 것입니다. 지니거나 채우려는 마음을 그치십시오. 그치는 것이야말로 가장 많이 지니고 채워두는 것입니다.

간직하면 내 것 같습니다. 날카롭게 해놓으면 늘 그럴 것 같습니다. 그러나 내 것은 언젠가 남에게 줄 수밖에 없는 것이고, 날카롭게 만들어놓은 것은 언젠가 무디어질 수밖에 없는 것입니다. 나의 것이라고 간직하면 할수록 오히려 남이 빼앗으려 할지도 모릅니다. 날카롭게 하면 할수록 날이 쉽게 상할지도 모릅니다. 그래서 간직하거나 날카롭게 하더라도 오래 남겨둘 수 없는 것입니다. 간직하려 들지 말고 날카롭게 해놓지 마십시오. 간직하려 할수록, 날카롭게 해놓을수록 그것은 나의 손을 떠나는 것입니다.

◦ 나는 아무것도 지니거나 채우지 않기에 오래가지 않는 것이 없습니다.

9.2 금과 옥이 집안에 가득하다고 지킬 수 있을 것 같습니까? 그렇지 않습니다. 금과 옥이 가득한 집안에는 도둑이 들끓습니다. 차라리 아무것도 없는 집에는 개미 새끼 한 마리도 기웃거리지 않습니다. 담이 높다고 도둑을 막을 수 있겠습니까? 아무리 높은 담도 도둑은 넘어갈 수 있습니다. 도둑이 들어갈 수 없다고 금과 옥을 지킬 수 있을 것 같습니까? 거짓으로 속여 받아 가거나, 힘으로 눌러 빼앗아 갈 수도 있습니다.

나에게 부귀가 있다고 잘난 척을 합니다. 잘난 척은 남의 미움을 사게 되어 곧 나의 허물이 되고 맙니다. 나의 부귀는 남의 빈천 위에 세워진 것일 수도 있고, 남의 빈천은 내 부귀로 말미암은 것일 수도 있기 때문입니다. 나의 부귀가 내 탓인 양 자랑하다가는 허물을 사게 되는 것입니다.

◦ 나는 금이나 옥을 지키려 하지 않아 허물을 벗습니다.

9.3 어떤 일이 이루어지면 사람들은 그 일을 자신이 했다고 합니다. 업적이 나의 것이 되길 바랍니다. 그러나 하나의 일은 나만이 아니라 남도 함께 한 것입니다. 그래서 남도 그 일을 자신이 했다고 합니다. 업적도 그의 것이 되고자 합니다. 그런 사람은 하나만이 아니고 둘, 나아가 서넛으로 늘어나고, 마침내는 일은 하나인데 일을 한 사람은 너무나 많아지고 맙니다. 그렇게 되면 싸움이 일어납니다. 공을 놓고 그것은 내 것이라 하지만, 남도 자신의 것이라 합니다. 그뿐 아닙니다. 비록 나 혼자 일을 이루었더라도 그 일을 누리는 것은 나만이 아닙니다. 그럼에도 나의 것이라 자꾸 우겨대면 남에게 미움을 살 수밖에 없습니다. 길을 닦아놓았다고 나만이 다니는 것은 아니지 않습니까? 그래서 공이 이루어지면 몸을 빼는 것이야말로 하늘이 우리에게 가르쳐준 도리입니다. 길이 나의 공으로 이루어졌든 남의 공으로 이루어졌든 간에, 사람들이 다니면 될 뿐입니다.

◦ 나는 일이 이루어지면 뒤로 빠집니다.

제10장   나는 덕을 숨깁니다

10.1 살아 있는 몸뚱이에 실려 하나(一)를 껴안으면서도, 떠나지 않을 수 있을까?

10.2 힘(氣)을 모으고 부드러움을 다하면서도, 아기일 수 있을까?

10.3 검은 거울을 씻어내면서도, 흠이 없을 수 있을까?

10.4 사람을 사랑하고 나라를 다스리면서도, [아무것도] 하지 않을 수 있을까?

10.5 하늘의 문이 열리고 닫히면서도, 암컷일 수 있을까?

10.6 밝음이 동서남북에 이르면서도, 알지 못할 수 있을까?

10.7 낳고 기른다.

10.8 낳으면서도 갖지 않고,

하면서도 자랑하지 않고,

키우면서도 다스리지 않으니,

검은 덕(玄德)이라고 한다.

10.1 載營魄抱一, 能無離乎?
　　　재 영 백 포 일　능 무 리 호

10.2 專氣致柔, 能嬰兒乎?
　　　전 기 치 유　능 영 아 호

10.3 滌除玄覽, 能無疵乎?
　　　척 제 현 람　능 무 자 호

10.4 愛民治國, 能無爲乎?
　　　애 민 치 국　능 무 지 호

10.5 天門開闔, 能爲雌乎?
　　　천 문 개 합　능 위 자 호

10.6 明白四達, 能無知乎?
　　　명 백 사 달　능 무 지 호

10.7 生之畜之.
　　　생 지 휵 지

10.8 生而不有, 爲而不恃, 長而不宰, 是謂玄德.
　　　생 이 불 유　위 이 불 시　장 이 부 재　시 위 현 덕

10.1 몸뚱이는 그저 그렇게 보일 뿐 아무것도 아닌 듯싶습니다. 그러나 우리의 몸뚱이는 잠만 자고 있는 것이 아니라 살아 있는 것입니다. 살아 있는 몸뚱이에 나를 태워봅시다. 그러고는 우리는 하나라고 느껴보십시오. 몸 따로 생각 따로 노는 것이 아니라, 몸과 생각은 하나요, 몸인 너와 생각하는 내가 하나라고 느껴보십시오. 그것을 '하나를 껴안는다(抱一)'고 합니다. 껴안아 하나가 되는 것이요, 하나로 껴안는 것이기 때문에, 마침내 하나를 껴안는다고 하는 것입니다. 그때 그렇게 하나 된 내가, 너로 이름 부를 수 있는 사람과 나무와 돌과 시내를 떠나지 않을 수 있다면, 나는 정말 하나가 된 것입니다. 하나 된 내가 어떤 것이라도 떠나면 나는 하나가 아니라 둘이 됩니다. 나는 하나이기 때문에 어떤 것이라도 떠나지 않는 것입니다. 하나를 껴안읍시다. 그러면서도 떠나지 아니합니다.

◦ 나는 하나로 껴안습니다.

10.2 생명의 원천인 힘(氣)을 모읍시다. 힘을 모으면 생명이 일어납

45

니다. 생명에는 특징이 있습니다. 살아 있는 것은 부드럽습니다. 살아 있지 않은 것은 바로 딱딱해집니다. 부드러운 것은 살아 있는 힘, 곧 생기生氣가 있기 때문입니다. 나의 살이 말랑말랑한 것도 살아 있는 힘이 있기 때문이며, 나의 눈동자가 위아래와 왼쪽 오른쪽으로 움직이는 것도 살아 있는 힘이 있기 때문이며, 발바닥이 거칠지만 부드러운 것에 간지럼을 타는 것도 살아 있는 힘이 있기 때문입니다. 그래서 힘이 잘 모이면 부드러움이 다해지는 것입니다. 그러한 생기를 마음껏 보여주고 있는 것이 바로 아기입니다. 아기는 살아 있는 힘이 있지만 무엇보다도 부드럽습니다. 참다운 힘은 바로 아기처럼 부드러운 것입니다. 그래서 힘을 모으지만 아기이길 바라고, 부드럽기가 아기 같길 바라는 것입니다.

◦ 나는 힘 있는 아기입니다.

10.3 거울에 먼지가 쌓여 있어 검습니다. 아무것도 보이지 않습니다. 그래서 깨끗이 닦기로 했습니다. 그러나 닦으면 닦을수록 드러나는 나의 모습은 엉망입니다. 코도 삐뚤, 눈도 삐뚤, 입도 삐뚤, 모두 다 삐뚤거립니다. 그뿐만 아닙니다. 훌륭하리라던 나의 모습은 지저분하고 불쌍하기조차 할 정도로 흠이 많습니다. 거울도 그렇습니다. 검은 거울이 깨끗해지면서 거울 어느 곳은 갈라지고 찍히기도 한 것이 드러납니다. 먼지에 뒤덮여 있을 때는 흠도 없더니 닦아내면 닦아낼수록 흠이 많습니다. 검은 거울을 닦아내니 흠만 드러납니다. 거울을 닦는데도 흠이 없을 수 있다면 얼마나 좋겠습니까? 우리가 보는 거울은 모두 요술 거울일지도 모릅니다. 나의 흠은 보이지 않는 거울 말입

니다. 그 이상한 요술 거울을 나의 흠도 잘 보이는 거울로 만들어봅시다. 그러나 정말 좋은 거울은 남의 흠을 비추지 않는 거울입니다. 남의 흠을 비추는 거울을 버리고, 나의 흠을 비추는 거울을 가집시다. 나의 흠을 비추지만 남의 흠은 비추지 않는 거울을 지닙시다.

○ 나의 거울은 흠을 비추지 않습니다.

10.4 사람을 사랑하고 나라를 다스리는 일은 정말 어렵습니다. 그럼에도 우리는, 나는 사람을 사랑한다고 떠들고 나라를 위해 일한다고 외칩니다. 그러나 애국한다고 떠드는 사람치고 진정으로 애국하는 사람 드물고, 남을 위한다고 떠드는 사람치고 진정으로 남을 위하는 사람 드뭅니다. 정치가들은 말만 나오면 조국과 민족을 위해서라고 말하지만, 그들이 정말로 조국과 민족을 위하리라고 믿는 사람은 거의 없습니다. 조국과 민족은 그들의 말솜씨를 빛내는 것일 뿐, 이 땅과 이 땅 위의 것을 아끼고자 이야기하는 것이 아닙니다. 정치가들의 조국과 민족은 말을 멋있게 꾸미는 추상적인 관념으로만 떠돌 뿐, 이것과 저것이나 이 사람과 저 사람을 가리키는 구체적인 대상이 되지 못합니다. 그래서 우리는 민족을 사랑하고 조국을 다스리면서도 아무것도 하지 않는 듯하길 희망합니다. 하기는 하고 있지만 하지 않는 듯하길 바랍니다. 그 사람이야말로 진정으로 나라와 겨레를 사랑하는 사람입니다.

○ 나는 나라와 겨레를 사랑하지 않는 듯 사랑합니다.

10.5 하늘에는 문이 있습니다. 그 문이 열리면 새 생명이 나옵니다.

생명은 문이 열리기 전에 그 안에서 키워져서 때가 되면 문을 열고 나옵니다. 때로는 100일, 때로는 열 달, 때로는 1년 동안 생명은 자라나 이 세계로 몸을 던집니다. 문은 생명이 세계 속에서 살아갈 수 있을 때가 되면 열리고, 생명은 이 세계에서 자기를 펼칩니다. 문은 생명을 내어놓은 다음 닫힙니다. 문은 생명에게 이제는 새로운 세계를 맞이하지 않으면 안 된다고 말합니다. 그러면서 닫힌 문 안에서 또 다른 새 생명을 기를 것입니다. 우리는 모두 그 문으로부터 나왔습니다. 그 문은 하늘의 문이라고 불립니다. 그 하늘의 문은 무엇과 같을까요? 바로 그것은 여성의 문입니다. 여성의 문에서 나오지 않은 생명은 아무것도 없습니다. 남성이건 여성이건 여성의 문을 빌리지 않고 생명을 얻지는 못합니다. 하늘의 문은 곧 생명의 문이요, 생명의 문은 곧 여성의 문입니다. 하늘의 문을 열고 닫는 것은 여성만이 할 수 있는 일입니다.

◦ 나는 생명의 문을 열고 닫는 여성입니다.

　10.6 동이 터옵니다. 동쪽이 밝아집니다. 나는 동이 어디인지 환합니다. 해가 집니다. 노을이 깔립니다. 나는 서가 어디인지 환합니다. 남으로 해가 기울어 있습니다. 남쪽이 따뜻합니다. 나는 남이 어디인지 환합니다. 북으로 해가 들지 않습니다. 북쪽이 춥습니다. 나는 북이 어디인지 환합니다. 나는 동서남북에 환합니다. 어디에서도 동서남북을 가릴 수 있습니다. 그래서 동서남북에서 어떤 일이 일어나는지 모두 꿰뚫고 있습니다. 동은 따뜻한 봄이요, 남은 더운 여름이고, 서는 가을이요, 북은 추운 겨울입니다. 나는 사통팔달四通八達하고 있습니다. 그러나 그러면서도 알지 못하는 듯할 수 있을까요? 동서남북은 어

48

차피 자연의 것, 나만이 아니라 뭍짐승과 물짐승 그리고 날짐승도 다 압니다. 하다못해 벌레라도 동서남북은 다 압니다. 동서남북을 안다 해서 안다 해야 할까요? 동서남북과 같은 춘하추동도 살아 있는 것이라면 모두 다 압니다. 겨울잠에서 깨어나고, 꽃을 피우고, 열매를 맺고, 낙엽을 떨어뜨리고, 겨울잠을 잡니다. 어찌 내가 모두 알 수 있는 것이며, 어찌 나만이 아는 것이겠습니까? 그래서 나는 모른다 하는 것입니다.

◦ 나는 사방에 밝으면서도 알지 못합니다.

10.7 자연은 우리를 낳았습니다. 하늘과 땅이 만나 우리에게 생명을 주었습니다. 생명은 세상에 나와 자연이 준 음식물을 먹고 자랍니다. 조개와 도토리도 나의 음식이요, 빛과 바람도 나의 음식입니다. 자연은 우리를 낳고 길러줍니다. 우리를 낳고 기르는 것은 자연의 길입니다. 그 길 위에서 우리는 태어나고 자라납니다.

◦ 나는 낳고 기를 뿐입니다.

10.8 내가 낳았을지라도 나의 것이라 여기지 마십시오. 이 아이는 내가 낳았지만 내 것일 수 없습니다. 아이는 나름대로 커가면서 자신을 이루어갑니다. 그럼에도 그 아기가 나의 것이라고 생각하는 것은 어리석기 짝이 없는 일입니다. 이 물건은 내가 만들었지만 내 것일 수 없습니다. 물건이 만들어지면 내 손을 떠나 남의 손에 들어갈 수도 있는 것입니다. 그러다 보면 내가 알지 못하는 곳에서 제 역할을 해내고 있겠지요. 내가 만들었을지라도 내 것이라 여기지 마십시오.

내가 했을지라도 내가 했다 자랑하지 마십시오. 내가 한 일은 많을 수 있습니다. 그러다 보면 세상 일 가운데 내가 하지 않은 일이 없을 정도로 내가 손댄 일은 많습니다. 그러나 그렇게 보다 보면 남도 그가 하지 않은 일이 없을 것입니다. 나는 자신이 했다 자랑하고 남도 자신이 했다 자랑하니, 자랑 싸움이 그칠 날 없습니다. 세상일은 모두 함께 한 것입니다. 내가 했다 자랑하는 것만큼 민망한 일도 없습니다.

내가 키웠을지라도 남을 다스리려 들지 마십시오. 나는 너희를 키웠으니 마땅히 우두머리로서 살아야지, 내가 너희들을 여기까지 오도록 하였으니 너희들은 나를 우러러야지라고 생각하지 마십시오. 키워준 것이 모두는 아닙니다. 어쩌면 키워줄수록 자기는 높은 곳과 멀어질지도 모릅니다. 늙으면 물러나게 하는 것이 하늘의 일이기도 합니다. 남들을 키웠지만 낮은 곳에 머물 때, 그곳으로 사람들이 몰려들게 되는 것입니다.

덕에는 보이는 것이 있고 보이지 않는 것이 있습니다. 내가 말한, 나의 것이라 여기지 않고, 내가 했다 자랑하지 않고, 남을 다스리려 들지 않는 것이 바로 보이지 않는 덕으로, 곧 검은 덕(玄德)입니다. 우리는 나의 것이라 여기고, 내가 했다 자랑하고, 남을 다스리는 것 같은 보이는 덕을 얻으려 하면 안 됩니다. 진정한 덕은 숨은 덕입니다.

◦ 나는 덕을 숨깁니다.

제11장   나의 쓸모는 없는 데 있습니다

11.1 서른 줄이나 되는 바큇살이 한곳으로 모여 있지만

[바퀴의 가운데는 비어 있어야 돌아가므로]

없음(無)을 만나야 수레가 쓸모 있게 된다.

11.2 흙을 이겨 차지게 하여 그릇을 만들지만

[그릇을 만드는 까닭은 빈 곳을 얻으려는 것이므로]

없음(無)을 만나야 그릇이 쓸모 있게 된다.

11.3 문이나 창을 뚫어 방을 만들지만

[방을 만드는 까닭은 방의 빈 곳을 쓰려는 것이므로]

없음(無)을 만나야 방이 쓸모 있게 된다.

11.4 따라서 있음(有)의 유익함은 없음(無)의 쓰임(用)에 있다.

11.1 三十輻, 共一轂, 當其無, 有車之用.
　　　　삼 십 폭　공 일 곡　당 기 무　유 거 지 용

11.2 埏埴以爲器, 當其無, 有器之用.
　　　　연 식 이 위 기　당 기 무　유 기 지 용

11.3 鑿戶牖以爲室, 當其無, 有室之用.
　　　　착 호 유 이 위 실　당 기 무　유 실 지 용

11.4 故有之以爲利, 無之以爲用.
　　　　고 유 지 이 위 리　무 지 이 위 용

11.1 바퀴에는 살이 있습니다. 때로는 대여섯 줄, 때로는 여남은 줄씩 살이 붙어 있어 바퀴가 이루어집니다. 그 살로 바퀴를 돌려주기 때문에 수레가 움직입니다. 옛날의 마차도 그러했고, 오늘날의 자동차도 그러하고, 심지어 비행기도 바퀴가 없이는 뜨고 내리지 못합니다. 기원전 3000~4000년경에 발명된 바퀴는 오늘도 없어서는 안 될 매우 중요한 것입니다.

돌바퀴, 나무바퀴, 쇠바퀴, 고무바퀴는 만드는 재질과 기술은 달라졌을지라도 원리는 똑같습니다. 우리는 돌고 있는 물질만을 바라보아 바퀴가 옛날과 많이 달라진 것처럼 생각하지만, 그 원리는 원운동 하나일 뿐입니다. 어떻게 원운동이 가능할까요? 돌 때문일까요, 나무 때문일까요, 쇠 때문일까요, 고무 때문일까요? 원운동과 그것들은 직접적으로 관계가 없습니다. 그것들이 무엇이든지 돌아갈 수 있기 때문입니다. 그렇다면 살 때문일까요? 그러나 살도 나무로 만들었건 쇠로 만들었건 튼튼하기만 하면 됩니다. 돌이나 고무는 살이 없는 통째로도 굴러갑니다. 그렇다면 원운동을 가능하게 해주는 것은 무엇일까요? 그것은 바로 원의 중심입니다.

그 중심은 많은 경우 비어 있습니다. 돌바퀴는 휑하니 뚫려 있고, 나무바퀴는 바퀴 속의 작은 바퀴에 살을 박아놓습니다. 쇠바퀴나 고무바퀴도 바퀴 가운데 빈 곳이 없이는 돌아가지 않습니다. 따라서 빈 곳이야말로 모든 바퀴 달린 운송 기구의 원리인 셈입니다.

◦ 나는 바퀴가 아니라 바퀴 가운데의 빈 곳입니다.

11.2 그릇은 사람이 살면서 없어서는 안 될 것입니다. 물을 마시고

밥을 먹고 쌀을 담는 데 그릇 없이는 어찌할 수 없을 정도로 불편하기 짝이 없습니다. 그릇은 어떻게 만듭니까? 질그릇은 흙을 이겨 차지면 그릇을 빚습니다. 놋그릇과 은그릇은 놋쇠와 은을 두들겨서 만들거나 녹여서 만듭니다. 질그릇을 단단히 만들기 위해서는 흙 반죽을 오랫동안 하고 그것을 다시 나누어 이어 붙이고 불에 구워 빚어냅니다. 놋그릇과 은그릇은 금속의 속성을 이용하여 여러 번의 야련冶煉과정을 거쳐 빚어냅니다.

그런데 왜 우리는 흙이나 놋이나 은으로 그렇게 정성 들여 그릇을 만들까요? 흙을 구워 먹기 위해서일까요? 아니면 놋이나 은을 끓여 마시기 위해서일까요? 결코 아닙니다. 어린아이라 할지라도 그릇을 만드는 까닭이 그릇을 먹기 위해서가 아니라는 것은 다 알고 있습니다. 그릇의 목적은 바로 그릇이 만들어낸 빈 곳에 있습니다.

그릇의 빈 곳에 밥과 국을 담습니다. 반찬도 그릇에 담깁니다. 우리는 그릇을 만든 재료를 먹지 않습니다. 오히려 그릇의 빈 곳에 담겨진 먹거리를 먹습니다. 그릇이 우리들에게 필요한 까닭은 그릇의 재료 때문이 아니라 그릇의 빈 데 때문입니다.

∘ 나는 그릇이 아니라 그릇의 빈 곳입니다.

11.3 집은 비와 바람을 피하게 해주고, 더위와 추위로부터 보호해줍니다. 사람은 집을 만들며, 집 없이 사람은 살 수 없습니다. 집이 동굴 집이건 나무 집이건, 개인주택이건 공동주택이건, 때로 남의 집이건 나의 집이건, 사람은 집 없이 살진 못합니다. 여행은 고정적인 주거 환경에서 잠깐 벗어나는 것입니다. 그래서 여행을 떠나면 집-잠자리를

얻기 위해 가장 많은 돈을 쓰게 됩니다. 이른바 숙박비는 여행비의 가장 큰 항목일 수밖에 없습니다. 잘 데만 있으면 여행의 어려움의 반은 이미 해결된 것과 진배없습니다.

집에는 문이 있어 사람이 오가며, 창이 있어 바람이 나듭니다. 그래야 비로소 집이 됩니다. 그뿐입니다. 집이란 빈 곳을 가장 많이 만들고자 하는 것입니다. 몇 평짜리 집이란, 그 집에 빈 데가 얼마나 많으냐를 말하는 것입니다. 건평建坪이란 일정한 바닥 위에 얼마나 많은 빈 곳을 만들었느냐를 말해주는 것입니다. 빈 곳이 많으면 좋은 집이고 빈 곳이 많지 않으면 나쁜 집입니다. 평수가 많이 나오는 집이란 바로 빈 곳이 많은 집을 가리킵니다. 어떤 이는 많은 가구와 장식으로 집을 좁게 쓰기도 하며, 어떤 이는 최소한의 물건으로 집을 넓게 쓰기도 합니다. 똑똑한 사람은 집에 최대한의 빈 곳을 만들어냅니다.

집은 바로 비어 있기에 집이 되는 것입니다. 집을 금과 옥으로 만들었다고 하더라도 우리들이 쓰는 것은 그것들이 만들어내는 빈 곳입니다. 집을 사탕과 과자로 만들었다고 해서 우리들이 그것을 먹어 빈 곳을 없애버리면 집은 사라지고 맙니다. 집은 빈 곳이 있기에 집입니다.

◦ 나는 **집의 틀**이 아니라 **집의 빈 곳**입니다.

11.4 겉으로 보이는 것이 쓸모 있는 것일까요, 보이지 않는 것이 쓸모 있는 것일까요? 우리는 보이는 것을 쓸모 있다고 합니다. 그러나 그것이 쓸모 있기 위해서는 보이지 않는 것이 필요합니다. 바퀴가 돌아가기 위해서는 바큇살이 모이는 빈 곳이 필요하고, 그릇에 먹을 것을 담기 위해서는 그릇의 빈 곳이 필요하고, 집에서 살기 위해서는 집

의 빈 곳이 필요합니다. 빈 것이 없이는 어떤 겉으로 보이는 것도 쓸모가 없습니다. 겉으로 보이는 것이 우리에게 이익이 되려면 보이지 않는 것을 쓰지 않으면 안 됩니다. 따라서 없음(無)은 있음(有)을 쓸모 있게 해주는 것입니다. 있음은 없음의 작용으로 비로소 중요해집니다. 있음은 없음이 쓰이기에 가치 있는 것입니다.

○ 나의 쓸모는 보이는 데 있는 것이 아니라, 없는 데 있습니다.

제12장 나는 눈을 채우지 않고 배를 채웁니다

12.1 다섯 색깔은 사람의 눈을 멀게 하고,

12.2 다섯 소리는 사람의 귀를 먹게 하고,

12.3 다섯 맛은 사람의 입을 버리게 하고,

12.4 말 달리며 사냥하는 것은 사람의 마음을 미쳐버리게 하고,

12.5 얻기 어려운 보화는 사람의 갈 길을 어지럽게 한다.

12.6 그러므로 성인은 배를 위하지 눈을 위하지 않으니, 그것을 버리고
이것을 갖는다.

12.1 五色令人目盲,
　　　오 색 령 인 목 맹

12.2 五音令人耳聾,
　　　오 음 령 인 이 롱

12.3 五味令人口爽,
　　　오 미 령 인 구 상

12.4 馳騁畋獵令人心發狂,
　　　치 빙 전 렵 령 인 심 발 광

12.5 難得之貨令人行妨.
　　　난 득 지 화 령 인 행 방

12.6 是以聖人爲腹, 不爲目, 故去彼取此.
　　　시 이 성 인 위 복　 불 위 목　 고 거 피 취 차

12.1 색깔은 많습니다. 빨강, 노랑, 파랑, 그리고 하양과 검정이 섞여

서 만들어낸 여러 가지 색깔은 정말 예쁩니다. 화려한 무지개 색깔의 전개는 우리를 경탄케 합니다. 그래서 온갖 색깔로 옷을 만들어 입기도 하고, 여러 색깔로 얼굴을 칠하기도 합니다. 머리 색깔을 바꾸기도 하고, 눈빛을 달리 보이게 만들기도 합니다.

때로 색깔은 신분을 뜻하기도 합니다. 황제는 노란 황금색이고, 신하들은 감히 그 색을 입지 못합니다. 남녀는 정해진 색깔이 있는 듯하여, 여자는 어두운색을 멀리하고 남자는 붉은색을 함부로 입거나 신거나 매지 못합니다. 어른과 아이도 마찬가지여서 어른은 한 가지로, 아이는 여러 가지 색깔로 꾸밉니다. 만일 어른이 아이처럼 꾸미면 광대나 미친 사람으로 보이기 십상입니다.

우리는 노란 옷의 임금이 되기 위해 미치고, 미치다 보면 광대처럼 옷을 입게 됩니다. 결국 온갖 색깔은 우리의 눈을 멀게 하는 것입니다. 그래서 흰색이나 검은색 또는 회색의 옷은 성직자들이 애용합니다. 무채색이 총천연색보다 애용되는 까닭은 색깔 때문에 눈이 멀지 않고자 하는 것입니다.

◦ 나는 색깔이 없습니다.

12.2 소리는 많습니다. 높은 소리, 낮은 소리, 그것들이 어우러져 만들어내는 소리는 정말 아름답습니다. 온갖 소리로 이루어진 화음은 우리를 환호케 합니다. '궁상각치우'라는 다섯 음으로 이루어진 것이든, '도레미파솔라시'의 일곱 음으로 이루어진 것이든, 노래는 우리와는 떼려야 뗄 수 없는 것입니다.

음악에 빠지면 음악 없이는 살지 못합니다. 늘 귀에 음악 소리가 들려야 안정을 찾고 그것에 매달려 시간을 보냅니다. 때로는 가수에 미쳐 모든 것을 버리고 그들을 따라다닙니다. 때로는 그들의 노래에 정신을 잃기도 합니다. 그들의 말과 몸짓은 모두 옳고 배워야 할 것으로 생각하기도 합니다.

이렇듯 음악은 사람의 귀를 멀게 합니다. 소리는 노래뿐만이 아닙니다. 물소리, 바람소리, 새소리도 소리입니다. 노랫소리만 듣다 보면 자연의 소리를 듣지 못합니다. 노래도 어느 한 풍만의 노래만 있는 것이 아닙니다. 속악俗樂도 시간이 흐르면서 정악正樂이 되고, 유행가도 흥겹지만 고전음악도 감동을 줍니다. 어느 한 노래만을 듣다 보면 다른 노래는 받아들이지 못합니다. 사람이 노래를 들어야지 노래가 사람을 얽어매서는 안 됩니다.

◦ 나는 소리가 없습니다.

12.3 맛은 많습니다. 신맛, 쓴맛, 단맛, 매운맛, 짠맛 들이 잘 섞여 이루어진 맛은 정말 맛있습니다. 온갖 맛으로 이루어진 먹거리는 우리를 감탄케 합니다. 매운맛과 단맛이 어울리고, 단맛과 신맛이 어울리고, 신맛과 짠맛이 어울리고, 짠맛과 쓴맛이 어울리고, 쓴맛과 매운맛이 어울리면서 맛있는 음식이 만들어집니다.

사람들은 별의별 것을 먹습니다. 바다제비가 해초를 모아다 지은 제비의 집, 모기를 잡아먹은 박쥐의 똥에서 건져낸 모기의 눈알, 북극 심해에서 자란 상어의 알, 뜨거운 발판 위에서 흥분된 거위의 간, 그 밖에도 원숭이의 골, 코끼리의 코를 사람들은 먹습니다. 곰이 사람을 치지만 사람은 그 발바닥을 먹고, 상어가 사람을 물지만 사람은 그 지느

러미를 먹습니다. 이렇게 사람들은 맛있는 것을 찾아 온갖 동식물을 죽이고 있습니다. 맛있는 것을 찾다 보면 끝이 없습니다. 나중에는 먹어서는 안 될 것을 먹으려 할지도 모릅니다.

결국 맛난 것만을 좇던 사람은 입맛을 잃고 맙니다. 갈비나 냉면도 한 끼이고, 스테이크나 피자도 한 때입니다. 산해진미도 하루이틀이고, 진수성찬도 사나흘입니다. 입맛은 배고픔에 있는 것을 모르고, 입맛을 돋아줄 동식물을 찾아 헤맵니다. 마침내 먹는 것의 노예가 되고 맙니다.

◦ 나는 맛이 없습니다.

12.4 사냥은 재미있습니다. 토끼몰이부터 여우사냥에 이르기까지, 노루몰이부터 곰사냥에 이르기까지 정말 재미있습니다. 도망가는 놈을 궁지에 몰아 잡는 재미는 어떤 놀이에 견줄 수 없을 정도로 신납니다. 토끼와 노루는 사람에게 덤벼들지 않지만, 여우와 곰처럼 사람에게 덤벼들 수도 있는 놈을 잡으려 치면 재미는 최고조에 이릅니다. 죽기 아니면 죽이기로 시작되는 사냥은 극도의 흥분 속에서 진행됩니다. 때로는 말을 타고, 때로는 자동차를 타고 사람의 속도를 초과해서 달려 그놈들을 잡을 때의 쾌감은 이루 말할 수가 없습니다.

우리는 그런 사냥을 오늘날 운동경기를 통해 재현합니다. 공을 놓고 누가 잘하는가를 보면서 환성을 지릅니다. 사냥 경기를 하는 것과 똑같습니다. 이기고 지는 것은 사냥의 잡고 잡히는 것과 같습니다. 하늘의 새를 잡는 것이나 물속의 물고기를 잡는 것이나 할 것 없이 기본적으로 사냥하기는 마찬가지입니다.

우리는 이러한 야수성에 광분합니다. 운동경기는 피 없는 사냥입니다. 짐승들이 피를 흘리며 쓰러질 때도 우리의 마음은 미쳐가고, 응원하는 선수가 득점했을 때도 우리의 마음은 미쳐갑니다. 열광하던 사냥꾼은 마침내 사람끼리 사냥을 하기도 합니다. 운동장의 폭동은 사냥의 대상만 바뀌었을 뿐입니다.

◦ 나는 사냥으로 마음을 잃지 않습니다.

12.5 돈이 있으면 좋습니다. 돈은 옛날부터 아주 큰 힘을 지니고 있었습니다. 그래서 돈이 있으면 힘이 생깁니다. 권력도 돈으로 살 수 있어 금권金權정치라고 하고, 아예 그 힘을 금력金力이라고도 합니다. 돈이 있으면 권력도, 명예도, 사람도 살 수 있습니다. 돈이 있어야 국회의원에 출마하고, 명예박사 학위는 돈 없이 얻기 힘들고, 여자를 얻거나 남자를 얻을 때도 돈으로 환심을 삽니다.

돈의 흐름을 보면 이 사회의 부조리를 확인할 수 있습니다. 정치가와 기업인, 선수와 심판, 교사와 학부모, 심지어 남자와 여자까지 돈이 바로 온갖 부패의 온상입니다. 그래서 사람들은 돈을 깨끗이 만들려고 여러 번에 걸쳐 세탁을 하기도 합니다.

돈이 많으면 싸움이 생깁니다. 우애 좋을 형제도 돈이 있으면 싸움이 나고, 부자지간에도 돈 때문에 싸움을 벌입니다. 금덩어리를 주우면 사이좋던 사람도 멀어집니다. 친구끼리 돈거래를 하지 말라는 까닭도 사이가 벌어질까봐입니다. 돈은 사람이 가야 할 길을 가지 못하게 하고, 비뚤어진 길로 끌어당깁니다.

◦ 나는 돈이 없습니다.

12.6 성인은 결코 울긋불긋 보이는 것으로 사람을 현혹하지 않습니다. 성인은 사람이 배불리 먹었는지를 살펴볼 뿐입니다. 성인이 사람의 눈을 위하지 않고 사람의 배를 위하는 것은, 사람이 사는 데 눈보다는 배가 훨씬 더 바탕이 되기 때문입니다. 배가 위주가 되어야지 눈이 위주가 되어서는 안 됩니다. 먹는 것은 보는 것보다 중요하기 짝이 없습니다.

형형색색으로 꾸민 옷을 입고 있다 해도 그 옷을 삶아 먹지는 못합니다. 아무리 찬란한 음악이라 할지라도 내 배고픔을 달래지는 못합니다. 금으로 만든 식탁과 그릇과 수저가 있다 해도 금으로 배를 채우지는 못합니다.

색깔, 소리, 맛, 말 타고 사냥하기, 얻기 어려운 보화는 이것이 아니라 저것입니다. 이것은 가까이 있는 것으로 배를 채우는 것이고, 저것은 멀리 있는 것을 눈으로 즐기는 것입니다. 눈으로 아무리 본다 해도 배가 채워지진 않습니다. 배가 부르면 눈도 감깁니다.

◦ 나는 눈을 채우지 않고 배를 채웁니다.

제13장　　나는 예쁘게 보여도, 밉게 보여도 놀랍니다

13.1 예쁘게 보여도 밉게 보여도 놀란 듯하며, 한걱정을 몸처럼 아낀다.

13.2 '예쁘게 보여도 밉게 보여도 놀란 듯하다'는 것은 무엇을 말하는가?

　　　예쁘게 보이는 것(이나 밉게 보이는 것)을 낮게 여기니,

　　　그것을 얻어도 놀라고 잃어도 놀란다.

　　　이것이 '예쁘게 보여도 밉게 보여도 놀란 듯하다'고 하는 것이다.

13.3 '한걱정을 몸처럼 아낀다'는 것은 무엇을 말하는가?

　　　내가 한걱정이 있는 까닭은 내가 몸이 있기 때문이다.

　　　내가 몸이 없다면 내 무슨 걱정이 있겠는가?

13.4 따라서 몸을 천하처럼 아끼니 천하를 줄 만하고,

　　　몸을 천하처럼 사랑하니 천하를 맡길 만하다.

13.1 寵辱若驚, 貴大患若身.
　　　총 욕 약 경　귀 대 환 약 신

13.2 何謂寵辱若驚? 寵爲下, 得之若驚, 失之若驚. 是謂寵辱若驚.
　　　하 위 총 욕 약 경　총 위 하　득 지 약 경　실 지 약 경　시 위 총 욕 약 경

13.3 何謂貴大患若身? 吾所以有大患者, 爲吾有身. 及吾無身,
　　　하 위 귀 대 환 약 신　오 소 이 유 대 환 자　위 오 유 신　급 오 무 신

　　　吾有何患?
　　　오 유 하 환

13.4 故貴以身爲天下, 若可寄天下. 愛以身爲天下, 若可託天下.
　　　고 귀 이 신 위 천 하　약 가 기 천 하　애 이 신 위 천 하　약 가 탁 천 하

13.1 사람들은 칭찬을 받으면 좋아하고, 야단을 맞으면 싫어합니다. 칭찬은 자기의 가치와 역할을 인정해주는 것이고, 야단은 그것을 무시하는 것이라고 생각합니다. 그러나 사실은 칭찬이나 야단이나 할 것 없이 모두 겁내지 않으면 안 될 일입니다. 잘 보여도 놀라고, 꾸중을 들어도 놀라야 합니다. 예쁘게 보이거나 밉게 보이거나 할 것 없이 걱정하지 않으면 안 됩니다. 오히려 걱정이야말로 나의 몸처럼 소중한 것입니다.

◦ 나는 늘 걱정합니다.

13.2 예쁘게 보여도 밉게 보여도 놀란 듯하다니, 무슨 말일까요? 언뜻 예쁘게 보이는 것은 좋고 밉게 보이는 것은 나쁜 것이라고 여기기 쉽습니다. 그러나 세상은 그렇게 간단하지 않습니다.

남이 미워하는 것은 나보고 잘못했다고 하는 것이니 나의 잘못이 무엇인지 생각하지 않을 수 없습니다. 그래서 사람들은 남이 미워하면 놀라 자신을 돌이켜봅니다. 그런데 예쁘게 보여도 놀라지 않으면 안 됩니다. 예쁘게 보이는 것은 내가 잘했다는 것이지만, 나의 무엇이 남에게 잘 보였는지를 생각하지 않으면 안 됩니다. 왜냐하면 예쁘게 보인다는 것은 어떤 남에게 예쁘게 보인 것이긴 하지만, 또 다른 남에게는 밉게 보일 수도 있기 때문입니다. 그래서 예쁘게 보여도 놀라 자신을 돌이켜보지 않으면 안 되는 것입니다.

남이 나를 예쁘게 보거나 밉게 보는 것은 본래 나와는 상관없는 일입니다. 남이 보기에 그렇다는 것일 뿐입니다. 남이 나를 예쁘게 보는 것은 나의 어떤 점이 그에게 맞아떨어졌을 뿐, 나의 본디 얼굴과 반드시 상관있는 것은 아닙니다. 미워하는 것도 마찬가지입니다. 남이 보기에 나의 어떤 점이 그에게 맞지 않았을 뿐, 나의 본디 얼굴과 반드시 상관있는 것은 아닙니다. 내가 놀라는 까닭은 무엇이 남에게 이렇게도 보이고 저렇게도 보였나 생각되기 때문입니다.

나이가 어릴 때는 예쁘게 보이는 것만이 좋다고 생각합니다. 거꾸로 밉게 보이는 것은 피하면 피할수록 좋다고 생각합니다. 그러나 나이가 들면서 예쁘게 보이는 것이나 밉게 보이는 것은 모두 한쪽에 섰기 때문이라는 생각을 갖게 됩니다. 그러니 예쁘게 보이는 것조차 낮추어 보며, 예쁘게 보여도 그렇지 않아도 놀라지 않을 수 없는 것입니다.

◦ 나는 예쁘게 보여도, 밉게 보여도 놀랍니다.

13.3 걱정이야말로 나의 몸과 같다니, 무슨 말일까요? 우리는 왜 걱정을 합니까? 그것은 몸뚱이 때문입니다. 몸이 없으면 걱정이 있을 수 없습니다. 내 몸뚱이 하나 간수하려, 또는 간수하지 못해 걱정인 것입니다. 그러므로 걱정은 내가 있다는, 싱싱하거나 시원찮거나 할 것 없이 살아 있다는 것을 보여주는 것입니다. 걱정은 내가 살아 있다는 가장 좋은 증거입니다. 그러니 걱정을 내 몸처럼 아끼지 않을 수 없는 것입니다.

나를 걱정하는 것은 내가 살아 있음이요, 내가 살아 있다는 것은 나를 걱정함입니다. 내 몸에 대한 걱정은 많으면 많을수록 좋습니다. 그래서 걱정도 한걱정입니다. 내 몸이 아니라면 모를까, 내 몸인데 한걱정이 아깝겠습니까?

◦ 나는 걱정을 내 몸처럼 아낍니다.

13.4 몸을 아끼고 사랑합니다. 내 몸 아끼기와 사랑하기를 온 천하와 맞바꿀 만한 것처럼 합니다. 내 몸은 온 천하보다 못하지 않으며 천하만큼이나 귀중한 것으로 생각합니다. 이런 사람은 자기만 생각하기 때문에 천하를 생각하지 못할까요? 아닙니다. 오히려 이렇게 자기 몸을 천하처럼 여기는 사람에게야말로 천하를 주거나 맡길 수 있습니다. 자기 몸도 아끼지 못하는 사람이 어찌 천하를 아끼거나 사랑할 수 있겠습니까?

◦ 나는 내 몸을 이 세계만큼이나 아끼고 사랑합니다.

14.1 보아도 보이지 않아 아스라하다(夷)고 말하고,

들어도 들리지 않아 어렴풋하다(希)고 말하고,

잡아도 잡히지 않아 조그마하다(微)고 말한다.

이 셋은 따져볼 수 없으니, 따라서 뒤섞여 하나가 된다.

14.2 위로는 번쩍이지 않으며,

아래로는 어둡지 않으며,

이어지고 이어져 이름 지을 수 없어,

아무것도 없는 데로 돌아간다.

이를 꼴 없는 꼴, 아무것도 없는 것이라 말하며,

이를 아찔하고 어릿거린다(惚恍)고 말한다.

14.3 맞이하려 하나 그 머리를 보이지 않고,

따라가려 하나 그 뒤를 보이지 않는다.

14.4 옛 도를 잡아 오늘에 있는 것을 다루려 한다.

옛 처음을 알 수 있으니 도의 첫해(道紀)라고 한다.

14.1 視之不見, 名曰夷,
　　　　시 지 불 견　명 왈 이

聽之不聞, 名曰希,
　　청 지 불 문　명 왈 희

搏之不得, 名曰微.
박 지 부 득　명 왈 미

此三者, 不可致詰, 故混而爲一.
차 삼 자　불 가 치 힐　고 혼 이 위 일

14.2 其上不皦, 其下不昧, 繩繩不可名, 復歸於無物.
기 상 불 교　기 하 불 매　승 승 불 가 명　복 귀 어 무 물

是謂無狀之狀, 無物之象,
시 위 무 상 지 상　무 물 지 상

是謂惚恍.
시 위 홀 황

14.3 迎之不見其首, 隨之不見其後.
영 지 불 견 기 수　수 지 불 견 기 후

14.4 執古之道, 以御今之有.
집 고 지 도　이 어 금 지 유

能知古始, 是謂道紀.
능 지 고 시　시 위 도 기

14.1 아무리 보아도 보이지 않는 것이 있습니다. 그렇다고 해서 없는 것은 아니고, 보면 볼수록 아스라해집니다. 아무리 들어도 들리지 않는 것이 있습니다. 그렇다고 해서 없는 것은 아니고, 들으면 들을수록 어렴풋해집니다. 아무리 잡아도 잡히지 않는 것이 있습니다. 그렇다고 해서 없는 것은 아니고, 잡으면 잡을수록 조그마해서 빠져나갑니다. 이렇게 아스라하고, 어렴풋하고, 조그마한 것은 말로 따져 끝장을 볼 수 있는 것이 아닙니다. 그저 그렇게 아스라하면서도 어렴풋하고, 어렴풋하면서도 조그마하고, 조그마하면서도 아스라한 것입니다. 그렇게 뒤섞여 하나가 되어 있습니다. 세상에는 확연히 보이고, 확실히 들리고, 확고히 잡히는 것만 있는 것이 아닙니다. 오히려 세상의 근원에는 보이지도 들리지도 잡히지도 않는 것이 한데 뭉쳐 있습니다.

그것을 말로 따져볼 수는 더더욱 없습니다.

◦ 나는 있는 듯 없는 듯합니다.

14.2 아무리 위로 쳐다보아도 번쩍이지 않습니다. 그러나 아무리 아래로 내려다보아도 어둡지 않습니다. 그것은 있는지 없는지 분명하지 않으니 위와 아래를 살펴봅니다. 그러나 어떤 자국도 남기고 있지 않습니다. 그렇지만 끊어지지는 않고 이어지고 또 이어지고 있습니다. 이렇게 줄기차게 이어지고 있지만, 막상 그것을 이름 지을 수는 없습니다. 마침내 그것은 아무것도 없는 데로 돌아갑니다. 돌아가도 이것저것이 많은 곳으로 돌아가는 것이 아니라, 아무것도 없는 데로 돌아갑니다.

말로 하자면, 꼴 없는 꼴입니다. 형상이 없는 형상이요, 물상이 없는 물상입니다. 아무것도 없는 바로 그것입니다. 그러니 아찔하고 어릿거린다고 말할 수밖에 없는 것입니다. 눈에 잠깐 띄었다가 사라진 하루살이처럼 아찔합니다. 바람에 바로 날아가버린 아지랑이처럼 어릿거립니다. 있지만 곧 사라집니다. 아, 황홀합니다.

◦ 나는 **황홀**합니다.

14.3 그것을 맞이하려 하였습니다만 도무지 머리를 보여주지 않습니다. 오면 반기려 했지만 보이지 않아 아무것도 할 수 없습니다. 그것을 따라가려 하였습니다만 도무지 뒤를 보여주지 않습니다. 쫓아가 알아보려 했지만 어떤 것도 할 수 없었습니다. 앞으로는 얼굴을, 뒤로는 등을 보여주지 않습니다. 그러니 손님맞이도 뒤밟기도 못 합니다.

◦ 나는 앞으로도 뒤로도 보여주지 않습니다.

14.4 옛길을 찾으면 옛날에 머물까요? 아닙니다. 옛길을 찾으면 오히려 오늘에 있는 모든 길을 찾을 수 있게 됩니다. 왜냐하면 옛길로부터 오늘의 많은 길이 나왔기 때문에, 옛길은 오늘로 통하는 가장 좋은 길이 아닐 수 없습니다. 길은 곧 도입니다. 그래서 옛 도를 잡으면 오늘의 존재를 제어할 수 있게 되는 것입니다. 오늘의 모든 것을 다루고 싶으면 옛 도를 잡으십시오.

아주 오래된 그 처음을 아십니까? 그렇게 오래된 옛 처음을 알 수 있으면 좋겠습니다. 그 옛 처음은 모든 것의 처음입니다. 그 처음으로부터 모든 것이 나왔고, 모든 것은 그 처음으로 돌아갑니다. 그것을 도의 첫해라고 합니다. 오늘날도 기원紀元을 잡아놓고 기원전, 기원후를 말합니다. 그것은 어떤 시작의 기준을 잡아준 것입니다. 우리는 그래서 무슨 원년元年이라 말하면서 처음을 강조하기도 합니다. 그러나 무엇보다도 오래된 처음은 바로 도의 원년인 도기道紀입니다.

◦ 나는 무엇보다도 처음입니다.

제15장　나는 채우려 들지 않습니다

15.1 옛날 참으로 뭔가 이룬 사람은

조그마하면서도 야릇하고(微妙) 검은 것을 꿰뚫으니(玄通),

깊이를 알 수 없다.

무릇 알 수 없으니, 따라서 억지로 그려본다.

머뭇거리도다, 겨울에 내를 건너는 듯하는구나.

망설이도다, 네 구석을 살피는 듯하는구나.

의젓하도다, 그는 손님인 듯하는구나.

흘러가도다, 얼음이 녹아내리는 듯하는구나.

도탑도다, 그는 통나무인 듯하는구나.

비어 있도다, 그는 골짜기인 듯하는구나.

섞여 있도다, 그는 흐린 듯하는구나.

15.2 누가 흐린 것을 고요하게 하여 천천히 맑게 할 수 있을까?

누가 멈춘 것을 움직이게 하여 천천히 살아나게 할 수 있을까?

15.3 이 길(道)을 갖고 있는 사람은 채우려 하지 않는다.

무릇 채우지 않으니, 따라서 덮어버려도 새로 이루어질 수 있다.

15.1 古之善爲士者, 微妙玄通, 深不可識.
　　　고 지 선 위 사 자　미 묘 현 통　심 불 가 식

　　　夫唯不可識, 故强爲之容.
　　　부 유 불 가 식　고 강 위 지 용

70

豫兮若冬涉川.
예 언 약 동 섭 천

猶兮若畏四鄰.
유 혜 약 외 사 린

儼兮其若客.
엄 혜 기 약 객

渙兮若氷之將釋.
환 혜 약 빙 지 장 석

敦兮其若樸.
돈 혜 기 약 박

曠兮其若谷.
광 혜 기 약 곡

混兮其若濁.
혼 혜 기 약 탁

15.2 孰能濁以靜之徐清?
숙 능 탁 이 정 지 서 청

孰能安以動之徐生?
숙 능 안 이 동 지 서 생

15.3 保此道者, 不欲盈.
보 차 도 자　불 욕 영

夫唯不盈, 故能蔽而新成.
부 유 불 영　고 능 페 이 신 성

15.1 우리 가운데 일가를 이룬 사람들이 있습니다. 그 사람은 학자일 수도, 군인일 수도, 정치가일 수도, 사업가일 수도 있습니다. 우리는 그런 사람들을 전문가(士)라고 부릅니다. 조선 시대의 전문가는 주자학 또는 성리학의 원리를 꿰뚫고 있는 사람을 일컫는 경우가 많아, 그가 곧 모든 전문가의 대표이기도 했습니다. 그래서 선비 사士는 도학자만을 가리킨다고 생각하기 쉽습니다. 그러나 선비는 학식은 있으나 벼슬을 하지 않은 사람뿐만 아니라, 한 방면에서 일가를 이룬 사람에 대한 존칭이기도 합니다. 신사도 있고, 무사도 있고, 하사도 있고,

기사도 있고, 용사도 있고, 열사도 있고, 검사도 있고, 박사도 있고, 나아가 여사도 있습니다. 선비란 각 방면의 전문가 집단이기도 한 것입니다. 그런 선비는 그저 큰 것만을 아는 사람이 아닙니다. 오히려 그는 조그마한 것이나 야릇한 것을 아는 데 뛰어나고 남들이 모를 듯한 것을 잘 꿰뚫는 사람입니다. 흔히들 넓을 박博 자를 써서 박사博士라 하지만, 박사는 넓게 안다기보다는 한쪽을 잘 아는 사람을 가리킵니다. 오늘날의 공학박사들이 전기면 전기, 기계면 기계에 그러하고, 옛날의 오경박사도 유가의 다섯 경전에 그러합니다. 그처럼 선비는 오히려 미묘한 것을 잘 알고, 알려지지 않은 것에 달통한 사람들입니다. 그러니 그 깊이를 알 수 없는 것입니다. 그래도 한번 떠오르는 모습을 그려보겠습니다. 억지로 하는 형용일 뿐입니다.

그는 늘 머뭇거립니다. 겨울에 내를 건너다 빠지면 여간 낭패가 아닙니다. 자칫 찬물에 빠지면 동상에 걸려 고생합니다. 얼음 위를 건널 때는 더더욱 그렇습니다. 어디가 녹았는지 주의하고 또 주의하지 않을 수 없습니다. 그는 살얼음판을 걷듯 머뭇거립니다.

그는 늘 망설입니다. 앞쪽 뒤쪽 두 옆을 살핍니다. 사방에서 무엇이라도 날아오지 않을까, 무엇이라도 덤벼들지 않을까 동서남북을 두려워하면서 다닙니다. 그는 총알이 날아 다니는 전쟁터에서처럼 망설입니다.

그는 늘 의젓합니다. 의젓하기가 어려운 자리에 모셔진 손님 같습니다. 남의 집이니 잘 알지도 못할뿐더러 함부로 아무거나 건드릴 수도 없거니와, 무엇보다도 초대된 것이니만큼 그에 걸맞은 격조 있는 태도를 보입니다. 그는 장중한 연회석에 초청된 귀빈같이 의젓합니다.

그는 늘 흘러갑니다. 흘러가기를 얼음 녹듯 합니다. 어디에 있다가 어디로 가더라도 움직이는 소리를 내거나 짓거리를 하지 않고, 몰래 몰래 사뿐사뿐 움직입니다. 아침부터 저녁까지 어떤 시끄러움도 없이 하루를 보냅니다. 공간 이동도, 시간 이동도 조용합니다. 그는 봄철 사르르 얼음 녹듯 세상에서 흘러갑니다.

그는 늘 도탑습니다. 도탑기가 손대지 않은 통나무 같습니다. 사람이 다듬어 맨질거리거나 뾰족하거나 각이 지지 않고, 자연 그대로의 통나무와 같습니다. 사람의 마음이 통나무 같아야지 다듬어지면 한쪽으로 쏠려 쭈그러집니다. 그는 꾸미지 않은 포근한 통나무집처럼 도탑습니다.

그는 늘 비어 있습니다. 비어 있는 것이 골짜기 같습니다. 골짜기에는 많은 것이 있습니다. 먹을 것도 많고, 물도 많고, 쉴 곳도 많습니다. 골짜기 자신이 비어 있기 때문에 많은 것을 담고 있는 것입니다. 그는 메아리가 울리는 골짜기처럼 비어 있습니다.

그는 늘 섞여 있습니다. 섞여 있어 흐린 물처럼 보입니다. 섞여 있으면 흐린 물이고, 흐린 물은 바로 나쁜 물처럼 생각하기 쉽습니다. 그러나 섞여 있는 물이야말로 무생물과 생물이 뒤섞여 생명을 유지하는 곳입니다. 그러니 물이 너무 맑으면 물고기가 없는 것입니다. 그는 온갖 생명이 사는 흐린 물처럼 여러 가지가 뒤섞여 있습니다.

∘ 나는 늘 망설이고 머뭇거립니다.

15.2 세상은 흐리기 그지없습니다. 이것저것이 뒤죽박죽되어 있습니다. 누가 이 흐린 세상을 고요함으로 점차 맑게 만들 수 있을까요?

세상은 그저 멈추어 있습니다. 이것저것이 그 자리에서 가만히 있을 뿐입니다. 누가 이 멈추어 있는 세상을 움직이게 하여 점차 살아나게 할 수 있을까요?

◦ 나는 세상을 맑게, 살아나게 합니다.

15.3 이러한 길을 갖고 있는 사람은 결코 채우려 하지 않습니다. 채운다는 것은 끝이 났다는 것과 마찬가지입니다. 차 있으면 아무것도 더 이상 들어가지 못합니다. 그러니 채우려 들지 않습니다. 길은 채우는 것이 아닙니다. 채우면 다니지 못하고 서 있지도 못합니다. 이것이 사람의 길이자 자연의 도입니다. 채우지 마십시오. 그러면 끝이라 생각하고 덮어버린 것에서도 새것이 움틉니다. 그러나 채워버린 것은 그렇게 끝나고 맙니다. 다 쓴 것이 어떤 생명력이 있겠습니까? 채우지 않아 끝나지 않은 것에서 새로운 생명이 이루어지는 것입니다.

◦ 나는 채우려 들지 않습니다.

제16장 나는 돌아감을 바라봅니다

16.1 빈 끝에 다다라, 고요함과 돈독함을 지킨다.

16.2 만물이 모두 만들어지니 나는 돌아감을 바라본다.

16.3 만물이 잘 크니 다 그 뿌리로 돌아간다.

뿌리로 돌아가는 것(復根)을 고요함(靜)이라고 하니, 이것을 생명으로 돌아간다(復命)고 한다.

생명으로 돌아가는 것을 늘 그러함(常)이라고 하니, 늘 그러함을 아는 것(知常)을 밝음(明)이라고 한다.

늘 그러함을 알지 못하면, 엉망으로 만들어져 흉측하다.

16.4 늘 그러함을 알면 너그럽고(容), 너그러우면 공평(公)하고, 공평하면 온전(全)하고, 온전하면 하늘(天)이 되고, 하늘은 길(道)이고, 길은 오래(久)되니, 죽도록 위태롭지 않다.

16.1 致虛極, 守靜篤.
　　　치 허 극　수 정 독

16.2 萬物竝作, 吾以觀復.
　　　만 물 병 작　오 이 관 복

16.3 夫物芸芸, 各復歸其根.
　　　부 물 운 운　각 복 귀 기 근

復根曰靜, 是謂復命.
귀 근 왈 정　시 위 복 명

復命曰常, 知常曰明.
복 명 왈 상　지 상 왈 명

不知常, 妄作凶.
불 지 상   망 작 흉

16.4 知常容, 容乃公, 公乃全, 全乃天, 天乃道, 道乃久, 沒身不殆.
지 상 용   용 내 공   공 내 전   전 내 천   천 내 도   도 내 구   몰 신 불 태

16.1 끝으로 가보았습니까? 삶의 끝이라도 좋고, 길의 끝이라도 좋고, 물의 끝이라도 좋습니다. 그 모든 끝은 조용합니다. 시끄럽지 않습니다. 살아가는 동안은 고민스러웠을지라도, 길 한가운데는 번잡스러웠을지라도, 물이 흘러갈 때는 요란했을지라도 그 끝은 고요하기 그지없습니다.

끝을 다해보십시오. 마음으로라도 늘 끝을 생각해보십시오. 빈 끝에 이르러서야 우리는 안정되고 돈독한 세계를 만납니다. 그 끝에서 만납시다.

∘ 나는 빈 끝에 머뭅니다.

16.2 온갖 것들이 자랄 때, 무엇을 바라봅니까? 힘찬 줄기를 봅니까, 아니면 푸른 잎사귀를 봅니까? 나는 오히려 그 속에서 무엇인가 돌고 또 돌고 있음을 바라봅니다. 아무것도 없던 벌판에서 힘센 줄기가 솟아 나오고, 메마른 가지에서 푸르디푸른 잎이 몸을 폅니다. 만물이 커나갈 때 그것은 마침내 뿌리에 모든 것이 매달리고 있습니다. 뿌리로 돌아가지 않으면 자랄 수 없는 것입니다.

∘ 나는 돌아감을 바라봅니다.

16.3 뿌리로 돌아가면 고요해집니다. 뿌리는 우리 모두의 생명처이

기 때문에 그 속에서 편할 수 있습니다. 뿌리로 돌아가는 것은 결국 우리 본래의 생명으로 돌아가는 것이기도 하지요. 생명 속에서야 비로소 우리는 이 세상이 늘 그러함을 봅니다. 마침내 늘 그러함을 알아야 우리는 이 세계 속에서 밝음을 지닐 수 있는 것입니다. 늘 그러함을 모르면 엉망이 되고 맙니다.

뿌리로 돌아가서 고요해져 봅시다. 고요해지는 것은 생명으로 돌아가는 것이기도 합니다. 생명으로 돌아가는 것이야말로 세상 만물의 늘 그러함입니다. 늘 그러함을 알면 세상 이치에 밝을 수밖에 없습니다. 늘 그러함을 모르면 흉측해지지 않을 수 없습니다.

◦ 나는 늘 그러함을 압니다.

16.4 늘 그러함을 알면 모든 것을 받아들입니다. 쫓아내지 않고 이리 오라고 합니다. 그러니 누구 편을 들지 않고 공평합니다. 남을 포용하면 곧 공평을 이룹니다. 공평하니 모든 것이 제대로 됩니다. 무엇 하나 불완전한 것이 없습니다. 온전하니 그것은 우리의 하늘과 같습니다. 모든 것을 잘 이루는 꼴이 너무도 자연스러워 하늘이 하는 것이라 합니다. 그 하늘이 곧 길입니다. 우리가 진리라고 부르는 도가 그 하늘에 있습니다. 그 진리의 길은 오랫동안 내려왔고, 오래도록 내려갈 것입니다. 그것만을 지키면, 누구도 죽도록 험한 꼴을 보지 않아도 됩니다. 공연히 불안해하거나, 심려할 필요도 없습니다. 위태로운 것을 죽을 때까지 만나지 않을 것입니다.

늘 그러한 것을 아십시오. 그러면 너그러울 수 있습니다.

너그러워지십시오. 그러면 어느 쪽에도 치우치지 않습니다.

누구에게도 똑같게 하십시오. 그러면 서로가 제 모습을 얻을 것입니다.

제 모습을 갖추십시오. 그게 곧 자연입니다.

자연스러워지십시오. 그게 곧 진리입니다.

진리를 받아들이십시오. 그러면 오래도록 갈 수 있습니다.

죽을 때까지도 걱정 없습니다.

◦ 나는 걱정이 없습니다.

제17장   나는 스스로 그러할 뿐입니다

17.1 가장 높은 것이 있음을 아래 사람은 알기만 하면 된다.

그다음으로는 가까이하거나 멀리 보는 것이다.

그다음으로는 무서워하는 것이다.

그다음으로는 깔보는 것이다.

17.2 믿음이 모자라니 믿지 못함이 있다.

17.3 부드럽구나, 말을 아낌이여.

일이 잘되어 끝날 때, 사람들은 모두 말한다. 나는 스스로 그러하

다고.

17.1 太上, 下知有之.
    태 상   하 지 유 지

其次, 親而譽之.
기 차   친 이 예 지

其次, 畏之.
기 차   외 지

其次, 侮之.
기 차   모 지

17.2 信不足焉, 有不信焉.
    신 부 족 언   유 불 신 언

17.3 悠兮, 其貴言.
    유 혜   기 귀 언

功成事遂, 百姓皆謂. 我自然.
공 성 사 수   백 성 개 위   아 자 연

17.1 세상에는 높은 것이 있습니다. 가장 높은 것도 있습니다. 임금님이든, 신령님이든, 상제님이든 높은 것이 있습니다. 우리는 어떻게 그것을 대해야 할까요? 가장 좋은 것은, 그것이 있다는 것만 아는 것입니다. 그것이 있음을 알면 될 뿐입니다. 어떤 이들은 그것이 아예 있는 줄도 모르는 것이 제일이라고도 합니다. 어쨌든 그런 높은 것이 있음을 알기만 하면 됩니다.

그런데 어떤 사람들은 그 높은 것과 친하게 느끼거나 그 높은 것을 훌륭하게 여기기도 합니다. 그것은 아무래도 아까처럼 있음을 알기만 하는 것보다는 못하겠지요. 굳이 높은 것과 친할 까닭이 있나요? 굳이 올려 바라볼 까닭이 있나요? 그래서 가까이하거나, 아니면 아주 멀리 보는 것은 차선일 따름입니다. 최선은 아니지요.

그러고도 사람들은 무서워하기까지 합니다. 그 높은 것이 나를 어쩌지나 않을까 벌벌 떱니다. 그것은 친밀하거나 명예롭게 여기는 것보다도 못합니다. 그저 무서워하는 것은 그 높은 것이 바라는 바가 아닙니다. 그래도 무섭다면, 어쩌면 그 높은 것이 무엇인가를 잘못하고 있는지도 모릅니다. 우리가 무서워할 때, 높은 것은 아주 높은 것이 아니고 맙니다.

그다음에는 사람들이 우습게 여길 때가 있습니다. 그때 높은 것은 벌써 높은 것이 아니지요. 그래서 그것은 여태껏 말한 것 가운데 가장 낮은 것입니다. 높은 것이 깔보일 때, 높은 것은 제 힘이 나올 리 없겠지요.

◦ 내가 있음만 아십시오.

17.2 내가 남을 믿지 못하면, 남도 나를 믿지 못합니다. 그러니 내 믿음이 모자라면 나를 믿지 못할 수밖에 없습니다. 내가 남을 믿으면, 남도 나를 믿습니다. 남이 먼저 나를 믿기를 기다리지 마십시오. 그러다간 서로 믿지 못할 뿐입니다. 내가 남을 믿지 않는데, 남이 어찌 나를 믿어주겠습니까? 나를 믿는 남은 내가 믿는 남이요, 내가 믿는 남은 나를 믿는 남입니다.

◦ 나는 남을 믿습니다.

17.3 사람 가운데 부드러운 이가 있습니다. 그런데 그 부드러운 사람은 말을 아낄 줄 압니다. 말로 사람에게 상처 주지 않습니다. 그래서 부드러운 사람은 말을 아낄 줄 아는 것입니다. 말을 하다 보면 거친 일들이 생깁니다. 말을 적게 하는 사람과 말을 많이 하는 사람 가운데 누가 말을 귀중하게 여길까요? 언뜻 보기에는, 방송기자가 말의 귀중함을 아는 듯도 합니다. 그러나 산속의 수도승이 침묵 수행을 하는 것은 무엇 때문일까요? 그것은 말로써 말만 하지 않고, 말로 따뜻함을 나누려 하기 때문입니다. 그러니 말을 아끼는 사람이야말로 부드러울 수 있는 것입니다.

내가 공로를 이루었습니다. 내가 사업을 마쳤습니다. 그래서 내가 이렇게 이룬 것이고, 내가 저렇게 마친 것이라고 자랑해야 합니까? 아닙니다. 사람들은, 이 세상의 많은 사람들은 스스로 그러하다고 말할 뿐입니다. 나는 늘 그렇게 살아왔을 뿐이고, 나는 늘 그렇게 살아갈 뿐입니다. 그러니 나는 스스로 그러하다고 말합니다. 내가 모를 심었다고 자랑합니까? 내가 밥을 했다고 자랑합니까? 내가 아기를 낳았다고 자랑합니까? 내가 아이를 키웠다고 자랑합니까? 나아가 내가 남을 도왔다고 자랑합니까?

◦ 나는 스스로 그러할 뿐입니다.

제18장 　나는 사랑을 모르면서 사랑합니다

18.1 큰길(大道)이 무너지니 인仁과 의義가 생기고,

　　　　지혜가 나오니 큰 거짓이 생겼다.

18.2 부모 형제끼리 사이좋지 않으니 효도와 자애가 생기고,

　　　　나라가 어지러우니 충신이 생겼다.

18.1 大道廢, 有仁義,
　　　　대 도 폐　유 인 의

　　　　智慧出, 有大僞.
　　　　지 혜 출　유 대 위

18.2 六親不和, 有孝慈,
　　　　육 친 불 화　유 효 자

　　　　國家昏亂, 有忠臣.
　　　　국 가 혼 란　유 충 신

18.1 길이 있었습니다. 그 길로 다닐 때는 서로 사랑하거나 무엇을
해야만 하는 것이 없었습니다. 그렇지만 모두 서로 사랑했고, 해야만
하는 일이었습니다. 그러니 누구도 서로 사랑하라고 말하지 않고, 무
엇을 해야만 한다고 말하지도 않았습니다. 그래도 잘되어 나갔습니
다. 그러나 어느 날 길이 막히고는 인仁과 의義처럼 남을 사랑한다든
지, 남을 사랑해야만 한다든지 하는 말이 떠돌았습니다.

　바보처럼 살았습니다. 그러나 아무도 바보라고 하지 않았습니다. 그

렇게 살면 될 뿐이었습니다. 굳이 셈을 잘하지 않아도 좋았습니다. 굳이 멋들어진 글을 적지 않아도 좋았습니다. 수를 모르고 문자를 몰라도 잘 살았습니다. 그것을 모른다고 남과 다투지도 않았습니다. 그러나 수와 문자를 아는 지혜가 생기고는, 그것들로 사람을 속였습니다. 어려운 산술과 잔뜩 꾸민 문장으로 우리에게 거짓을 하기 시작한 것입니다. 지혜가 큰 거짓을 낳고 만 것입니다.

◦ 나는 사랑도, 사랑을 해야 하는 것도 모릅니다.

18.2 핏줄은 당기는 것입니다. 피는 물보다 진하다고도 하지 않습니까? 팔은 안으로 굽는다고도 하지 않습니까? 보고 또 봐도 보고 싶은 것이 핏줄이고, 싸우고 또 싸워도 언제 싸웠냐 싶은 것이 핏줄이 아닙니까? 배 앓아 낳고, 젖 먹어 자라고, 밥 먹여주고, 땀범벅이 되어 노는 것이 핏줄입니다. 그런 부모와 자식일진대 효도니 자애니 하는 것이 무슨 필요가 있겠습니까? 효도니 자애니 하는 것들은 결국 부모 자식이 잘 맞지 않아 만들어낸 것입니다. 자식이 부모를 버리니 효도를 말하고, 부모가 자식을 버리니 자애를 말하는 것입니다.

국가가 안정되어 있을 때 충신이 나올 수 있을까요? 아닙니다. 충신은 국가가 혼란할 때 나오는 것입니다. 역적이 모의를 할 때 충신이 있고, 외적이 침입을 할 때 충신이 있는 것입니다. 불만을 가진 사람이 아예 없도록 경제를 잘 이끌고, 다른 나라 사람들이 아예 덤벼들지 않도록 국방을 잘 관리했으면, 충신이 나올 수 없는 것입니다. 결국 충신이란 혼란한 정치의 틈바귀에서 자라나는 것입니다.

◦ 나는 사랑을 모르면서 사랑합니다.

제19장   나는 나를 꾸미지 않습니다

19.1 성인의 가르침을 끊고 지식을 버리면 사람들의 이로움이 백 배가 된다.

인을 끊고 의를 버리면 사람들이 효도와 자애를 되찾게 된다.

기교를 끊고 이로움을 버리면 도적이 없어진다.

19.2 이 세 가지는 꾸며도 모자라는 것이다.

19.3 따라서 돌아갈 곳이 있도록 한다.

흰 것을 드러내고 거친 것을 껴안으며,

나를 줄이고 욕심을 적게 하라.

19.1 絶聖棄智, 民利百倍.
절 성 기 지　민 리 백 배

絶仁棄義, 民復孝慈.
절 인 기 의　민 복 효 자

絶巧棄利, 盜賊無有.
절 교 기 리　도 적 무 유

19.2 此三者, 以爲文不足.
차 삼 자　이 위 문 부 족

19.3 故令有所屬.
고 령 유 소 속

見素抱樸, 少私寡欲.
현 소 포 박　소 사 과 욕

19.1 성인의 말이란 우리를 제약하는 것입니다. 지식이란 우리를 타락시키는 것입니다. 성인의 말을 끊고 지식을 버려보십시오. 오히려 사람들은 더욱 살기 좋을 것입니다. 이것 하라, 저것 하지 말라는 성현의 말이 우리의 삶을 반드시 행복하게 하는 것은 아닙니다. 이것도 알고 저것도 아는 지식이 우리의 삶을 반드시 풍요롭게 만드는 것은 아닙니다. 우리의 삶은 그 모든 것 위에 있는 것입니다. 하다못해, 성인은 좋은 말씀을 남겨주었지만, 이제는 뜻은 남지 않고 찌꺼기만 떠도는 것일지도 모릅니다.

사랑을 끊고 사랑해야 함을 버리면 우리는 정말 사랑하게 될 것입니다. 사랑이란 말을 쓰지 말고, 사랑해야만 한다고 생각하지 말아봅시다. 사랑이란 말이 나의 사랑을 오히려 줄여버리고, 사랑해야 한다는 마음이 나의 사랑을 없애고 있지는 않습니까? 화려한 언어 때문에, 관념의 강박 때문에, 나의 사랑이 죽고 있지는 않습니까? 인의仁義를 버려보십시오. 그러면 지극한 효자와 자애로운 부모로 우리가 돌아갈 수 있지 않겠습니까?

기교를 끊고 이익을 버려보십시오. 도적이 설 자리가 없습니다. 사기꾼이라는 것은 기교를 쓰는 사람에게 먹히는 것이고, 도둑놈이라는 것은 돈 있는 사람에게 꼬이는 것입니다. 벼락 벌이를 하려다 있는 것을 날리고, 남 도와줄 줄 모르고 쌓아놓고 있다가 재물뿐만 아니라 신체조차 잃고 맙니다.

◦ 나는 사람들이 좋아하는 것을 끊어버립니다.

19.2 사람들은 성인의 정신, 윤리의 엄정함, 재물의 풍부함만으로

살 수 없습니다. 이러한 세 가지는 많이 꾸며 아름다워 보일지 몰라도 모자란 것이 아닐 수 없습니다. 성인의 정신은 지식을 주지만, 지식 없이 이 세상을 잘 사는 사람도 많습니다. 윤리의 엄정함은 삶의 원칙을 정해주지만, 우리는 원칙에 끌려다니면서 살 수는 없습니다. 재물이 하나도 없이 살 수는 없지만, 많은 재물은 우리를 불행으로 이끕니다.

∘ **나는 나 밖의 것으로 나를 꾸미지 않습니다.**

19.3 사람들에게 돌아갈 곳을 마련해주십시오. 진정한 소속을 갖도록 해주십시오. 사회나 단체가 아닌, 진정한 소속처를 얻도록 해주십시오.

사람들에게 자신의 깨끗함을 드러낼 수 있도록 하고, 또한 거칢도 안으라고 하십시오. 사람에게는 순수한 것도 있지만 또한 질박한 것도 있습니다. 그것들을 가지십시오. 그것이 바로 소박素朴함입니다.

사람들에게 자기를 줄이고 하고 싶은 것을 적게 하도록 하십시오. 내가 많으면 거추장스럽기 짝이 없습니다. 나를 줄이십시오. 하고 싶은 것이 많으면 힘들기 짝이 없습니다. 하고 싶은 것을 조금만 갖도록 하십시오.

∘ **나는 하얗지만 거칩니다.**

제20장 나는 바보의 마음입니다

20.1 배움을 끊으면 걱정이 없다.

네라고 하든 응이라고 하든 서로 얼마나 다른가?

좋다고 하든 싫다고 하든 서로 얼마가량 다른가?

[그렇지만] 남들이 두려워하는 것은 두려워하지 않을 수 없다.

거칢이여, 그 끝없음이여!

20.2 뭇사람들이 즐거워하는 것이 잔치를 벌인 것 같고 봄에 산에 오른 것 같다.

나 홀로 조짐도 없이 담박하니 아기가 웃지도 못할 때 같다.

지쳐버려 돌아갈 곳도 없는 듯하다.

뭇사람들은 모두 남음이 있는데 나만 홀로 잃어버린 듯하다.

나는 어리석은 사람의 마음이런가! 아득하도다.

20.3 속세의 사람들은 빛이 나는데, 나만 홀로 어둡네.

속세의 사람들은 [이것저것] 살펴보는데, 나만 홀로 마음 졸이네.

[물이] 조용하기가 바다와 같고, [바람이] 높이 나는 것이 끝이 없는 것 같네.

뭇사람들은 모두 있는 것으로 [자랑]하지만, 나만 홀로 완고하고 비천하다.

나만 홀로 남들과 다르니 밥 어머니(食母)를 높이 여긴다.

20.1 絶學無憂.
절 학 무 우

唯之與阿, 相去幾何?
유 지 여 아   상 거 기 하

善之與惡, 相去若何?
선 지 여 오   상 거 약 하

人之所畏, 不可不畏.
인 지 소 외   불 가 불 외

荒兮其未央哉!
황 혜 기 미 앙 재

20.2 衆人熙熙, 如享太牢, 如春登臺.
중 인 희 희   여 향 태 뢰   여 춘 등 대

我獨泊兮其未兆, 如嬰兒之未孩.
아 독 박 혜 기 미 조   여 영 아 지 미 해

儽儽兮, 若無所歸.
래 래 혜   약 무 소 귀

衆人皆有餘, 而我獨若遺.
중 인 개 유 여   이 아 독 약 유

我愚人之心也哉! 沌沌兮.
아 우 인 지 심 야 재   돈 돈 혜

20.3 俗人昭昭, 我獨昏昏.
속 인 소 소   아 독 혼 혼

俗人察察, 我獨悶悶.
속 인 찰 찰   아 독 민 민

澹兮其若海, 飂兮若無止.
담 혜 기 약 해   료 혜 약 무 지

衆人皆有以, 而我獨頑似鄙.
중 인 개 유 이   이 아 독 완 사 비

我獨異於人, 而貴食母.
아 독 이 어 인   이 귀 식 모

20.1 배움을 멈춰보십시오. 걱정이 없어집니다. 우리의 걱정은 배우지 못했다는 걱정에서 비롯됩니다. 차라리 배우려는 마음을 끊어보십시오. 아무런 걱정도 없습니다. 배운다는 것은 배운 사람들이 만들어

놓은 그물에 빠지는 것일 뿐입니다. 그물에 걸리려고 애쓰지 마십시오. 그물에 걸리지 않는다고 속상해하지 마십시오.

사람들은 '네'라고 대답하면 좋아하고 '응'이라고 하면 싫어합니다. 그러나 '네'나 '응'이나 물음에 대한 답변일 뿐입니다. 왜 그것이 그렇게도 달라야 하나요? 세상의 일은 밥을 먹었거나 먹지 않았을 뿐입니다. 자연계는 비가 오거나 오지 않을 뿐입니다. 우리는 그것에 대해 머리를 끄덕이거나 저을 뿐입니다. 그런데 '네'라고 말하면 멋있고 '응'이라고 말하면 촌스럽습니까? '네'와 '응'이 다르지 않은 것은 '네'와 '예'가 다르지 않은 것과 같습니다. 공대와 하대로 사람을 옭아매고, 그럴 줄 알아야 배운 사람이라고 합니다. 그러나 '네'와 '응'이 가리키는 것은 하나일 뿐입니다. 다른 것은 그것을 듣는 사람입니다. '네'나 '응'이나 밥을 먹고 비가 내림을 가리키는 것은 마찬가지입니다. 듣는 사람이 할아버지인지 아우인지 다를 뿐입니다.

잘하고 못함도 차이가 있는 것일까요? 잘한 것은 좋고 못한 것은 나쁠까요? 무엇이 잘한 것이고 무엇이 못한 것일까요? 그것에 대한 기준도 사람에 있을 뿐입니다. 나의 좋고 나쁨이 반드시 남에게도 좋고 나쁜 것은 아닙니다. 나는 잘했지만 남이 보면 잘못한 것일 수도 있습니다. 나와 남뿐이겠습니까? 우리와 너희는 더욱 그렇습니다. 우리에게는 잘하는 것이 너희에게는 잘못하는 것이 적지 않습니다. 우리는 이리로 가야 기쁘지만, 너희는 저리로 가야 기쁩니다. 때로 우리가 이리 가면 너희는 슬프고, 너희가 저리 가면 우리는 슬픕니다. 한 걸음 더 나아가볼까요? 내가 잘해준 것이 반드시 남에게도 좋은 것이 되리라고 생각하지 마십시오. 남이 잘해준 것이 반드시 나에게 좋은 것이 되지 않는 것과 같습니다.

그래도 사람들이 무서워하는 것은 무서워하십시오. 무서워하는 것에는 까닭이 있습니다. 그것을 가까이하면 죽음에 이른다든지, 그것을 멀리하면 삶을 잃는다든지, 사람들에게는 오래되고 깊은 두려움이 있습니다. 그것을 함부로 했다가는 다치게 마련입니다. 사람들이 두려워하는 것은 두려워하지 않을 수 없습니다.

그러나 나의 길은 끝이 없는 것입니다. 때로 끝없음은 거칠게 느껴집니다. 황량한 영원함으로 치달려갑니다. 이것이라 할 수도 저것이라 할 수도 없지만, 또 남이 두려워하는 것을 두려워하지 않을 수도 없지만, 나는 막막한 광야로 달려갑니다. 나는 끝없는 삶을 거칠게 몰고 나갑니다.

◦ 나의 길은 끝이 없습니다.

20.2 사람들은 즐겁게 삽니다. 잔치가 벌어진 것 같기도 하고, 산에 봄나들이 온 것 같기도 합니다. 그런데 나만 홀로 무덤덤합니다. 아무런 징조도 없습니다. 그저 그렇습니다. 마치 갓난아기가 아직 웃지도 못할 때처럼 조용합니다. 아기가 웃는 것도 조금은 큰 다음입니다. 그런데 나는 웃지도 못하는 아기 같습니다. 때로는 지쳐서 늘어져 있는 것도 같습니다. 돌아갈 곳이 없는 듯 보이기도 합니다.

사람들과 나는 왜 이렇게 다를까요? 사람들은 모두 여유가 넘치는데, 왜 나만 모든 것을 잃어버린 듯할까요? 남들은 이것저것을 들고 자신만만하게 사는데, 왜 나는 아무것도 손에 쥔 것이 없는 듯 보일까요?

나는 바보인가 봅니다. 나는 바보의 마음을 가졌나 봅니다. 나는 바보입니다. 나는 바보의 마음을 얻었습니다. 나는 어벙벙합니다.

◦ 나는 바보의 마음입니다.

20.3 이 세상 사람들은 번쩍번쩍 빛이 나고 있지만, 나만 홀로 깜깜합니다. 남들은 옷도 번지르르하고 얼굴도 기름지지만, 나는 남의 눈에 띄지 않을 정도로 어둡게 혼자 있습니다. 이 세상 사람들은 이것저것 살펴보지만, 나만 홀로 걱정합니다. 남들은 으스대면서 두루 보며 살지만, 나는 그저 마음 졸이며 혼자 살고 있습니다.

나는 고요합니다. 바람 없는 바다처럼 조용히 빈자리를 메우며 삽니다. 나는 높이 붑니다. 끝없는 바람처럼 휑하니 날아가버립니다.

사람들은 자기가 무엇인가 있다고 자랑하고 꾸미며 삽니다. 몸과 옷을 자랑하고 꾸미다 못해, 집도 차도 이런 것이 있다며 내세웁니다. 그런데 나만 홀로 미련하게 살며 남에게 얕보이고 있습니다. 그래도 나는 이렇게 살렵니다.

나는 왜 이렇게 남과 다를까요? 그것은 이 세상의 가장 큰 어머니를 높이기 때문입니다. 나를 낳아준 어머니, 어머니의 어머니, 그 어머니의 어머니를 나는 높이고 있기 때문입니다. 기껏 사람들이 내세우는 것은 결코 내가 자랑하고 싶지 않은 것입니다. 차라리 나는 바다처럼 고요하게, 바람처럼 높이 살렵니다. 왜냐고요? 그것은 진짜 어머니를 높이고 싶기 때문입니다. 밥을 주는 어머니, 그것은 사람일 수도, 풀일 수도, 나무일 수도, 땅일 수도, 하늘일 수도 있습니다. 나는 그 밥 어머니를 사랑합니다.

◦ 나는 어머니의 어머니를 높입니다.

제21장　나는 황홀합니다

21.1 큰 덕의 깊이는 오로지 도만이 헤아린다.

21.2 도라는 것은 어릿거리고 아찔하다.

아찔하고 어릿거리는데 그 속에 어떤 꼴(象)이 있고,

어릿거리고 아찔한데 그 속에 어떤 것(物)이 있도다.

아득하고 어두운데 그 속에 알맹이(精)가 있고,

그 알맹이는 정말 참되니 그 속에 미더움(信)이 있도다.

21.3 예로부터 오늘까지 그 이름은 없어지지 않으니 뭇 사나이를 거느린다.

나는 어떻게 뭇 사나이의 모습을 아는가? 이로써이다.

21.1 孔德之容, 唯道是從.
　　　공 덕 지 용　유 도 시 종

21.2 道之爲物, 惟恍惟惚.
　　　도 지 위 물　유 황 유 홀

惚兮恍兮, 其中有象,
홀 혜 황 혜　기 중 유 상

恍兮惚兮, 其中有物.
황 혜 홀 혜　기 중 유 물

窈兮冥兮, 其中有精,
요 혜 명 혜　기 중 유 정

其精甚眞, 其中有信.
기 정 심 진　기 중 유 신

21.3 自古及今, 其名不去, 以閱衆甫.
자 고 급 금　기 명 불 거　이 열 중 보

吾何以知衆甫之狀哉? 以此.
오 하 이 지 중 보 지 상 재　이 차

21.1 덕은 크고 넓고 깊습니다. 그냥 덕이 아니라 이 세상에 무엇인가를 이루는 덕입니다. 윤리적으로 빼어난 덕이 아니라 오히려 현실적으로 많은 일을 하는 덕입니다. 그 크고 넓고 깊은 덕의 용량은 무지막지합니다. 그러나 도만은 그것을 헤아릴 수 있습니다. 도는 덕으로 하여금 자신을 따르도록 할 수 있습니다. 사실 덕은 도의 결과입니다. 따라서 도는 덕을 생산하고, 덕은 도를 추종하는 것이지요. 잊지 마십시오. 도 없는 덕 없고, 덕 없는 도 없습니다.

∘ 나의 덕은 도를 따릅니다.

　21.2 도라는 것은 어릿거리고 아찔합니다. 때로는 어슴푸레하고 흐릿합니다. 잘 보이리라 생각하지 마십시오. 어지럽지 않으리라 생각하지 마십시오. 도는 황홀한 것입니다.

　아찔하고 어릿거리지만 거기에는 어떤 꼴이 있습니다. 황홀경 속에 형상이 드러납니다. 어릿거리고 아찔하지만 거기에는 어떤 것이 있습니다. 황홀경 속의 형상은 구체적인 물상으로 나타납니다. 도라는 것이 이렇습니다. 보이지 않으나 조금씩 보여주고, 그러다가 모두 보여줍니다. 추상적인 영상이었다가, 구체적인 사물로 현현됩니다.

　때때로 아득하고 어둡기까지 하지만 거기에는 알맹이가 있습니다. 잘 보이지 않는다고 그저 속이 비어 있는 것이 아니라 나름의 알맹이

95

를 지니고 있습니다. 사물의 정수精髓는 제대로 갖추고 있는 것입니다. 그 알맹이는 너무도 참하여, 그 안에는 반드시 미더움이 있기 마련입니다. 정수가 진실할 때 그것은 신험信驗을 드러내지요. 너와 나의 신부信符라고나 할까요? 도는 이렇듯 아득하고 어둡게 보이지만 그 안에는 알맹이와 미더움이 있습니다.

∘ **나는 황홀합니다.**

21.3 그 이름이 사라진 적이 있을까요? 예로부터 오늘까지 도라는 이름이 사라진 적이 있을까요? 없었습니다. 그 이름은 결코 버려지지 않습니다. 그러니 모든 사나이를 거느릴 수 있지요. 이런 아버지를 통솔하는 것은 도입니다. 도는 뭇 사나이들의 열병閱兵을 받습니다.

내가 뭇 사나이의 상황을 아는 것은 왜 그렇겠습니까? 이 세상의 제일인 양하는 사나이를 나는 잘 압니다. 어떻게 알 수 있을까요? 그것은 어떤 사나이도 결국 어머니의 배를 통하지 않고는 나오지 못한다는 사실에서 비롯합니다. 사나이의 어머니, 어머니의 어머니 같은 도는 내가 온갖 사나이를 알도록 해줍니다.

∘ **나는 뭇 사나이들을 거느립니다.**

제22장   나는 하나로 껴안습니다

22.1 구부러지면 제대로 되고,

휘면 바르게 되고,

파이면 차고,

낡으면 새로워지고,

적으면 얻고,

많으면 모자라게 된다.

그러므로 성인은 하나를 안아 천하의 법식(式)이 된다.

22.2 스스로 드러내지 않으니 밝아지고,

스스로 옳다 하지 않으니 빛나고,

스스로 [남을] 치지 않으니 공이 있고,

스스로 자랑하지 않으니 오래간다.

22.3 무릇 싸우지 않으니, 천하가 그와 싸울 수 없다.

22.4 옛말에 '구부러지면 제대로 된다'는 것이 어찌 빈말이겠는가!

정말로 제대로 되어 그리로 돌아간다.

22.1 曲則全, 枉則直, 窪則盈, 敝則新, 少則得, 多則惑.
　　　곡 즉 전　왕 즉 직　와 즉 영　폐 즉 신　소 즉 득　다 즉 혹

是以聖人抱一爲天下式.
시 이 성 인 포 일 위 천 하 식

22.2 不自見, 故明,
부 자 현 고 명

不自是, 故彰,
부 자 시 고 창

不自伐, 故有功,
부 자 벌 고 유 공

不自矜, 故長.
부 자 긍 고 장

22.3 夫唯不爭, 故天下莫能與之爭.
부 유 부 쟁 고 천 하 막 능 여 지 쟁

22.4 古之所謂曲則全者, 豈虛言哉!
고 지 소 위 곡 즉 전 자 개 허 언 재

誠全而歸之.
성 전 이 귀 지

22.1 제대로 된다는 것이 무슨 말입니까? 제대로 된다는 것은 구부러진 것이 제대로 됨입니다. 구부러지지도 않았는데 제대로 될 수는 없는 것입니다. 구부러져야 제대로 됩니다. 이 세상에는 구부러져 있는 것이 너무도 많습니다. 그렇기 때문에 온전한 것입니다. 그릇의 한 부분은 반드시 구부러져 있습니다. 네모반듯한 그릇이라도 아주 작은 곳은 반드시 휘어 있기 마련입니다. 그렇지 않다면 제대로 된 그릇일 수 없습니다. 모난 곳에 손도 베이고 말 것입니다.

바르게 된다는 것이 무슨 말입니까? 바르게 된다는 것은 휜 것이 바르게 됨입니다. 휘어지지도 않았는데 바르게 될 수는 없는 것입니다. 휘어져야 바르게 됩니다. 휜 것이 없으면 바르게 펼 수 없을 뿐만 아니라, 바르게 펴기 위해서라도 휘지 않을 수 없는 것입니다. 개구리가 멀리 뛰려고 움츠리듯, 우리는 휘지 않을 수 없는 것입니다. 소나무가 하늘로 뻗치려고 휘어휘어 올라가는 것입니다.

찬다는 것이 무슨 말입니까? 찬다는 것은 파인 곳이 채워짐입니다. 파이지도 않았는데 무엇이 채워질 수는 없는 것입니다. 파여야 찹니다. 땅이 파여야 나무를 심고, 나무가 파여야 쐐기를 박습니다. 집을 지을 때 우리는 얼마나 많은 곳을 팝니까? 문을 만들기 위해서도, 열쇠를 달기 위해서도 우리는 파고 있는 것입니다.

새로워진다는 것이 무슨 말입니까? 새로워진다는 것은 낡은 것이 새롭게 됨입니다. 낡지 않았는데 새로워질 수는 없는 것입니다. 낡아야 새로워집니다. 사람이 죽는다는 것도 세상을 새롭게 만들기 위해서입니다. 죽는다는 것은 슬프지만, 죽어야 이 사회가 새로워질 수 있다는 것을 생각해보십시오. 우리가 늙는 것은 젊음을 위한 봉사입니다.

얻는다는 것이 무슨 말입니까? 얻는다는 것은 적음이 얻어짐입니다. 적지도 않은데 얻을 수는 없는 것입니다. 적어야 얻습니다. 모자라지도 않은데 더 줄 사람은 아무도 없습니다. 거지에게 돈이나 밥을 주는 것은 그들이 모자라기 때문입니다. 내가 얻고자 하는 것도 무엇인가 모자라기 때문입니다. 아무리 그래도 남이 보기에 모자라다고 생각되지 않는다면 나는 얻을 수 없는 것입니다.

거꾸로 많으면 어떻게 될까요? 많으면 사람들이 빼앗으려 할 것입니다. 너만 있느냐, 나도 갖겠다고 덤벼들 것입니다. 그래서 많으면 모자라게 되는 것입니다. 3대 부자가 없음은 3대의 부를 지키지 못함도 있겠지만, 그 부를 훔치려고 개미 떼처럼 달려드는 사람들 때문일 것입니다. 그 가운데는 사기꾼도 있고, 도둑도 있고, 사업가도 있고, 경찰도 있고, 관리도 있습니다. 그러니 미혹될 수밖에 없겠지요.

그러므로 성인은 헌것과 새것, 적은 것과 많은 것이 아니라, 그 모두를 더불어 하나로 여깁니다. 그것을 성인이 '하나를 껴안는다(抱一)'고 하지요. 성인은 하나를 껴안아 온 천하의 법식이 됩니다. 그의 하나는 모범이고 원형입니다.

◦ 나는 하나로 껴안습니다.

22.2 스스로 드러내지 않습니다. 그러니 밝아집니다. 만일 스스로 드러내려고 하면 남들이 그의 밝음조차 덮어버리려고 할 것입니다. 숨어 있으니 절로 밝게 됩니다. 나를 드러내려고 하지 마십시오. 나의 밝음이 어두워지고 맙니다.

스스로 옳다고 하지 않습니다. 그러니 빛이 납니다. 만일 스스로 옳다고 하면 남들이 그가 옳지 않다고 할 것입니다. 떠들지 않으니 절로 빛이 납니다. 내가 옳다고 하지 마십시오. 나의 옳음이 옳지 않게 됩니다.

스스로 남을 치지 마십시오. 그러니 공이 있습니다. 만일 스스로 남을 공격하려고 하면 남들도 공격할 것입니다. 공격하지 않으니 절로 공적이 쌓입니다. 내가 공격하지 마십시오. 나의 공격으로 내가 당합니다.

스스로 자랑하지 마십시오. 그러니 오래갑니다. 만일 스스로 자랑하면 남들이 그를 깎아내릴 것입니다. 자랑하지 않으니 절로 자랑이 늘어갑니다. 내가 자랑하지 마십시오. 나의 자랑으로 나의 자랑이 깎입니다.

◦ 나는 가만히 있으니 절로 드러납니다.

22.3 싸우지 않습니다. 싸우지 않으니 천하에서 그와 싸울 수 있는

것이 아무것도 없습니다. 싸우지 않습니다. 그러니 천하조차 그와 싸울 수 없지요. 싸우지 않는 것은 결국 아무도 그와 싸우지 못함을 말합니다. 싸우지 마십시오. 그러면 천하에서 가장 힘센 싸움꾼이 됩니다.

∘ 나는 싸우지 않으니 아무도 나와 싸울 수 없습니다.

22.4 구부러져야 제대로 됩니다. 옛말에 '구부러지면 제대로 된다'는 것이 어찌 빈말이겠습니까? 옛말 틀린 것 하나도 없습니다. 옛말대로 먼저 구부러지십시오. 그러면 제대로 될 날이 올 것입니다.

정말로 제대로 되면 돌아가게 됩니다. 자연의 도로 돌아가고, 소박의 도로 돌아갑니다. 담담하게 굳이 하는 일이 없습니다. 다들 스스로 그렇게 돌아갑니다. 모두 처음 그대로 깨끗한 듯, 거친 듯 그런 꼴로 돌아갑니다.

∘ 내가 구부러지니 제대로 됩니다.

제23장　　나는 얻어도 잃어도 즐거워합니다

23.1 말이 드문 것이 자연스럽다.

따라서 회오리바람은 아침나절을 가지 않고, 소나기는 하루를 가지

않는다.

무엇이 이렇게 하는가? 하늘과 땅이다.

하늘과 땅도 오래가지 못하는데, 하물며 사람임에랴?

23.2 따라서 도를 일삼는 사람은 도와 하나가 되고,

얻는(德) 사람은 얻음(德)과 하나가 되며,

잃는(失) 사람은 잃음(失)과 하나가 된다.

23.3 도와 함께하는 사람은 도도 그를 즐겁게 얻고,

얻음과 함께하는 사람은 얻음도 그를 즐겁게 얻고,

잃음과 함께하는 사람은 잃음도 그를 즐겁게 얻는다.

23.4 믿음이 모자라도다, 믿지 못함이 있도다.

23.1 希言自然.
희 언 자 연

故飄風不終朝, 驟雨不終日.
고 표 풍 부 종 조　취 우 부 종 일

孰爲此者? 天地.
숙 위 차 자　　천 지

天地尙不能久, 而況於人乎?
천 지 상 불 능 구　이 황 어 인 호

23.2 故從事於道者, 同於道,
고 종 사 어 도 자　동 어 도

德者, 同於德,
덕 자　동 어 덕

失者, 同於失.
실 자　동 어 실

23.3 同於道者, 道亦樂得之,
동 어 도 자　도 역 락 득 지

同於德者, 德亦樂得之,
동 어 덕 자　덕 역 락 득 지

同於失者, 失亦樂得之.
동 어 실 자　실 역 락 득 지

23.4 信不足焉, 有不信焉.
신 부 족 언　유 불 신 언

23.1 말이 많은 것이 자연스러운 모습일까요, 아니면 말이 없는 것이 자연스러운 모습일까요? 이 세계는 본디 말이 있던 것이 아닙니다. 사람이 말을 하기 시작하여 이 세상을 말의 천지로 만들어버렸습니다. 말은 없는 것이 자연스럽습니다. 말은 드물게 할수록 자연스럽습니다.

손님이 오면 이러쿵저러쿵 말이 많습니다. '안녕하십니까'에서 '안녕히 가십시오'까지, 여기는 이렇고 저기는 저렇고, 말을 하지 않으면 안 될 것만 같습니다. 말이 끊어지면 불안합니다.

그러나 가족끼리 그렇게 많은 말이 필요할까요? 아닙니다. 가족은 이미 모든 것을 받아들이고 믿기 때문입니다. 따라서 말이 적은 것이 자연스러운 것입니다. 아주 친한 친구끼리는 별로 할 말이 없습니다. 아주 다정한 연인은 그저 서로 바라보기만 합니다. 부모와 자식은 눈길로도 대화를 주고받습니다.

회오리바람이 몰아쳐 올 때 우리는 그것이 늘 불 것같이 생각합니다. 그러나 그것은 아침나절을 가지 않습니다. 잠깐입니다. 우리의 세상사가 마찬가지이지요. 즐거운 일이 오면 그 일이 평생을 갈 것 같지만 그렇지 않습니다. 슬픈 일이 오면 그 일에서 일생 동안 벗어나지 못할 것 같지만 그렇지 않습니다. 말로는 사랑해서 죽을 듯도 하지만, 결국은 헤어지기도 합니다. 그렇듯 우리의 많은 일은 회오리바람에 지나지 않습니다.

소나기가 뿌릴 때 우리는 늘 그렇게 내릴 것같이 생각합니다. 그러나 소나기가 하루 종일 내리는 경우는 없습니다. 잠시입니다. 우리의 인간사가 마찬가지이지요. 영광이 무궁할 듯하지만 그렇지 않고, 치욕이 영원할 듯하지만 그렇지 않습니다. 영광이나 치욕 모두 말일 뿐입니다. 이쪽에서 보면 영광이지만 저쪽에서 보면 치욕일 수 있는 말일 뿐입니다. 이렇게 말하면 영광이지만, 저렇게 말하면 치욕입니다. 치욕이라고 하지만, 뒤집어 보면 영광이기도 합니다. 그렇듯 삶에서 이러저러한 말은 하루를 가지 못하는 소나기와 같습니다.

무엇이 이렇게 만들겠습니까? 하늘과 땅이지요. 이때 하늘과 땅은 말 없는 자연입니다. 천지는 자연스럽습니다. 천지는 자연스레 말이 없습니다. 말없이 이 세상의 현상들과 사라지지요. 그렇다면 사람의 일들이야 말할 것도 없겠지요? 하늘과 땅도 오래가지 못하는데, 사람임에랴!

◦ 나는 말이 없습니다.

23.2 길을 가는 사람은 길 위에 있습니다. 길을 떠나면 길을 가는 사

104

람이 아닙니다. 그것은 도를 하는 사람이 도와 함께한다는 말입니다. 도에 종사하는 사람은 도와 하나가 됩니다.

마찬가지입니다. 무엇인가를 얻는 사람은 얻음과 하나가 되는 것이고, 무엇인가를 잃는 사람은 잃음과 하나가 되는 것입니다. 이 세상에서 산다는 것은 얻음이나 잃음과 늘 마주하는 것입니다. 얻었을 때는 얻었다고 받아들이십시오. 마찬가지로, 잃었을 때도 잃었다고 받아들이십시오. 얻음과 잃음은 한 길의 다른 모습입니다. 얻었다고 버리려하지 말고, 잃었다고 얻으려 하지 마십시오. 진리는 기능을 갖습니다. 똑같이, 진리는 비기능도 갖습니다. 진리는 효율적입니다. 똑같이, 진리는 비효율적입니다. 참다움(道)이란 얻음(德/得)이자 잃음(失)입니다.

◦ 나는 얻음이나 잃음과 하나가 됩니다.

23.3 길과 하나가 되면, 길도 그를 즐겁게 받아들입니다. 사람은 길을 얻고, 길은 사람을 얻었습니다. 얻음과 하나가 되면, 얻음도 그를 즐겁게 받아들입니다. 사람은 무엇인가 얻고, 얻음은 사람을 얻었습니다. 잃음과 하나가 되면, 잃음도 그를 즐겁게 받아들입니다. 사람은 무엇인가 잃고, 잃음은 사람을 얻었습니다. 진리는 얻는 것만이 아닙니다. 진리는 잃는 것도 있습니다. 진리의 길(道)은 덕德이라는 얻음(得)만 아니라, 실失이라는 잃음도 갖습니다. 그래서 덕은 얻음뿐만 아니라 잃음도 얻는 것(得)입니다. 얻었다고 좋아하거나, 잃었다고 슬퍼하지 마십시오. 일희일비一喜一悲는 도와 거리가 멉니다.

◦ 나는 얻어도 즐거워하고, 잃어도 즐거워합니다.

23.4 믿음이라 함은 벌써 믿지 못함이 있는 것입니다. 믿음은 믿지 못함을 생각하기에 믿음을 말합니다. 따라서 믿음은 모자랄 뿐입니다. 말 없는 것만큼 좋은 것은 없겠지요. 믿음이 부족하기에 믿지 못함이 있습니다. 믿음의 부족은 불신의 시작입니다.

◦ 나의 믿음은 믿음을 낳습니다.

제24장 　　나는 스스로 나를 보이지 않습니다

24.1 발꿈치를 든 사람은 서 있을 수 없고, 다리 가랑이를 벌린 사람은 걸을 수 없다.

24.2 스스로 드러내는 사람은 밝지 못하고,

스스로 옳다 하는 사람은 빛나지 못하고,

스스로 [남을] 치는 사람은 공이 없고,

스스로 자랑을 늘어놓는 사람은 오래가지 못한다.

24.3 그런 것들이 참다움(道)에 있음을 일러, 남아도는 밥(餘食)이나 군더더기 살(贅形)이라고 한다.

만물은 이를 언제나 싫어하니, 도가 있는 사람은 그런 데 머물지 않는다.

24.1 企者不立, 跨者不行.
　　　기 자 불 립　　과 자 불 행

24.2 自見者不明, 自是者不彰, 自伐者無功, 自矜者不長.
　　　자 현 자 불 명　자 시 자 불 창　자 벌 자 무 공　자 긍 자 부 장

24.3 其在道也, 曰餘食贅形.
　　　기 재 도 야　왈 여 식 췌 형

　　　物或惡之, 故有道者不處.
　　　물 혹 오 지　고 유 도 자 불 처

24.1 사람이 발꿈치를 들고 있으면 서 있지 못합니다. 잠깐은 버틸 수 있겠지만 마침내 주저앉고 맙니다. 사람이 다리 가랑이를 벌리고 있으면 걷지 못합니다. 한 걸음이야 가겠지만 다음에는 바로 기어가고 맙니다. 사람은 본디의 모습이 있는 것입니다. 그 모습이 자연스럽고 편한 것입니다. 커 보이겠답시고 키를 들어 올리거나 멀리 간답시고 걸음을 크게 떼다가는 서 있지도 걷지도 못하게 되는 것입니다.

◦ 나는 내 키를 높이지도 내 걸음을 멀리 하지도 않습니다.

24.2 스스로 드러내는 사람은 밝아질 수 없습니다. 내가 잘났다고 남들 앞에 드러내보십시오. 사람들은 오히려 나의 밝음을 어둡게 하려 들 것입니다. 그러니 스스로 드러내지 마십시오.

스스로 옳다 하는 사람은 빛날 수 없습니다. 내가 옳다고 남들 앞에서 말해보십시오. 사람들은 오히려 나의 빛남을 덮으려 할 것입니다. 그러니 스스로 옳다 하지 마십시오.

스스로 남을 치는 사람은 잘날 수 없습니다. 내가 힘이 있다고 남을 쳐보십시오. 사람들은 오히려 나의 힘을 없애려 애쓸 것입니다. 그러니 스스로 남을 치지 마십시오.

스스로 자랑을 늘어놓는 사람은 오래가지 못합니다. 내 자랑을 남들 앞에서 늘어놓아보십시오. 사람들은 오히려 나의 자랑거리를 웃음거리로 만들고 말 것입니다. 그러니 스스로 자랑을 늘어놓지 마십시오.

나의 밝음, 나의 빛남, 나의 잘남, 나의 자랑거리는 내가 스스로 보이는 것이 아닙니다. 그것은 감춰야 마땅한 것입니다. 그래야 제대로 나타납니다.

◦ 나는 스스로 나를 보이지 않습니다.

24.3 스스로 남에게 보이려는 것은 모두 도와는 거리가 멉니다. 그것들은 도에서 볼 때, 그저 남아도는 밥이나 군더더기 살과 같습니다. 마치 부뚜막 위의 찬밥과도 같고, 손에 돋은 사마귀와도 같습니다. 진리의 관점에서 자기를 내세움은 겉도는 찬밥 신세나 잘라 없애고 싶은 사마귀 꼴에 지나지 않습니다. 튀다 보면 오래 갈 수 없는 것입니다. 튀는 것은 자연스럽지도 않습니다.

만물은 그런 것을 싫어합니다. 그러니 도를 가진 사람은 그런 데 머물지 않습니다. 자연스러움은 그냥 서 있는 것이지 발꿈치를 들고 있는 것이 아닙니다. 자연스러움은 그냥 걷는 것이지 가랑이를 힘껏 벌리는 것이 아닙니다. 만물은 그렇게 서 있고 그렇게 걷습니다. 도는 그런 것입니다.

◦ 나는 내 몸에 찬밥을 지니거나 사마귀를 붙이고 다니지 않습니다.

제25장　　나는 이름 없는 큰길입니다

25.1 어떤 것이 섞여 이루어지는데, 하늘과 땅보다 먼저 태어났다.

　　　소리도 꼴도 없으며, 홀로 서 바뀌지 않고, 맴돌면서도 멈추지 않으

　　　니, 천하의 어머니(天下母)이리라.

25.2 나는 그 이름을 모르니, '도道'라고 쓰고, 억지로 '크다(大)'고 이름 짓

　　　는다.

25.3 크니 '떠난다(逝)' 하고, 가니 '멀다(遠)' 하고, 머니 '돌아온다(反)' 한다.

　　　따라서 도도 크고, 하늘도 크고, 땅도 크고, 사람도 크다.

　　　나라에는 네 큰 것이 있는데, 사람은 그 하나에 자리한다.

25.4 사람은 땅을 본받고, 땅은 하늘을 본받고, 하늘은 도를 본받고, 도는

　　　스스로 그러함을 본받는다.

25.1 有物混成, 先天地生.
　　　유 물 혼 성　선 천 지 생

　　　寂兮廖兮, 獨立不改, 周行而不殆, 可以爲天下母.
　　　적 혜 료 혜　독 립 불 개　주 행 이 불 태　가 이 위 천 하 모

25.2 吾不知其名, 字之曰道, 强爲之名曰大.
　　　오 부 지 기 명　자 지 왈 도　강 위 지 명 왈 대

25.3 大曰逝, 逝曰遠, 遠曰反.
　　　대 왈 서　서 왈 원　원 왈 반

　　　故道大, 天大, 地大, 人亦大.
　　　고 도 대　천 대　지 대　인 역 대

域中有四大, 而人居其一焉.
역 중 유 사 대 이 인 거 기 일 언

25.4 人法地, 地法天, 天法道, 道法自然.
인 법 지 지 법 천 천 법 도 도 법 자 연

25.1 이 세상에는 이러저러한 만물보다 앞서 있는 것이 있습니다. 그 어떤 것은 이것저것이 마구 섞여 이루어져 있고, 하늘과 땅보다 먼저 태어났습니다. 만물이야 그런대로 꼴과 색깔을 갖고 있지만, 그것은 뒤죽박죽 섞여 이루어졌고 하늘과 땅보다 앞서 있었습니다.

그것은 소리도 없이 조용합니다. 그것은 꼴도 없이 조용합니다. 그것은 아무런 움직임도 없는 듯 고요합니다. 그런데 그것은 홀로 서 있습니다. 홀로 제자리를 지키며 있는 데를 옮기지 않습니다. 무엇이 그 둘레를 돌더라도 지치지 않습니다. 마치 해처럼 자기의 위치를 고치지 않습니다. 태양계의 별들이 그 주위를 아무리 돌더라도 끄떡없습니다. 그러니 천하의 어머니(天下母)가 될 수 있습니다. 세상에는 어머니가 있습니다. 우리 모두의 어머니입니다. 그 어머니는 늘 그 자리에 있습니다.

◦ 나는 하늘과 땅의 어머니입니다.

25.2 나는 그 이름을 모릅니다. 그저 그것, 그 어떤 것일 뿐입니다. 어떻게 말할 수도 없습니다. 그러니 그냥 글씨로는 '길(道)'이라고 써봅니다. 이름을 억지로 붙여 '큼(大)'이라고 해봅니다. 그것은 그래서 '길' 또는 '큼'이라는 이름을 얻은 것입니다. 이름이 본디 있었던 것이 아니고, 하는 수 없어 붙여본 것입니다.

우리가 알고 있는 도, 그것은 본디 이름이 있는 것이 아닙니다. 무엇인가 있기는 한데, 어떻게 부를 방도나 재간이 없어 그저 도라고 쓰는 것일 뿐입니다. 따라서 도는 그저 '큰 것'이라고 불러도 좋습니다. 그것은 큽니다. 그것은 길입니다. 그것은 큰길입니다.

◦ 나는 이름 없는 큰길입니다.

25.3 크면 어떻게 될까요? 크면 어디론가 떠납니다. 이곳은 너무도 좁습니다. 그래서 큼을 떠남이라고도 부릅니다.

떠나면 어떻게 될까요? 떠나면 멀어집니다. 이곳에서 저곳으로 멀어집니다. 그래서 떠남은 멀어짐이라고도 부릅니다.

멀어지면 어떻게 될까요? 멀어지면 돌아옵니다. 이곳으로 돌아옵니다. 그래서 멀어짐은 돌아옴이라고도 부릅니다.

크면 떠나고, 떠나면 멀어지고, 멀어지면 돌아오는 것이 세상만사의 이치입니다. 따라서 도는 큽니다. 도는 멉니다. 도는 돌아옵니다. 도는 이렇듯 큰 것이면서도, 먼 것이자 돌아오는 것이기도 합니다.

따라서 도는 큽니다. 도가 크니 하늘도 큽니다. 하늘이 크니 땅도 큽니다. 땅이 크니 사람도 큽니다. 도가 가장 큰 것이지만, 도를 담고 있는 하늘도 크고, 그런 하늘을 신고 있는 땅도 크고, 그런 땅 위의 사람도 큽니다. 도를 담고 있으면 하늘과 땅과 사람이 모두 큰 것입니다. 이 세상에는 큰 것이 이렇듯 넷이 있습니다. 사람도 그 하나에 자리하는 것입니다.

도가 없는 하늘도 없지만, 하늘 없는 땅도 없고, 땅 없는 사람도 없습니다. 거꾸로 도가 있으면 하늘도 있고, 하늘이 있으면 땅도 있고, 땅이 있으면 사람도 있습니다.

◦ 나는 크고, 멀고, 돌아옵니다.

25.4 사람은 땅을 본받습니다. 사람은 땅을 보며 스스로를 일구어 나갑니다. 땅이 주는 곡식에 감사하며 그것을 먹고 영위합니다.

땅은 하늘을 본받습니다. 땅은 하늘이 내려주는 바람과 물에 따라 모습을 이루어 나갑니다. 바람과 물은 풍수風水가 되어, 땅의 이치인 지리地理를 마련해줍니다. 하늘의 무늬를 천문天文이라 합니다. 이렇게 천문지리天文地理는 하늘과 땅의 밀접한 관계를 보여줍니다.

하늘은 도를 본받습니다. 하늘은 그냥 있는 것이 아니라, 그것을 움직이게 하는 원리나 준칙이 있습니다. 그러한 하늘의 길을 천도天道라고 부릅니다. 그냥 하늘일 때는 비 오고 눈 내리는 공간에 불과하지만, 그 하늘이 법칙에 따를 때는 봄, 여름, 가을, 겨울이 우리에게 전개되는 것입니다.

그렇다면 도는 어떠할까요? 도는 그저 그렇게 될 뿐입니다. 도는 스스로 그러할 뿐입니다. 본받는다고 말해야 한다면, 도는 자연스러움 그것을 본받을 뿐입니다. 도는 자연스러울 뿐입니다. 자연스러움 그것이 바로 도입니다.

◦ 나는 스스로 그러할 뿐입니다.

제26장　나는 가볍거나 시끄럽지 않습니다

26.1 무거움은 가벼움의 뿌리이고, 고요함은 시끄러움의 임금이다.

그러므로 성인은 하루 내내 가도 [군수품을 실은 중요한] 짐수레를
벗어나지 않는다.

26.2 비록 좋은 볼거리가 있어도 제비집[같이 포근한 속]에서 [모든 것을]
벗어난 듯하다.

어찌 전차 만 대를 가진 임금이 천하에서 몸을 가볍게 하겠는가?

26.3 가벼우면 바탕을 잃고, 시끄러우면 임금을 잃는다.

26.1 重爲輕根, 靜爲躁君.
중 위 경 근　정 위 조 군

是以聖人, 終日行, 不離輜重.
시 이 성 인　종 일 행　불 리 치 중

26.2 雖有榮觀, 燕處超然.
수 유 영 관　연 처 초 연

奈何萬乘之主, 而以身輕天下?
내 하 만 승 지 주　이 이 신 경 천 하

26.3 輕則失本, 躁則失君.
경 즉 실 본　조 즉 실 군

26.1 무거움은 가벼움의 뿌리입니다. 무거움과 가벼움은 물론 상대
적입니다. 그러나 무거움과 가벼움 가운데 어떤 것이 먼저이겠습니

까? 무거움일 것입니다. 왜냐하면 무거움이 가벼움을 받쳐주기 때문입니다. 마치 오뚝이처럼 무거움은 가벼움의 뿌리입니다.

고요함은 시끄러움의 임금입니다. 고요함과 시끄러움도 물론 상대적입니다. 그러나 고요함과 시끄러움 가운데 어떤 것이 앞서겠습니까? 고요함일 것입니다. 왜냐하면 고요함 속에서 시끄러움이 나오기 때문입니다. 마치 너그러운 임금님처럼 산은 새들의 시끄러움을 고요하게 받아들입니다.

그러므로 성인은 하루 종일 어딜 가더라도 중요한 데를 떠나지 않습니다. 먹거리와 칼이나 방패가 가득 들어 있는 수레를 벗어나지 않습니다. 싸움을 하려는 사람이 양식이나 무기가 실린 군수품 차량을 떠날 수는 없는 것입니다. 사람들은 화려한 꽃마차를 타려 하거나 날렵한 말을 타려 들 것입니다. 그러나 성인은 무겁기만 하고 사람들의 이목을 끌지 못하는 짐수레(輜重; 輜車)를 떠나지 않는 것입니다.

○ 나는 짐수레를 타고 있습니다.

26.2 볼거리가 있어도 보려 들지 않습니다. 별의별 흥미 있는 것과 신기한 것이 이쪽저쪽에서 터져도 보지 않습니다. 제비집 속에 숨어 있는 제비처럼 그 속에서 온갖 것을 떠난 듯합니다. 그 속은 좁지만 세상의 영욕에서 벗어나 가려져 있는 하나의 세계입니다. 그 속은 그렇게 편한 데입니다.

어찌하여 만 대의 수레를 이끌고 있는 큰 임금(萬乘之主)이 몸을 가볍게 하겠습니까? 만 대의 전차를 부릴 정도의 큰 나라 주인은 정말 가볍게 놀면 안 됩니다. 그는 천하에 몸을 무겁게 가지지 않으면 안 됩니다. 택시라면 몰라도, 버스 운전사가 차를 함부로 몰면 큰일 납니다.

◦ 나는 **몸을 무겁게** 합니다.

26.3 가볍지 마십시오. 가벼우면 뿌리를 잃습니다. 뿌리를 잃으면 큰일 납니다. 뿌리는 보이지 않아도 땅 속 깊이 고루 박혀 있습니다. 뿌리가 나무를 높이 서 있도록 하는 것입니다. 그저 무게로만 뿌리가 무거운 것이 아닙니다. 나무의 모든 힘이 뿌리에 뭉쳐 있는 것입니다.

시끄럽지 마십시오. 시끄러우면 임금을 잃습니다. 임금을 잃으면 엉망이 됩니다. 임금이 없다는 것은 지도자가 없고 조절자가 없다는 말입니다. 주재가 있어야 사회는 제 갈 길을 갑니다. 사회를 볼 때, 사회자가 말이 많으면 회의나 토론이 엉망이 됩니다. 조용함은 곧 관리나 통제가 잘됨을 말하는 것입니다.

◦ 나는 **가볍거나 시끄럽지** 않습니다.

제27장 나는 어둠을 밝힙니다

27.1 일을 잘하는 사람은 바퀴나 발의 자국이 없고,

   말을 잘하는 사람은 허물이나 꾸지람이 없고,

   셈을 잘하는 사람은 산가지를 쓰지 않는다.

27.2 잘 잠그는 사람은 자물쇠와 열쇠가 없지만 열 수 없고,

   잘 묶는 사람은 끈과 매듭이 없지만 풀 수 없다.

27.3 그러므로 성인은 늘 사람을 잘 살리므로 사람을 버리지 않으며,

   늘 온갖 것을 잘 살리므로 아무것도 버리지 않는다.

   이를 일러 밝음을 이어받음이라고 말한다.

27.4 따라서 잘난 사람은 못난 사람의 스승이며,

   못난 사람은 잘난 사람의 바탕이다.

   그 스승을 높이지 않거나 그 바탕을 사랑하지 않으면, 안다 하더라

   도 크게 어지러워진다.

   이를 일러 야릇함을 모음이라고 말한다.

27.1 善行無轍迹,
   선 행 무 철 적

   善言無瑕讁,
   선 언 무 하 적

   善數不用籌策.
   선 수 불 용 주 책

117

27.2 善閉無關鍵, 而不可開,
　　　선 폐 무 관 건　이 불 가 개

　　　善結無繩約, 而不可解.
　　　선 결 무 승 약　이 불 가 해

27.3 是以聖人常善救人, 故無棄人,
　　　시 이 성 인 상 선 구 인　고 무 기 인

　　　常善救物, 故無棄物.
　　　상 선 구 물　고 무 기 물

　　　是謂襲明.
　　　시 위 습 명

27.4 故善人者, 不善人之師,
　　　고 선 인 자　불 선 인 지 사

　　　不善人者, 善人之資.
　　　불 선 인 자　선 인 지 자

　　　不貴其師, 不愛其資, 雖智大迷.
　　　불 귀 기 사　불 애 기 자　수 지 대 미

　　　是謂要妙.
　　　시 위 요 묘

27.1 일을 잘하는 사람은 어떤 것도 남기지 않습니다. 큰일을 한답시고 바큇자국을 남기고, 좋은 일을 한답시고 발자국을 남기는 것은 일을 잘하는 사람의 짓거리가 아닙니다. 일을 한 자취는 없으면 없을수록 좋습니다. 일을 못하는 사람이 일을 이렇게 했다거나 저렇게 했다면서 말만 많을 뿐입니다. 길거리의 공적비功績碑는 내가 일을 잘 못했다는 증거와 다름이 없습니다.

　말을 잘하는 사람은 어떤 말도 하지 않습니다. 허물 잡힐 말도 하지 않고, 꾸지람도 치지 않습니다. 스스로 허물 잡힐 일 없이 남을 잘 꾸짖는 것도, 남을 꾸짖지 않지만 스스로 허물 잡히는 것도 하지 않습니다. 말을 잘하는 것은 나에게도 허물이 없고, 남에게도 꾸지람을 치지 않는 것입니다. 말로 자기의 흠이 드러나도 안 되며, 말로 남을 야단쳐도 안 됩니다.

셈을 잘하는 사람은 셈을 세려고 다른 것을 쓰지 않습니다. 주산을 쓰거나 컴퓨터를 쓰는 사람은 셈을 잘하는 사람이 아닙니다. 주산珠算 위에 암산暗算이 있습니다. 컴퓨터 위에 프로그래머가 있습니다. 아이들은 손가락으로 셈을 하지만, 어른은 그냥 합니다. 바로 그것처럼 셈을 잘하는 사람은 계산기를 쓰지 않는 것입니다.

◦ 나는 무엇인가 하지만 아무것도 남기지 않습니다.

27.2 잘 잠그는 사람은 자물쇠와 열쇠를 쓰지 않습니다. 그러나 아무도 그것을 열 수 없습니다. 빗장은 부수면 그만이고, 자물쇠는 열쇠장이가 따면 그만입니다. 그렇기 때문에 정말로 잘 잠그는 사람은 빗장이나 자물쇠 같은 잠그개를 쓰지 않습니다. 아무리 좋은 장비라도 금고 털이범에게 따지지 않는 것은 없습니다.

잘 묶는 사람은 끈과 매듭이 없습니다. 그러나 아무도 그것을 풀 수 없습니다. 끈은 끊어버리면 그만이고, 매듭은 잘라버리면 그만입니다. 그렇기 때문에 정말로 잘 묶는 사람은 끈이나 매듭을 쓰지 않습니다. 어릴 때 내가 풀지 못하는 끈을 어른들은 왜 그리 잘 풀던지, 그때 기억을 떠올려보십시오. 풀지 못하는 매듭과 씨름하다가 잘라버렸을 때, 왜 일찍부터 그 생각을 못 했을까 억울해하던 기억을 떠올려보십시오.

◦ 나는 잠그지도 묶지도 않지만, 아무도 그것을 열거나 풀지 못합니다.

27.3 그러므로 성인은 늘 사람을 잘 살려, 어떤 사람도 버리지 않습니다. 사람은 쓸 만한 사람이 있고 쓰지 못할 사람이 있다고 생각하지만, 성인에게 사람은 버릴 사람이 하나도 없습니다. 성인은 늘 온갖 것을 잘 살려, 아무것도 버리지 않습니다. 만물에는 쓸 만한 것이 있고 쓰지 못할 것이 있다고 생각하지만, 성인에게 만물은 버릴 것이 하나도 없습니다.

무엇을 잘한다고 생각하지만 그것은 잘하지 못하는 것일 수도 있습니다. 남들이 보기에는 아무것도 하지 않는 것처럼 보이지만 누구도 그보다 못할 수도 있습니다. 그렇기 때문에 버릴 사람이나 물건이 따로 있는 것이 아닙니다. 잘 살려 쓰면 될 뿐입니다.

이를 일러 밝음을 이어받음이라고 합니다. 그 밝음은 사람들의 어둠을 밝게 만드는 힘입니다.

∘ 나는 어둠을 밝힙니다.

27.4 잘난 사람은 못난 사람의 스승이며, 못난 사람은 잘난 사람이 잘날 수 있는 바탕입니다. 잘난 사람 없이 못난 사람 없고, 못난 사람 없이 잘난 사람 없습니다.

잘난 사람을 스승으로 높이지 않거나 못난 사람을 바탕으로 사랑하지 않으면 안 됩니다. 높임과 사랑함이 어우러져 이 세상이 이루어지는 것입니다. 이것을 모르면, 무엇을 안다손 치더라도 크게 어지러워질 뿐입니다. 선생님이 공부 못하는 학생이 필요 없다고 생각하면, 학생은 둘째로 치더라도 먼저 선생님조차 필요 없어지는 것입니다. 군대의 훌륭한 상관은 못난 병졸을 잘 이끌어 나가는 것이지, 똑똑한 병

졸만을 지휘하는 것이 아닙니다. 참다운 경영자는 직원을 자르는 것을 우선으로 하지 않고 직원에 맞는 일을 찾아줍니다. 나라를 잘 다스릴 수 있는 사람이라고 유치원 보모를 잘할 수 있는 것은 아니며, 존경받는 성직자가 반드시 행정을 잘할 수 있는 것도 아닙니다.

이를 일러 야릇함을 모음이라고 합니다. 잘난 사람과 못난 사람이 어우러져 살고 있고, 살 수밖에 없고, 살아야 함이 세상의 야릇한 이치입니다. 그러한 야릇함을 모아서 살아야겠지요.

° 나는 잘난 사람과 못난 사람을 잘 어울리게 합니다.

제28장 　나는 사람을 나누지 않습니다

28.1 수컷을 알면서도 암컷을 지키니 천하의 시냇물이 된다.

천하의 시냇물이 되니 늘 그러한 덕이 떠나지 않아 아기에로 되돌아간다.

28.2 힘을 알면서도 검음을 지키니 천하의 법식이 된다.

천하의 법식이 되니 늘 그러한 덕이 어긋나지 않아 끝없음에로 되돌아간다.

28.3 자랑을 알면서도 부끄러움을 지키니 천하의 골짜기가 된다.

천하의 골짜기가 되니 늘 그러한 덕이 채워져 통나무로 되돌아간다.

28.4 통나무가 흩어져 기물이 되니, 성인은 이를 본받는 우두머리이다.

따라서 큰 나눔은 자르지 않는다.

28.1 知其雄, 守其雌, 爲天下谿.
　　　지 기 웅　수 기 자　위 천 하 계

爲天下谿, 常德不離, 復歸於嬰兒.
위 천 하 계　상 덕 불 리　복 귀 어 영 아

28.2 知其白, 守其黑, 爲天下式.
　　　지 기 백　수 기 흑　위 천 하 식

爲天下式, 常德不忒, 復歸於無極.
위 천 하 식　상 덕 불 특　복 귀 어 무 극

28.3 知其榮, 守其辱, 爲天下谷.
　　　지 기 영　수 기 욕　위 천 하 곡

爲天下谷, 常德乃足, 復歸於樸.
위 천 하 곡 　상 덕 내 족 　복 귀 어 박

28.4 樸散則爲器, 聖人用之, 則爲官長.
박 산 즉 위 기 　성 인 용 지 　즉 위 관 장

故大制不割.
고 대 제 불 할

28.1 수컷을 안다고 수컷 노릇만 하지 마십시오. 수컷이 무엇인지 알면서도 암컷을 지킬 줄 알아야 합니다. 수컷의 장점만으로는 천하를 살아 나갈 수 없습니다. 반드시 암컷의 장점이 있어야 합니다. 그래야 모든 것을 다 받아들이는 천하의 시냇물이 될 수 있습니다. 수컷은 나서기를 좋아하고 쉽게 싸움을 벌입니다. 그러나 암컷은 숨기를 좋아하고 어렵지 않게 남을 받아줍니다.

이렇게 천하의 시내가 되면 그것의 늘 그러한 덕은 어디로도 떠나지 않습니다. 그 덕은 생명이 충만한 아기와 같습니다. 천하의 시냇물이 되십시오. 아기로 되돌아갈 수 있습니다.

∘ 나는 암컷을 지킵니다.

28.2 하얗다고 하얗게만 남으려고 하지 마십시오. 흰 것이 무엇인지 알면서도 검은 것을 지킬 줄 알아야 합니다. 흰 것의 장점만으로는 천하를 살아 나갈 수 없습니다. 반드시 검은 것의 장점이 있어야 합니다. 그래야 모든 것이 다 따르는 천하의 법식이 될 수 있습니다. 흰 것은 눈에 쉽게 띄고 쉽게 더럽혀집니다. 그런데 검음은 잘 보이지 않고 남의 더러움을 받아들입니다.

이렇게 천하의 법식이 되면 그것의 늘 그러한 덕은 언제나 어긋나지 않습니다. 그 덕은 끝이 없습니다. 천하의 법식은 무극無極으로 되돌아 갑니다. 사회의 법도는 일정한 표준이 있는 것이 아닙니다. 흰 것과 검은 것이 함께 있기 마련입니다.

∘ 나는 검은 것을 지킵니다.

28.3 자랑스럽다고 자랑으로만 남으려고 하지 마십시오. 자랑이 무엇인지 알면서도 부끄러움을 지킬 줄 알아야 합니다. 자랑만으로 천하를 살아갈 수 없습니다. 반드시 부끄러움도 따르게 되어 있습니다. 자랑과 부끄러움을 모두 받아들여야 합니다. 그래야 모든 것이 다 모이는 천하의 골짜기가 될 수 있습니다. 자랑은 쉽게 무너집니다. 그리고 부끄러움은 자랑 속에서 늘 꿈틀거리고 있습니다.

이렇게 천하의 골짜기가 되면 늘 그러한 덕이 족합니다. 그 덕은 어디도 다듬어지지 않은 통나무와 같습니다. 천하의 골짜기가 되십시오. 통나무로 되돌아갈 수 있습니다.

∘ 나는 부끄러움을 지킵니다.

28.4 통나무가 나누어져 천하의 기물이 됩니다. 책상이나 걸상도, 집이나 그릇도 모두 나무가 바뀌어 만들어진 것입니다. 통나무가 흩어지면 온갖 것들이 만들어집니다.

성인은 이러한 원리를 잘 알고 있는 우두머리입니다. 성인은 만물이 잘리지 않은 통나무로부터 흩어져 나온 것임을 잘 알고 있습니다. 따라서 크게 나눌 줄 아는 사람은 자르지 않습니다. 잘라지면 버려야 하는 것도 많고, 한번 잘라지면 원래대로 돌아가지 못합니다. 나무가 그

렁듯이, 사람도 마찬가지입니다. 남자와 여자, 흑백의 논리, 명예와 치욕으로 나누기 시작하면 끝이 보이지 않습니다. 사람의 잣대로 사람을 나누지 마십시오.

∘ 나는 사람을 나누지 않습니다.

29.1 천하를 얻어 무엇인가 하려 하지만, 나는 그 어쩔 수 없음을 본다.

천하는 신비로운 물건이니 [어찌] 해서는 안 된다.

하는 사람은 지고, 잡는 사람은 놓친다.

29.2 무릇 만물이란, 때로 앞서가고 때로 뒤따라가며,

때로 입김을 천천히 내뿜기도 하고 때로 빨리 내뿜기도 하며,

때로 힘이 세기도 하고 때로 여위기도 하며,

때로 잘 쌓기도 하고 때로 무너뜨리기도 한다.

그러므로 성인은 지나친 것, 뽐내는 것, 거드름 피우는 것을 없앤다.

29.1 將欲取天下而爲之, 吾見其不得已.
　　　장 욕 취 천 하 이 위 지 　오 견 기 부 득 이

天下神器, 不可爲也.
천 하 신 기 　불 가 위 야

爲者敗之, 執者失之.
위 자 패 지 　집 자 실 지

29.2 夫物, 或行或隨, 或歔或吹, 或强或羸, 或載或隳.
　　　부 물 　혹 행 혹 수 　혹 허 혹 취 　혹 강 혹 리 　혹 재 혹 휴

是以聖人去甚, 去奢, 去泰.
시 이 성 인 거 심 　거 사 　거 태

29.1 천하를 얻어서 무엇인가 하려 해도, 우리는 그것이 어쩔 수 없

음을 봅니다. 세계는 나름대로 잘 돌아가고 있어, 무엇을 하려고 하지만 어쩔 수 없이 할 일밖에는 찾을 수 없습니다. 세상의 임금이 되더라도 나는 부득이한 일만 합니다. 부득이하지 않음에도 일을 벌이면 천하는 어지러워질지도 모릅니다.

천하는 신비스러운 물건입니다. 때가 되면 꽃이 피고 새가 우는 신비로운 곳입니다. 물속에서는 물고기가 살고, 뭍에서는 짐승이 삽니다. 그러니 무엇을 하려 들어서는 안 되는 것입니다. 그것들은 그때 그곳에서 잘 지내고 있습니다. 인간 사회도 마찬가지입니다. 사람은 다 자기 일을 잘하고 있습니다. 세상에 그렇게 많은 남녀가 있는데도, 나름대로 시집가고 장가가는 것을 보십시오. 신기하지 않습니까?

무엇인가 하려 들면 지게 되어 있습니다. 무엇인가 잡으려 들면 놓치게 되어 있습니다. 일부러 무엇인가 하거나 잡으려 하지 마십시오. 부득이한 일만 하십시오. 어디 어느 곳에서도 그때 그곳에서 어쩔 수 없이 해야 할 일이 무엇인가를 찾아보십시오.

◦ 나는 어쩔 수 없는 일만 합니다.

29.2 만물은 때로 앞장서 나가기도 하고, 때로 뒤따라가기도 합니다. 기러기를 보십시오. 한 놈이 앞서가면, 그 뒤를 멋있게 쫓아가지 않습니까?

만물은 때로 숨을 천천히 쉬기도 하고, 때로 빨리 쉬기도 합니다. 곰을 보십시오. 겨울잠을 자면서 아무것도 먹지 않아도 살지 않습니까?

만물은 때로 힘이 세기도 하고, 때로 여위기도 합니다. 바다 속 고래는 힘이 넘치지만, 넙치는 납작합니다. 딱딱한 산호도 있고, 부드러운 해파리도 있습니다.

만물은 때로 쌓기를 잘하기도 하고, 때로 부수기를 잘하기도 합니다. 나무는 차곡차곡 나이테를 쌓아가지만, 벌레는 그 나무를 쉼 없이 파먹습니다. 몇 만 년 동안 종유석鐘乳石이 만들어지기도 하지만, 몇 천 년 동안 물이 바위를 파버리기도 합니다.

성인은 이런 만물의 원리를 잘 압니다. 따라서 너무 지나쳐도 안 됩니다. 너무 뽐내도 안 됩니다. 너무 거드름을 피워도 안 됩니다. 만물에는 강한 것과 약한 것이 더불어 있습니다. 나름대로 잘 살고 있습니다. 너무 심해도 탈이요, 너무 사치해도 탈이요, 너무 태연해도 탈입니다.

한 극단은 다른 극단을 몰라서는 안 됩니다. 나의 극단이 전부라고 생각해서도 안 됩니다. 과도한 철저성은 독재를 낳습니다.

◦ 나는 지나침을 버립니다.

제30장   나는 힘이 없어 늙지 않습니다

30.1 길(道)로써 임금을 돕는 사람은 병기로 천하를 억지로 만들지 않는다.

그런 일이란 돌기 마련이다.

30.2 군대가 있었던 곳에는 가시덤불이 생겨난다.

큰 싸움 다음에는 반드시 흉년이 든다.

30.3 잘하는 사람은 끝이 있을 뿐, 힘을 가지려 들지 않는다.

끝나도 자랑하지 말고, 끝나도 [남을] 치려 들지 말고, 끝나도 잘난

척하지 말라.

끝나면 어쩔 수 없었듯이 하고, 끝나면 힘을 내세우지 말라.

30.4 만물이 힘을 부리면 늙게 되니, 이를 일러 길(道)이 아니라고 한다.

길(道)이 아니면 일찍 그친다.

30.1 以道佐人主者, 不以兵强天下.
     이 도 좌 인 주 자 불 이 병 강 천 하

其事好還.
기 사 호 환

30.2 師之所處, 荊棘生焉.
     사 지 소 처 형 극 생 언

大軍之後, 必有凶年.
대 군 지 후 필 유 흉 년

30.3 善者果而已, 不敢以取强.
     선 자 과 이 이 불 감 이 취 강

果而勿矜, 果而勿伐, 果而勿驕.
과 이 물 긍 과 이 물 벌 과 이 물 교

果而不得已, 果而勿强.
과 이 부 득 이　　과 이 물 강

30.4 物壯則老, 是謂不道.
물 장 즉 노　시 위 부 도

不道早已.
부 도 조 이

30.1 나라를 다스리는 것에도, 기업을 이끌어 나가는 것에도 바른길이란 있게 마련입니다. 우리는 지도자나 대표자를 보필하여 이 세상을 경영해 나가고 있습니다. 그런데 반드시 잊지 말아야 할 것이 있습니다. 그것은 바로 우리가 그들을 총이나 칼로 도와주어서는 안 된다는 점입니다. 무력으로 그들을 도와줄 수 있다는 것은 큰 착각입니다.

 능력 있는 한 사람이 나라를 바로 세우기 위해서, 또는 기업을 크게 만들기 위해서 일하고자 합니다. 그때 우리는 제대로 된 길로 이끌어 주어야지, 무력으로 그런 일을 완수하려 들면 결국 모든 것이 엉망이 되고 맙니다.

 잊지 마십시오. 그런 무력의 길은 반복될 뿐입니다. 내가 한 사람을 죽이면, 그 사람의 아들이 나를 죽일 것이고, 그렇다면 나의 아들은 그 사람의 아들을 죽일 것입니다. 이러한 순환은 언제나 벌어지는 일입니다. 복수란 복수를 낳을 뿐입니다. 무력도 무력을 낳을 뿐입니다.

◦ **나는 총칼로 세계를 억지로 만들지 않습니다.**

30.2 군대가 머물렀던 곳을 보았습니까? 그곳에는 아무것도 남아나지 않습니다. 병졸들은 살아남기 위해 악을 쓰고, 군관들은 그들을 통

제하기 위해 악을 씁니다. 보급이 부족하면, 군대 주위의 먹을 것은 남아날 리 없습니다. 군대란 험난한 환경에서 특별하게 생존하는 것을 가르치는 곳입니다. 살아남기 위해 애쓰는 그들이 머물렀던 자리에는 황무지처럼 가시덤불만이 나뒹굴 뿐입니다.

전쟁이 지나간 자리를 보았습니까? 정말 처참합니다. 쑥대밭이 되고 맙니다. 아무것도 자랄 수 없는 곳에 덩그러니 쑥대들만 솟아 있는 그 황폐한 광경을 생각해보십시오. 그러니 전쟁 다음에는 흉년이 들고야 마는 것입니다. 반드시 날씨 때문만은 아닙니다. 몸과 마음도 버렸고, 물과 땅도 못쓰게 되었습니다. 그 흉년은 천계天界만이 아닌, 인간人間의 흉년인 것입니다.

∘ 나는 총칼 없는 풍년을 만듭니다.

30.3 잘한다는 것은 끝을 아는 것입니다. 잘한다는 것은 끝을 보았으면 거기에서 끝내는 것입니다. 잘하는 사람은 끝만 얻었으면 됐지, 결코 더 다른 것을 얻으려고 억지를 부리지 않습니다. 달리기를 한다고 합시다. 기록을 냈으면 그것으로 끝이지, 그것을 내기 위해서 약을 먹거나 주사를 맞는 짓은 끝에서 멈추는 것이 아니라 끝난 다음의 다른 것을 얻기 위한 것입니다. 억지로 최고 기록을 만드는 것이지요.

끝이 났으면 자랑하지 마십시오. 끝이 났으면 조용히 자기를 바라보거나 남을 응원해주십시오. 자신에 도취된 환호는 금물입니다. 경기가 끝나고 승자가 되었어도 자랑하지 않습니다.

끝이 났으면 더 이상 상대방을 치려 들지 마십시오. 끝이 났으면 칼을 거두고 그를 부축해주십시오. 잔인한 끝장내기는 안 됩니다. 전쟁이 끝났는데도 패자를 치는 일은 있을 수 없습니다.

끝이 났으면 잘난 척해서는 안 됩니다. 끝이 났으면 교만한 마음을 버리고 겸손한 태도를 유지해야 합니다. 잘난 척은 늘 화를 부릅니다. 학교를 끝내고도 상장을 자랑해서는 안 됩니다.

끝을 낼 때, 자신이 나서서 하면 안 됩니다. 하는 수 없이 끝을 낼 수 밖에 없었습니다. 나로부터 맘미암은 일이 아니며 그 모든 일은 어찌 할 수 없었습니다.

끝이 났을 때, 힘이 세지려 하면 안 됩니다. 끝이 났는데도 힘을 가지려 한다면, 그 힘은 불필요하거나 아니면 맹목적인 것입니다.

° 나는 어쩔 수 없는 끝만 봅니다.

30.4 만물은 왕성하다 보면 쉽게 늙습니다. 힘세다고 힘을 쓰다 보면 지치게 됩니다. 그것이 만물의 이치이고, 인생의 원리인 것입니다. 그것은 자연의 길과는 거리가 멉니다. 바른길이 아니라, 잘못된 길입니다. 도道가 아니라 부도不道입니다. 도가 아니면, 일찍 끝장이 나고 맙니다.

거북이는 느려 하루에 5리를 가지 못하지만, 500년을 삽니다. 하루살이는 힘이 넘쳐 하루 종일 날고 있지만, 하루밖에는 살지 못합니다. 웅장한 남성이 연약한 여성보다 일찍 죽습니다. 힘을 자랑하지 마십시오. 힘이 빠져 일찍 죽게 됩니다.

° 나는 힘이 없어 늙지 않습니다.

제31장   나는 총칼을 자랑하지 않습니다

31.1 무릇 좋은 병기란 상서롭지 못한 것이다.

만물은 거의 이를 싫어하니, 길(道)이 있는 사람은 이에 머물지 않는다.

군자는 살면서 왼쪽을 높이나, 총칼을 쓸 때는 오른쪽을 높인다.

31.2 병기는 상서롭지 못한 것이니, 군자의 것이 아니다.

어쩔 수 없이 쓰더라도 담담한 것이 가장 바람직하다.

이겨도 좋아하지 않는데, 좋아하면 사람 죽이기를 즐기는 것이다.

무릇 사람 죽이기를 즐기는 사람은 천하에서 뜻을 얻을 수 없노라.

31.3 좋은 일은 왼쪽을 높이고, 나쁜 일은 오른쪽을 높인다.

부대장은 왼쪽에 자리하고, 대장은 오른쪽에 자리한다.

상례喪禮로 다룬다고 한다.

사람을 죽인 무리는 슬픔으로 울며 맞이한다.

전쟁에서 이기면 상례로 다룬다.

31.1 夫佳兵者, 不詳之器.
　　　부 가 병 자　불 상 지 기

君子居則貴左, 用兵則貴右.
　　物或惡之, 故有道者不處.
　　　물 혹 오 지　고 유 도 자 불 처

君子居則貴左, 用兵則貴右.
　　　군 자 거 즉 귀 좌　용 병 즉 귀 우

31.2 兵者不詳之器, 非君子之器;
　　　병 자 불 상 지 기　비 군 자 지 기

133

不得已而用之, 恬淡爲上.
부 득 이 이 용 지 념 담 위 상

勝而不美, 而美之者, 是樂殺人.
승 이 불 미 이 미 지 자 시 낙 살 인

夫樂殺人者, 則不可得志於天下矣.
부 락 살 인 자 즉 불 가 득 지 어 천 하 의

31.3 吉事尚左, 凶事尚右.
길 사 상 좌 흉 사 상 우

偏將軍居左, 上將軍居右.
편 장 군 거 좌 상 장 군 거 우

言以喪禮處之.
언 이 상 례 처 지

殺人之衆, 以悲哀泣之.
살 인 지 중 이 비 애 읍 지

戰勝以喪禮處之.
전 승 이 상 례 처 지

31.1 총과 칼이란 결코 좋은 것이 아닙니다. 사람을 죽이는 기물은 예사로운 것이 아닙니다. 이 세상의 어떤 것도 이런 무서운 물건을 좋아하지 않습니다. 그래서 병기兵器는 상서롭지 못한 것입니다.

그래서 도를 아는 사람은 이런 것을 지니지도 않고 이런 것이 있는 곳에 머물지도 않습니다. 총과 칼을 지니고 있으면 언젠가 한 번 써먹고야 말지 모르기 때문입니다. 총과 칼이 있어야 안전할까요? 아닙니다. 총이 있으면 총에 맞게 됩니다. 칼을 쓰다가는 칼에 베이게 마련입니다.

군자는 평소 왼쪽을 높이며 삽니다. 좌의정이 우의정보다 높은 것과 같습니다. 왼쪽을 오른쪽보다 귀하게 생각한 것은 전통적인 사고방식입니다. 그러나 군자가 총과 칼을 잡고 전쟁을 벌일 때는 거꾸로 오른쪽을 귀하게 여깁니다. 왜냐하면 전시는 평시와는 정반대이기 때문입니다. 전시는 사람을 살리는 것이 아니라 죽이는 것이기 때문입니다.

∘ 나는 총칼을 자랑하지 않습니다.

31.2 총과 칼은 결코 군자의 것이 아닙니다. 군자가 총과 칼로 세상을 다루려 한다면 그는 정말로 무지한 사람입니다. 만일 어쩔 수 없이 쓸 수밖에 없더라도, 그 마음은 우쭐대거나 신나는 기분이어서는 결코 안 됩니다. 고요하고 맑은 마음으로 그것을 써야 하는 것입니다. 담담하게 병기를 만져야 하는 것입니다.

군자는 전쟁에서 이겼다고 좋아하지 않습니다. 군자가 이긴 것을 좋아하면, 그는 살인을 즐기는 것과 같습니다. 살인을 즐기는 자가 어찌 천하에서 자기의 뜻을 얻을 수 있겠습니까? 세상 사람이 모두 싫어하는 것이 살인인데, 누가 살인자의 뜻을 따르겠습니까?

∘ 나는 총칼을 잡더라도 슬픈 마음으로 잡습니다.

31.3 전통 사회에서 왼쪽은 오른쪽보다 높습니다. 그래서 왼쪽 자리가 오른쪽보다 높은 곳입니다. 관직도, 서열도 '왼쪽(左)'이 먼저입니다. 영의정 다음에는 좌의정이고, 좌의정 다음이 우의정입니다. 그러나 이런 왼쪽과 오른쪽이 바뀌어야 할 때가 있습니다. 상서롭지 않은 일이 그렇습니다. 길한 일은 오른쪽을 높이지만, 흉한 일은 왼쪽을 높여야 하는 것입니다. 이를테면 사람을 죽이는 전장에서 그러합니다.

대장이 왼쪽에 자리해서는 안 됩니다. 대장은 오히려 오른쪽에 자리해야 합니다. 대신 부대장이 왼쪽에 자리해야 합니다. 일반적인 예법과는 반대인 것입니다.

이것은 전쟁의 예법이 바로 죽은 자를 대하는 상례喪禮이기 때문입니다. 전쟁은 사람을 죽이는 것을 목적으로 벌어집니다. 많이 죽일수록 영웅이 됩니다. 따라서 전쟁의 예법은 장사를 지내는 태도와 같습니다.

사람을 죽인 무리를 어찌하여 환호하면서 맞이할 수 있겠습니까? 개선문凱旋門은 죽음의 문에 불과합니다. 따라서 사람을 죽인 무리는 슬퍼하며 울음으로 맞이해야 할 것입니다.

◦ 나는 전쟁 영웅을 울면서 맞이합니다.

제32장　나는 만물을 손님으로 맞이합니다

32.1 도는 늘 이름이 없으니, 통나무로다.

비록 작지만 천하에 그것을 부릴 것은 없다.

임금이 이를 지킬 수 있다면 만물은 스스로 손님이 될 것이다.

32.2 하늘과 땅이 서로 만나 단 이슬을 내린다.

사람이 시키지도 않았는데 스스로 골고루 뿌린다.

32.3 만듦이 비롯되자 이름이 있고 이름이 있으니 그침도 알게 될 것이다.

그침을 알면 위태하지 않으니, 마치 도가 천하에 있고, 시내가 강과

바다로 흐르는 것과 같다.

32.1 道常無名, 樸.
　　　도 상 무 명 　 박

　　雖小, 天下莫能臣也.
　　　수 소 　 천 하 막 능 신 야

　　侯王若能守之, 萬物將自賓.
　　　후 왕 약 능 수 지 　 만 물 장 자 빈

32.2 天地相合, 以降甘露.
　　　천 지 상 합 　 이 강 감 로

　　民莫之令而自均.
　　　민 막 지 령 이 자 균

32.3 始制有名, 名亦旣有, 夫亦將知止.
　　　시 제 유 명 　 명 역 기 유 　 부 역 장 지 지

　　知止可以不殆, 譬道之在天下, 猶川谷之於江海.
　　　지 지 가 이 불 태 　 비 도 지 재 천 하 　 유 천 곡 지 어 강 해

32.1 도는 늘 이름이 없습니다. 이름이 없는 것을 이름 지으려 하지 마십시오. 이름이 없으니 우리는 그것을 '통나무(樸)'라고 부르기도 합니다. 그러나 그것에 통나무라는 이름을 준 것은 결코 아닙니다. 통나무처럼 어떤 이름도 주어지지 않은 원목 상태라는 것입니다. 의자나 책상처럼 무엇으로 만들어져 이름을 갖지 않은 그 상태를 일컫기 위해 통나무라고 하는 것입니다. 통나무는 이름이 아닙니다. 그저 어떤, 굴러다니는, 무엇이 될지도 모르는 그냥 그런 것입니다.

그것은 비록 작지만 천하의 무엇도 그것을 부리지는 못합니다. 그것은 아무것으로도 되지 않은 원초적 형태이기 때문에, 아무도 그것을 쓰지 못합니다. 그래서 그것은 아무에게도 부림을 받지 않습니다.

나라를 다스리는 사람도 바로 통나무처럼 순박한 상태를 유지할 수 있다면, 만물은 초대받은 손님처럼 스스로 조심하고 양순하게 변할 것입니다. 억지로 남을 바꾸는 것이 아니라, 내가 통나무처럼 됨으로써 남이 나를 따르게 된다는 것입니다. 내가 남에게 가는 것이 아니라, 남이 나에게 오도록 하는 것입니다. 이처럼 만물은 착한 손님으로 나에게 다가옵니다.

◦ 나는 만물을 손님으로 맞이합니다.

32.2 하늘과 땅이 서로 만나면 비가 내립니다. 하늘과 땅이 사랑을 하면 이슬이 내립니다. 감로수甘露水는 천지조우天地遭遇의 멋진 작품이지요. 그런데 비와 이슬은 어디라서 내리고 어디라서 내리지 않지는 않습니다. 골고루 이곳저곳을 적셔줍니다.

사람이 그렇게 하라고 시켰을까요? 아닙니다. 스스로 공평하고 균등

하게 내려줍니다. 그것이 천지의 균형입니다.

◦ 나는 골고루 뿌려줍니다.

    32.3 처음 만들어진 것이 있었겠지요. 아무것도 없다가 처음 만들어진 것에 우리는 이름을 붙였겠지요. 그것이 도끼일 수도 있고, 맷돌일 수도 있습니다. 이름이 생기니 이제 그것의 그침도 알게 됩니다. 도끼도 부서지고, 맷돌도 닳기 때문입니다. 아예 아무것도 만들지 않았다면 어떤 이름도 생길 리 없고, 나아가 그것들이 마침내는 사라질 것임을 알지 않아도 됐을 것입니다. 그러나 우리는 만들기 시작했습니다. 만들며 이름을 붙이기 시작했습니다. 이름을 붙이니 그것이 마침내는 유한한 것임을 알았습니다.

  모든 것이 유한한 것임을 알면 우리는 결코 위태롭지 않습니다. 사람이 만든 모든 것이 결국은 사라질 것임을 알면 우리는 결코 위험하지 않습니다. 왜냐하면 그것은 도가 천하에 있는 것과 같기 때문입니다. 그것은 시냇물이 강과 바다로 흘러드는 것과 같기 때문입니다.

◦ 나는 만들어진 것들이 사라질 것임을 압니다.

제33장   나는 죽어도 죽지 않습니다

33.1 남을 아는 사람은 똑똑하지만, 스스로를 아는 사람은 밝다.

33.2 남을 이기는 사람도 힘이 있지만, 나를 이기는 사람이야말로 세차
다.

33.3 됐음을 아는 사람은 넉넉하다.

33.4 힘차게 나아가는 사람은 뜻이 있다.

33.5 그 자리를 잃지 않으면 오래가고, 죽어도 잊히지 않으면 오래 산다.

33.1 知人者智, 自知者明.
　　　지 인 자 지　자 지 자 명

33.2 勝人者有力, 自勝者强.
　　　승 인 자 유 력　자 승 자 강

33.3 知足者富.
　　　지 족 자 부

33.4 强行者有志.
　　　강 행 자 유 지

33.5 不失其所者久, 死而不亡者壽.
　　　불 실 기 소 자 구　사 이 불 망 자 수

　33.1 우리는 남을 많이 압니다. 남을 많이 알면 똑똑한 것이지요. 그
러나 우리는 오히려 나를 알지 못합니다. 남을 잘 알면 뭐합니까? 나
부터 알아야지요. 남만 알면 이것저것 아는 것만 많아질 뿐입니다. 나

를 알아야 세상 이치가 밝아지지요. 그래서 똑똑함과 밝음은, 다시 말해 지식智識과 명각明覺은 다른 것입니다. 내가 책을 많이 봐서 아는 것이 많아 똑똑하다고, 인생이라는 것이 과연 훤히 보일까요? 밝음은 곧 훤함입니다. 인간사人間事가 훤하고, 만물정萬物情에 훤한 것입니다. 남을 알면 지식만 잡다하게 늘어나는 것이고, 나를 알면 세계가 활연豁然하게 관통貫通됩니다. 삶은 똑똑함보다는 밝음을 요합니다.

◦ 나는 똑똑하진 않지만 밝습니다.

33.2 남을 이기는 힘센 사람이 있습니다. 천하장사지요. 그러나 그는 술의 유혹을 이기지 못합니다. 한 잔만 먹으면 두 잔을 먹게 되고, 결국 술이 술을 먹게 됩니다. 그래서 술에 취해 시합에 나가지도 못했다면, 그는 정말로 힘센 사람일까요? 남을 이기는 사람은 힘센 사람임에 틀림없습니다. 그러나 그 사람은 자기를 이기지 못했습니다. 그는 진정한 강자는 아닌 것입니다. 나를 이겨야 합니다. 나를 이기는 사람이야말로 참답게 힘센 사람입니다. 힘이 있는 것과 그 힘으로 남을 이기는 것은 다릅니다. 힘센 사람이 곧 남을 이기는 것은 아닙니다. 그저 힘이 있는 것보다는 그 힘으로 남을 이길 수 있어야 하는 것입니다. 그러기 위해서는 절대적으로 필요한 것이 바로 나를 이기는 것입니다. 나를 이기지 못하는 사람은 결코 남을 이길 수 없습니다.

◦ 나는 남이 아닌 나를 이기는 힘이 있습니다.

33.3 이래도 모자라고 저래도 모자란 것이 세상사입니다. 재화는 한정되어 있으나 욕망은 무궁무진합니다. 맛난 것, 비싼 것 갖고 싶

은 사람은 많고, 맛난 것, 비싼 것은 얼마 되지 않습니다. 그러니 이래
도 아직 되지 않고 저래도 아직 되지 않았다고 여깁니다. 언제라야 모
자라지 않을까요? 물건이 많아지면 충족이 될까요? 아닙니다. 물건이
많아지는 만큼 인간도 많아집니다. 예전에는 하나만 가져도 됐지만,
이제는 둘을 가져야 합니다. 둘을 가지면 셋을, 셋을 가지면 넷을 갖
고 싶습니다. 이렇듯 언제나 모자랍니다. 이에 유일한 방법은 바로 만
족할 줄 아는 것입니다. 지족知足은 곧 부유富裕의 지름길입니다. 이만
큼이면 됐다고 여기는 사람은 넉넉하기 마련입니다. 모자람은 됐음을
모르는 것이고, 넉넉함은 됐음을 아는 것입니다.

◦ 나는 됐음을 압니다.

33.4 사람이 사는 데는 뜻이 필요합니다. 작게는 밥을 먹겠다는 뜻
부터 크게는 산꼭대기에 올라가봐야겠다는 뜻까지, 우리는 뜻을 갖고
삽니다. 원초적으로는 뜻이 없는 것이 좋을지도 모릅니다. 부귀와 권
세를 누려야겠다는 뜻은 없으면 없을수록 좋을 수도 있습니다. 그래
서 '뜻을 약하게 하고, 뼈를 강하게 하라(弱其志, 强其骨)'는 말도 있는 것
입니다. 그러나 뜻이란 이러한 작위적인 뜻만 있는 것이 아닙니다. 그
런 인위의 뜻에서 벗어나 묵묵히 가려는 뜻도 있는 것입니다. 우리는
그 뜻을 힘 있게 밀고 나가야 합니다. 그렇게 힘차게 나아갈 때 우리
는 참다운 뜻을 얻는 것입니다.

◦ 나는 나아가니 뜻을 얻습니다.

33.5 사람에게는 나름의 자리가 있습니다. 그 자리를 잃지 마십시

오. 물고기는 물속이 그의 자리이고, 원숭이는 나무 위가 그의 자리입니다. 사람은 물속에서 하루를 견디지 못합니다. 사람은 나무 위에서 한 시간을 버티지 못합니다. 멧새가 황새 따라가다 보면 가랑이가 찢어지기 마련입니다. 사람마다 장기와 특기가 있습니다. 그것을 버리고 갑자기 다른 일을 하려다 보면 무리가 따르게 됩니다. 제자리를 지키십시오. 그래야 오래갑니다.

사람은 모두 죽습니다. 그러나 반드시 죽을까요? 사람은 아이를 낳습니다. 그런데 아이를 죽어 있는 난자와 정자로 만드는 것입니까? 결코 아닙니다. 어차피 난자와 정자도 살아 있는 것입니다. 우리의 현상계에서는 살아 있는 것이 살아 있는 것을 만들지, 죽어 있는 것이 죽어 있는 것을 만들지 못합니다. 그런 점에서 생명이란 그 자체로 불연속이 아니라 연속선입니다. 나의 생명이 내 윗대의 생명에서 이어온 것처럼, 나의 생명은 또다시 내 아랫대의 생명으로 이어지고 있습니다. 신체적으로나 정신적으로나 죽어도 죽지 않는 셈이지요. 이렇게 죽어도 죽지 않으니, 생명을 오랫동안 유지하는 것입니다.

° 나는 죽어도 죽지 않습니다.

제34장　나는 해도 안 한 듯합니다

34.1 큰 도가 넘치나니, 왼쪽 오른쪽 어디라도 갈 수 있도다.

34.2 만물은 이에 기대어 태어나지만 아무 말 없고,

일이 이루어졌지만 이름을 얻으려 하지 않으며,

만물을 덮고 기르지만 주인이 되려 하지 않는다.

34.3 늘 하고자 하는 것이 없으니 작다고 이름 부를 수 있고,

만물이 돌아가는 곳이면서도 주인이 되려 하지 않으니 크다고 이름

부를 수 있다.

그 끝을 스스로 크다 여기지 않으니, 따라서 그 큼을 이룰 수 있다.

34.1 大道氾兮, 其可左右.
　　　대 도 범 혜　기 가 좌 우

34.2 萬物恃之以生, 而不辭,
　　　만 물 시 지 이 생　이 불 사

功成而不名有,
공 성 이 불 명 유

衣養萬物而不爲主.
의 양 만 물 이 불 위 주

34.3 常無欲, 可名於小,
　　　상 무 욕　가 명 어 소

萬物歸焉, 而不爲主, 可名爲大.
만 물 귀 언　이 불 위 주　가 명 위 대

以其終不自爲大, 故能成其大.
이 기 종 부 자 위 대　고 능 성 기 대

34.1 도는 모자라는 법이 없습니다. 도는 늘 넘치지요. 그러나 넘치면서도 한쪽으로만 넘치지 않습니다. 이쪽저쪽, 왼쪽 오른쪽으로 흘러갑니다. 흘러가면서도 한쪽으로만 흐르면 굳어진 길이 나겠지만, 이 길은 워낙 커서 한 방향으로 고정되지 않습니다. 그래서 큰길입니다. 자유자재로 넘쳐흐르는 대도_{大道}입니다.

° 나는 왼쪽 오른쪽을 가려 넘치지 않습니다.

34.2 만물은 도에 기대어 태어납니다. 그러나 도는 아무 말 없습니다. 도는 만물을 낳지만 그것을 떠들어대지 않습니다. 그래서 도이지요.

공이 이루어지는 것도 도 때문이지요. 그러나 도는 이름을 얻으려 하지 않습니다. 도는 공을 이루지만 그 명예를 얻고 명성을 가지려 들지 않습니다. 그래서 도이지요.

도는 만물을 덮어주고 길러줍니다. 그러나 도는 그것의 주인이 되려고 하지 않습니다. 도는 만물에 옷 입히고 밥 먹여주지만 그렇다고 주재하려고 들지 않습니다. 그래서 도이지요.

어머니가 아이를 낳았다고 그것을 뽐냅니까? 어머니가 아이가 성공했다고 그 공덕을 나누어 가지려 듭니까? 어머니가 아이에게 옷 입히고 밥 먹이면서 주인 노릇 합니까? 아닐 것입니다. 그렇듯 도는 어머니처럼 해줄 것은 다 해주면서도 조용히 이름도 모르게 받들어줍니다.

° 나는 해도 안 한 듯합니다.

34.3 욕심이 없습니다. 그러니 한없이 작아 보입니다. 욕심을 부려

야 대접을 받을 텐데, 아무런 욕심이 없으니 작게만 보입니다. 그래서 도는 작다고 부를 수 있는 것입니다.

그러나 만물은 도로 돌아갑니다. 어느 것 하나 도로 돌아가지 않는 것은 없습니다. 그렇게 훌륭하면서도 주인이 되려고 하지 않습니다. 그러니 도는 크다고도 부를 수 있는 것입니다.

종국에는 도가 모든 것을 다 이루는 것이지요. 그럼에도 도는 스스로 크다고 여기지 않습니다. 그러니 도는 그 큼을 이룰 수 있는 것이지요.

우주는 큽니까, 작습니까? 이 우주가 또 다른 우주의 가장 작은 것 속에 들어 있는 것이라고 생각해보지 않았습니까? 거꾸로 우리가 가장 작다고 여기는 것 속에 우리가 생각할 수 있는 우주가 들어 있지 않으리라는 법이 있습니까? 우리가 상상할 수 있는 우주라는 최대 공간이 곧 다른 우주 속 물질의 최소 단위일 수도, 우리가 찾아낸 물질의 최소 단위가 곧 다른 우주의 최대 공간일 수도 있지 않을까요? 큰 것과 작은 것 모두 진리의 양면일 뿐입니다. 그래서 도는 작다고도 크다고도 부를 수 있는 것입니다. 게다가 도는 스스로 크다고 여기지 않기 때문에 바로 그 큼을 이룰 수 있습니다. 왜냐하면 자신이 크거나 작다고 하면 그 상대성 속에 빠지나, 그렇게 하지 않기 때문에 정말로 크게 되는 것입니다.

◦ 나는 작다고도 크다고도 할 수 있기 때문에 큽니다.

35.1 큰 꼴을 잡으니 천하가 제 길로 간다.

　　　가면서도 남을 해치지 않으니 태평스럽다.

35.2 즐거운 노래와 맛난 음식에 지나가는 손님이 멈춘다.

　　　도는 밖으로 나와도 담담하여 아무 맛도 없다.

　　　보아도 보이지 않고, 들어도 들리지 않고, 써도 다함이 없다.

35.1 執大象, 天下往.
　　　집 대 상　천 하 왕

　　　往而不害, 安平太.
　　　왕 이 불 해　안 평 태

35.2 樂與餌, 過客止.
　　　악 여 이　과 객 지

　　　道之出口, 淡乎其無味.
　　　도 지 출 구　담 호 기 무 미

　　　視之不足見, 聽之不足聞, 用之不足旣.
　　　시 지 부 족 견　청 지 부 족 문　용 지 부 족 기

35.1 세상에는 큰 꼴이 있습니다. 하늘과 땅, 남자와 여자, 이런 것들이 큰 꼴이지요. 가지는 하늘로 뻗고, 뿌리는 땅으로 뻗습니다. 그것을 우리는 천하의 큰 꼴(大象)이라고 부릅니다. 하늘이 위에 있고, 땅이 아래에 있는 것 같은 겁니다. 이것이 바뀌어서는 안 됩니다. 그렇게 되

면 자연의 이치는 망가지고 말기 때문입니다. 봄, 여름, 가을, 겨울의 순서가 뒤바뀔 수 없는 것과 같습니다. 이렇게 큰 꼴이 잡히면 천하의 만물은 제 갈 길로 가게 됩니다. 갈 길을 가면서도 서로 해치지 않지요. 서로 자기의 길을 가니, 이것이 곧 태평성대가 아닐 수 없습니다. 평화롭게 만물이 자라나는 것이지요.

혹 작은 꼴에서는 싸움이 있을 수도 있겠지요. 남자와 여자가 싸우고, 뿌리가 하늘로 치솟기도 하고, 한여름에 우박이 내릴 수도 있겠지요. 그러나 그것은 천하의 작은 꼴이지 큰 꼴이 아닙니다. 태어난 냇가로 돌아와 알을 낳는 연어를 곰이 아무리 잡아먹는다고 해도, 알에서 새끼는 태어나고 그것은 어미가 되어 다시 돌아오는 것과 마찬가지입니다. 중요한 것은 작은 꼴이 아니라 큰 꼴입니다.

◦ 나는 큰 꼴을 잡습니다.

35.2 즐거운 노래가 귓가에 들리면 발걸음을 멈추고 듣게 됩니다. 때로는 흥겨워서 어깨춤이라도 추게 되지요. 맛난 냄새가 코를 찌르면 어디서 나는 냄새인가 찾게 됩니다. 때로는 냄새를 따라 그것을 찾아 먹게 되지요. 술과 노래가 있으니, 과객이 발걸음을 멈추는구나!

그러나 도는 그렇지 않습니다. 도는 싱겁기 짝이 없습니다. 묽기만 해서 아무 맛도 없습니다. 맛이 나쁜 것이 아니라, 아예 맛을 지니고 있지 않습니다. 담담합니다.

뿐만 아닙니다. 도는 보아도 보이지 않습니다. 있는 것은 분명한데 볼 수가 없습니다. 마치 공기와 같아 우리 주위에 늘 있으면서도 내 눈앞에 보이지 않습니다.

도는 들어도 들리지 않습니다. 소리를 내고 있지만 듣지 못합니다. 마치 바람과 같아 움직이며 소리를 내고 있지만 그것을 듣기란 너무도 힘듭니다.

도는 아무리 써도 다하지 않습니다. 이렇게 저렇게 쓰고 또 써도 끝장을 볼 수 없습니다. 마치 깊은 산속의 샘물처럼 흐르고 흘러도 멈추지 않습니다.

아무 맛도 없구나! 보이지도 들리지도 다하지도 않는구나! 도여!

° 나는 싱겁기 짝이 없습니다.

제36장 　나는 쓸모 있는 것을 보여주지 않습니다

36.1 움츠리게 하려면 반드시 펴줘야 하고,

　　힘없게 하려면 반드시 힘세게 해줘야 하고,

　　누르고자 하면 반드시 일으켜줘야 하고,

　　얻으려고 하면 반드시 줘야 한다.

　　이를 일러 조그마한 밝음(微明)이라 한다.

36.2 부드럽고 힘없는 것이 굳세고 힘센 것을 이긴다.

36.3 물고기가 못에서 떠나서는 안 되고,

　　나라에 쓸모 있는 것들을 사람들에게 보여줘서는 안 된다.

36.1 將欲歙之, 必固張之,
　　　장 욕 흡 지　필 고 장 지

　　將欲弱之, 必固强之,
　　　장 욕 약 지　필 고 강 지

　　將欲廢之, 必固興之,
　　　장 욕 폐 지　필 고 흥 지

　　將欲取之, 必固與之.
　　　장 욕 취 지　필 고 여 지

　　是謂微明.
　　　시 위 미 명

36.2 柔弱勝剛强.
　　　유 약 승 강 강

36.3 魚不可脫於淵, 國之利器不可以示人.
　　　어 불 가 탈 어 연　국 지 리 기 불 가 이 시 인

36.1 남을 움츠리게 하려면 그가 활개를 치게 해줘야 합니다. 꽃도 한철이고, 유행도 잠시입니다. 피다 보면 시들게 되어 있고, 좋아하다 보면 싫증이 나게 되어 있습니다. 그래서 움츠리게 만들려면 반드시 먼저 펴주라고 하는 것입니다. 남을 움츠리게 만들려면 꼼짝달싹 못하게 만들지 말고 오히려 천방지축을 떨게 내버려두십시오. 그러면 움츠러들고 말 것입니다.

남을 약하게 만들려면 그가 강해지도록 만들어야 합니다. 약하면 강한 것에 덤비지 않아 싸움도 하지 않습니다. 그러다 스스로 강하다고 생각할 때 싸움을 벌이게 됩니다. 그러나 영원한 승자는 없는 법입니다. 싸움이 있으면 한쪽이 이기듯 다른 한쪽은 지게 되어 있습니다. 그래서 힘없게 하려면 반드시 먼저 힘세게 해주라고 하는 것입니다. 남을 약하게 만들려 하지 말고, 오히려 강하게 만드십시오. 그 강함 때문에 마침내는 약해지고 마는 것입니다.

남을 누르고 싶으면 그를 키워주십시오. 아무 때나 누르다 보면 반발이 보통 거센 것이 아닙니다. 지렁이도 밟히면 꿈틀하는데, 사람이야 오죽하겠습니까? 누르기에 앞서 해야 할 것이 바로 키워주기입니다. 그러면 크는 재미에 빠져 자리의 위태함도 모르고 맙니다. 자르더라도 진급을 시켜주고 자르십시오. 그래야 저항이 없는 것입니다. 그래서 누르고자 하면 반드시 먼저 일으켜주라고 하는 것입니다. 군인의 경우, 가장 무력할 때가 바로 진급 직후일 것입니다. 옛 부하는 곁에 없고 새 부하는 맘을 모르는 상황이야말로 목을 길거리에 두고 다니는 때일 것입니다.

남에게서 얻고 싶으면 그에게 먼저 주십시오. 어떤 누구도 쉽사리 자신의 것을 나에게 주지 않습니다. 내가 버릴 것이라도 남이 탐을 내면 다시 한 번 생각해보게 되고 주기 싫은 게 사람 마음입니다. 먼저 주십시오. 사람이란 받고 받으면 아무래도 미안해지기 마련입니다. 아니, 사는 것은 기본적으로 '주고받기give and take'입니다. 생명과 식량을 부모가 자식에게 주었으니 자식도 부모에게 주는 것이고, 우정과 신뢰를 친구끼리 나누어 갖는 것이고, 애정과 의무를 부부끼리 나누어 갖는 것입니다. 이런 마당에 남이 나에게 먼저 주기를 바라는 것은 어리석은 일입니다. 내가 먼저 줘야 남의 것을 얻습니다. 그래서 얻으려고 하면 반드시 먼저 주라고 하는 것입니다. 주지 않으면 얻을 수 없습니다. 얻음은 바로 줌에서 나옵니다.

이런 것들은 조그마한 것들입니다. 이쪽만을 생각하지 않고 잠깐 저쪽을 생각하면 될 뿐입니다. 그러나 그 결과는 너무도 현명하게 드러납니다. 그래서 이를 일러 '조그마한 밝음(微明)'이라고 부릅니다. 조그마한 차이가 불러일으키는 엄청난 명료함이지요. 이리로 가고 싶을 때, 거꾸로 저리로 가보십시오. 지혜로워지는 지름길이 거기에 있습니다. 화가 났을 때, 거꾸로 웃음으로 받아넘기십시오. 지혜의 문이 열립니다.

◦ 나는 죽이기에 앞서 살립니다.

36.2 굳센 것이 반드시 부드러운 것을 이길까요? 거센 바람에 대나무는 꺾이지만 갈대는 흔들거릴 뿐입니다. 힘센 것이 반드시 힘없는 것을 이길까요? 거센 바람이 사람의 옷을 벗기지는 못하지만 부드러운 햇볕이 외투를 벗게 합니다.

운동선수에게 물어보십시오. 운동에서 가장 중요한 것이 무엇이냐고? 흔히들 체력이라 말하기 쉽겠지만, 더욱 중요한 것은 유연성입니다. 운동을 잘하고 못하고는 바로 부드러움에 달려 있습니다. 감독이나 교관이 강조하는 것은 '힘 빼!'입니다. 운동을 잘하는 사람과 못하는 사람의 차이는 몸에 힘이 들어갔는가, 그렇지 않은가에 있습니다. 불필요한 힘이 많이 들어갈수록 힘만 더욱 들고, 하고자 하는 대로 되지도 않습니다. 부드러운 허리야말로 모든 운동의 관건이 아닐 수 없습니다. 유연함이 강인함을 이깁니다. 약함이 강함을 이깁니다.

∘ 나는 부드럽기에 굳센 것을 이깁니다.

36.3 물고기는 물을 떠나 살 수 없습니다. 물을 떠난 물고기는 그 아무리 호화스러운 치장을 해주더라도 좋아할 리 없습니다. 사람에게 최고의 물고기라는 말을 들으려고 낚시에 자진해서 걸려들 물고기는 없습니다. 물고기에게 필요한 것은 물일 뿐입니다.

나라를 다스리는 데는 많은 수단과 방법이 동원됩니다. 훈장도 있고, 상금도 있습니다. 그런 것들을 사람들에게 보란 듯이 내놓는 것이 좋은 것일까요? 아닙니다. 훈장은 지배자의 취향에 맞게 행동한 것을 가리키고, 상금은 국가가 할 일을 떠맡기는 것을 일컫습니다. 어느 어머니가 아들의 죽음과 훈장을 바꾸자고 선뜻 나서겠습니까? 어느 시민이 나라가 도둑을 없애주길 바라지 않고 도둑과 싸워 상금 받기를 바라겠습니까? 이렇듯 나라를 다스리는 데 쓸모 있는 것들을 사람들에게 보여주어서는 안 되는 것입니다. 사람들은 훈장 때문에, 상금 때문에 오히려 삶의 본성을 저버리고 맹목적이 될 수도 있습니다.

물고기에게 물이 필요하듯 사람에게는 삶이 필요합니다.

○ 나는 쓸모 있는 것을 보여주지 않습니다.

제37장   나는 일부러 만들려고 하지 않습니다

37.1 도는 늘 하는 것이 없어도 하지 않는 것이 없다.

　　임금이 이를 지킬 수 있다면 만물이 스스로 잘 자라날 것이다.

37.2 잘 자라나는 것을 일부러 만들려고 하니, 나는 그것을 이름 없는 통

　　나무로 억누를 것이다.

37.3 이름 없는 통나무조차도 일부러 하고자 함이 없을 것이다.

37.4 일부러 하고자 하지 않아 고요하니, 천하가 스스로 자리잡는다.

37.1 道常無爲而無不爲.
　　　도 상 무 위 이 무 불 위

　　侯王若能守之, 萬物將自化.
　　　후 왕 약 능 수 지 　 만 물 장 자 화

37.2 化而欲作, 吾將鎭之以無名之樸.
　　　화 이 욕 작 　 오 장 진 지 이 무 명 지 박

37.3 無名之樸, 夫亦將無欲.
　　　무 명 지 박 　 부 역 장 무 욕

37.4 不欲以靜, 天下將自定.
　　　불 욕 이 정 　 천 하 장 자 정

　　37.1 도는 언제나 하는 일이 없는 것 같습니다. 있는지 없는지도 잘
알지 못합니다. 공기는 우리 주위에 늘 있지만 있는 줄도 모릅니다. 공
기가 없으면 우리는 숨을 쉬지 못해 죽는데도 우리는 공기의 중요성

을 느끼지 못하고 삽니다. 도는 그와 같습니다. 그러나 하지 않는 일이 없습니다. 만물을 생성生成하고 화육化育합니다. 숨을 쉬지 않는 생물이 없듯이 살아 있음은 공기를 호흡함입니다. 도는 이처럼 가장 중요하면서도 아무 일 없듯이 삽니다. 달리 말해, 도는 늘 하는 것이 없지만 하지 않는 것도 없습니다.

임금이 지켜야 할 제일 덕목이 바로 이 같은 도의 덕성입니다. 임금은 늘 하는 일이 없는 듯해야 합니다. 그렇지 않고 임금이 방정맞으면 사방에서 난리가 납니다. 마치 대형차를 모는 기사가 까불며 운전하는 것처럼 위험합니다. 임금은 무념무상無念無想하게 의견을 들어주면 됩니다. 그러면 만물이 제자리를 찾아 나갈 것입니다. 경제를 이렇게 해보려다 어긋나고 저렇게 해보려다 그르치느니, 내버려두는 것이 제일입니다. 자유방임自由放任의 원리는 그래서 중요한 것입니다. 이런 덕목이 지켜지기는 어렵지만, 지켜지기만 한다면 세상사가 모두 잘 풀릴 것입니다.

◦ 나는 가만히 있는데도 만물이 저절로 커 나갑니다.

37.2 이렇게 세상은, 내버려두면 스스로 잘 자라납니다. 그런데 그것을 일부러 어떻게 하려 들면 엉망이 되고 맙니다. 마치 잘 커가는 꽃봉오리를 손으로 열어주고, 잘 자라는 거북이의 목을 빼주는 것과 같습니다. 벼를 뽑아주면 잘 자라나기는커녕 말라죽는 것과 마찬가지입니다. 그러니 제발 내버려두십시오. 일부러 하려 들지 마십시오.

나는 이렇게 무모한 짓을 하는 것을 볼 때마다 '이름 없는 통나무(無名之樸)'를 생각합니다. 다듬어지지 않은 나무는 이름이 없습니다. 그저 통나무일 뿐입니다. 그것이 나중에 책상, 걸상, 마루, 대들보가 되더라도 통나무는 그 스스로 이름이 있는 것이 아닙니다. 바로 그러한 이름 없는 통나무가 바로 자연 상태 그대로인 것입니다. 나는 이러한 통나무로 무엇인가 일부러 해보고자 하는 마음을 억누릅니다. 이름 없는 통나무면 됐지, 오동나무 장이니 비자나무 바둑판이니 하는 것들은 사람의 소용으로 붙여진 이름일 뿐입니다.

∘ 나는 일부러 만들려고 하지 않습니다.

　37.3 '이름 없는 통나무'란 아직까지 특정하게 이름 붙여지지 않은 나무를 가리킵니다. 다시 말해 그저 그러한 통나무일 뿐 이름이 있는 것이 아니라는 것입니다. 좀 더 정확하게는 '통나무'라는 이름조차 없다는 자기부정적 표현입니다. 마치 '무명씨(無名之氏)'라고 말하는 것과 같습니다. 무명씨가 이름을 밝히기를 꺼리는 것처럼, 이름 없는 통나무에 이름을 붙여서는 안 됩니다.
　이 이름 없는 통나무가 또 하나의 이름이라고 생각하지 마십시오. 이름 없는 통나무는 그 자신 또한 일부러 무엇인가 되려고 하지 않습니다. 그러면 이름이 생기기 때문에 이름 없는 통나무가 되지 못합니다. 따라서 통나무라고 해서 그것이 무엇인가를 해야 한다고 생각해서는 안 됩니다. 그 통나무는 하고자 함이 아예 없습니다.

∘ 나는 하고자 함이 없습니다.

　37.4 일부러 하고자 하지 마십시오. 그러면 천하가 고요해질 수 있습니다. 되지도 않는 일을 일부러 하려 드니 세상이 시끄럽고 어지러

위지는 것입니다. 하려 함이 없이 내버려두십시오. 그러면 세상이 자리 잡습니다.

또한 고요한 나는 나만 고요한 것이 아니라 세상의 고요함도 볼 수 있고, 한 걸음 더 나아가면, 세상조차 고요하게 만듭니다. 가만히 있어 보십시오. 내 마음이 자리 잡고, 내 앞의 물이 자리 잡고, 내 옆의 나무와 내 뒤의 산이 자리 잡습니다. 내 고요함은 천하가 자리 잡는 출발점입니다.

◦ 내가 가만히 있으니 만물이 고요해집니다.

덕경

德經

사람들보다 위에 있고 싶으면 나를 낮추어야 합니다.
남보다 몸이 위에 있으려면 반드시 말을 낮추어야 합니다.
- 나는 가장 낮은 바다입니다.

제38장

내가 부덕하니 덕이 쌓입니다

38.1 높은 덕은 덕스럽지 않다. 그러므로 덕이 있다.

낮은 덕은 덕을 잃지 않는다. 그러므로 덕이 없다.

38.2 높은 덕은 하지 않아 함이 없다.

낮은 덕은 하려 들어 함이 있다.

38.3 높은 인仁은 하려 들어도 함이 없다.

높은 의義는 하려 들어 함이 있다.

높은 예禮는 하려 들어 응하지 않으면, 소매를 걷어 올리고 끌어당

긴다.

38.4 따라서 도를 잃자 덕이 있고,

덕을 잃자 인이 있고,

인을 잃자 의가 있고,

의를 잃자 예가 있다.

38.5 무릇 예란 충성과 신뢰의 얇아짐이며 어지러움의 처음이다.

예를 앞에서 이끄는 것은 도를 꾸미고 어리석음을 벌이는 것이다.

38.6 그러므로 대장부는 도타운 곳에 머물지, 얇은 곳에 머물지 않는다.

실질적인 데 머물지, 화려한 곳에 머물지 않는다.

따라서 저것을 버리고 이것을 얻는다.

38.1 上德不德, 是以有德.
상 덕 부 덕   시 이 유 덕

下德不失德, 是以無德.
하 덕 불 실 덕   시 이 무 덕

38.2 上德無爲, 而無以爲.
상 덕 무 위   이 무 이 위

下德爲之, 而有以爲.
하 덕 위 지   이 유 이 위

38.3 上仁爲之, 而無以爲.
상 인 위 지   이 무 이 위

上義爲之, 而有以爲.
상 의 위 지   이 유 이 위

上禮爲之, 而莫之應, 則攘臂而扔之.
상 례 위 지   이 막 지 응   즉 양 비 이 잉 지

38.4 故失道而後德,
고 실 도 이 후 덕

失德而後仁,
실 덕 이 후 인

失仁而後義,
실 인 이 후 의

失義而後禮.
실 의 이 후 례

38.5 夫禮者, 忠信之薄, 而亂之首.
부 예 자   충 신 지 박   이 난 지 수

前識者, 道之華, 而愚之始.
전 식 자   도 지 화   이 우 지 시

38.6 是以大丈夫處其厚, 不居其薄.
시 이 대 장 부 처 기 후   불 거 기 박

處其實, 不居其華.
처 기 실   불 거 기 화

故去彼取此.
고 거 피 취 차

38.1 가장 덕이 높은 사람은 어떤 사람일까요? 덕이 있는 사람은 자기의 덕을 자랑하지 않습니다. 마치 덕이 없는 듯합니다. 따라서 겉으

로는 부덕해 보이는 사람이 오히려 덕이 많은 사람일 때도 적지 않습니다. 욕쟁이 할머니의 식당에 사람들이 꼬이는 까닭은 할머니의 부덕 때문입니다. 욕을 먹으면서도 음식의 덕인 맛이 좋기 때문에 찾는 것이기도 하지만, 욕을 먹으면서 어린 시절의 순박했던 시절로 돌아가기 때문입니다. 결국 욕쟁이 할머니는 부덕하기에 덕이 있습니다. 시장통의 무뚝뚝한 할머니가 후덕한 인심을 베푸는 것도 보았을 겁니다.

가장 덕이 낮은 사람은 어떤 사람일까요? 덕이 없는 사람은 자신이 덕이 있음을 드러내기에 바쁩니다. 언뜻 덕이 많아 보이려고 애씁니다. 따라서 겉으로 덕이 있어 보이는 사람이 오히려 부덕한 때도 많습니다. 세모에만 고아원을 방문하는 정치인들은 덕이 많은 듯 보이지만, 오히려 부덕한 사람이 많습니다. 라면 상자와 옷가지 앞에서 사진을 찍으려 들고 그것으로 사람들에게 자신이 덕이 많음을 과시하는 것은 여간 부덕한 일이 아닐 수 없습니다. 그들에게 사진을 찍지 않는다고 해보십시오. 아마도 다시는 고아원을 찾지 않을지도 모릅니다.

높은 덕은 덕을 버리기에 덕이 생기고, 낮은 덕은 덕을 버리지 않기에 덕이 없어집니다. 덕은 버려야 쌓입니다. 덕을 잃지 않으려 안달하지 마십시오.

◦ 내가 부덕하니 덕이 쌓입니다.

38.2 높은 덕이란 어떤 것일까요? 높은 덕은 덕스럽지 않아야 됩니다. 덕이 덕스러우면 벌써 덕이 아닌 부덕입니다. 사람이 덕을 베풀면서 또다시 덕으로 베풀면, 사람들은 부담스럽고 복잡할 뿐입니다. 따

라서 높은 덕은 일부러 함이 없습니다. 무엇을 하더라도 하지 않는 듯합니다. 없는 듯 한다는 말입니다.

낮은 덕이란 어떤 것일까요? 낮은 덕은 덕을 자꾸 내세우려고 합니다. 덕을 내세우려고 하니 부덕하기 짝이 없습니다. 덕을 베풀면서도 이것이 모두 내 덕이라고 하니, 사람들은 그 덕을 받으려고 하지 않습니다. 따라서 낮은 덕은 일부러 하려 듭니다. 아무것도 아닌데도 하려 듭니다. 뭔가 있어야 한다는 말입니다.

덕을 행하는 방법은 두 가지입니다. 덕을 없는 듯 행하는 것과 뭔가 있어야 행하는 것입니다. 앞의 길은 없음의 길이고, 뒤의 길은 있음의 길입니다. 없음의 길이야말로 있음의 길보다 더욱 덕이 많습니다.

◦ 나는 없는 듯 일합니다.

38.3 높은 사랑은 없는 듯합니다. 사랑한다고 말하는 것조차 사랑을 모르는 것입니다. 백년해로百年偕老한 부부가 사랑한다는 말이 필요하지 않은 것과 같습니다. 사랑한다는 말로 자꾸만 서로 얽매다 보면 마침내 헤어지고 맙니다.

좋은 의리라도 없는 듯하지 못하고 있는 것처럼 합니다. 의리라는 말을 자꾸 내세우고, 그것으로 서로를 옭아매고자 합니다. 그러나 의리의 사나이들이 끝까지 의리 있는 경우가 얼마나 될까요? 의리란 의리가 없으니 내세우는 것일 뿐입니다.

훌륭한 예의도 마찬가지입니다. 복잡하고 정교한 예의란 마음속에서 절로 나오지 않고 격식과 절차에 따라 이루어집니다. 결국 양질의 예의란 일부러 꾸미는 것에 지나지 않습니다. 따라하지 않으면 소매를 걷어붙이고 사람들을 끌어당깁니다. 곡을 하지 않으면 해야 된다고 끌어당기고, 절을 하지 않으면 절을 하라고 끌어당깁니다. 예란 안 되니 되게끔 하는 것일 뿐입니다.

° 나는 높은 인의와 예의를 바라지 않습니다.

38.4 덕은 왜 생겼을까요? 도가 없어졌기 때문입니다. 도가 있으면 그것 하나로도 족한데, 무슨 덕이 필요하겠습니까? 도를 잃자 덕으로 도를 실천하기 시작했습니다. 법이 있으면 되지, 법이 반드시 적용되어야 하는 것은 아닙니다. 법 없이 사는 것이 가장 좋습니다. 칼이 있는 것만으로 족해야지, 어찌 그것으로 사람을 베서야 되겠습니까?

덕을 잃어버리자 '사랑(仁)'이 생겨났습니다. 도의 원리가 이 세계에 자연스럽게 실현되지 않으니, 사랑을 내세우기 시작했습니다. 사랑하지 않아도, 아니, 사랑하라는 말이 없이도 서로 잘 살아가는 세계가 이상적일 텐데, 이제는 사랑을 앞으로 내세우지 않을 수 없게 되었습니다. 해가 빛을 비출 때, 잘생긴 사람은 더 비춰주고 못생긴 사람은 덜 비춰줍니까? 해는 사랑 없이 덕을 이룰 줄 압니다.

사랑을 잃어버리자 '의리(義)'를 내세우게 되었습니다. 서로 사랑하면 될 뿐인데, 사랑하지 않으니 의무義務를 지웁니다. 부부 사이의 의무, 부모자식 사이의 의무, 형제자매 사이의 의무, 친구 사이의 의무 등, 본래 그러한 관계는 의무에서 출발한 관계가 아닌데, 사랑이 없어지니 의무로 억지로 관계를 놓습니다. 남녀 사이는 저절로 사랑이 싹 트는 것인데 세월이 가면서 사랑이 식자 의무를 부여하고, 부모와 자식의 사랑은 영원할 듯한데도 그렇지 않으니 양육 등의 의무를 부과

165

하고, 형제와 자매끼리는 서로를 너무 잘 아는데도 점차 멀어지니 의무적으로 만나고, 친구는 만나서 즐거워 생긴 관계인데도 우정이 사라지자 의리 같은 말로 의무화합니다.

의를 잃어버리자 '예의(禮)'가 만들어졌습니다. 의무로 관계를 설정해놓아도 되지 않으니, 예의와 격식을 통해 이루어지도록 만듭니다. 예를 행하면서 의무를 되새기게 만듭니다. 아이들에게 인사라는 행위를 통해 어른을 공경하도록 하고, 부모의 제사라는 형식을 통해 형제자매들이 만나도록 합니다. 예란 결국 사랑으로도 안 되고 의무로도 안 되니, 격식을 통해 사람을 강제적으로 하도록 만드는 것입니다.

그저 그렇게 있기만 하면 될 걸(道) 그것이 무엇인가를 하도록 만들고(德), 저절로 그렇게 할 걸(仁) 억지로 하도록 만들고(義), 이도저도 되지 않으니 뭔가를 만들어놓고 사람을 그것에 맞추려 듭니다(禮).

◦ 나는 예에 앞서 저절로 되도록 합니다.

38.5 결국 예란 무엇일까요? 그것은 믿음이 없어지면서 나오는 것입니다. 임금이 신하를 믿지 못하니 예로 규정하고, 신하가 임금을 따르지 않으니 예로 속박합니다. 윗사람과 아랫사람 사이에서도, 스승과 제자 사이에서도 마찬가지입니다. 믿음의 상실로 충성이나 신뢰를 말하게 되었습니다. 그러니 예는 충성과 신뢰가 얇아졌음을 뜻하게 되는 것입니다. 예는 인간관계가 어지러워지기 시작했음을 보여주는 것입니다.

예를 앞에서 이끄는 인물과 그의 행위는 진정한 도에 쓸데없는 것을 덧붙이는 것에 지나지 않습니다. 그것은 우리가 어리석어지기 시작했음을 드러내는 것에 지나지 않습니다. 본래 자연 상태의 아름다운 모습에 덧칠을 해서 엉망으로 만드는 것에 지나지 않습니다. 예를 이끄는 것은 '나 바보요'라고 외치는 것과 같습니다.

◦ 나는 예에 앞서 사람의 마음을 좋아합니다.

38.6 제대로 된 사람이라면 예의와 격식보다는 순수한 마음을 더 먼저 아끼겠지요. 예 때문에 얇아지지 않은 도타운 마음을 좋아하고, 예로 꾸며진 화려한 것보다는 실질적인 것을 좋아하겠지요. 그래서 대장부는 얇은 곳보다는 도타운 곳에 머물고, 화려한 곳보다는 실질적인 데 머물러야 하는 것입니다. 예의를 차리지 않았다고 화내지 말고, 본디 마음씨가 어떤가를 살피는 것이 대장부입니다. 복잡하게 장식된 행위보다는 간단하고 꾸밈없는 행동을 하는 것이 대장부입니다. 먼 저쪽의 것들을 버리고, 가까운 이쪽의 것을 얻으십시오. 저쪽의 것은 어려울 뿐만 아니라 거짓입니다. 이쪽의 것이야말로 쉽고도 참다운 것입니다.

◦ 나는 먼 것을 버리고 가까운 것을 잡습니다.

제39장   나는 옥이 아닌 돌이고자 합니다

39.1 옛날에 하나를 얻은 적이 있다.

하늘은 하나를 얻어 맑아지고,

땅은 하나를 얻어 편안해지고,

귀신은 하나를 얻어 신령스러워지고,

골짜기는 하나를 얻어 채워지고,

온갖 것은 하나를 얻어 태어나고,

임금은 하나를 얻어 천하의 곧음이 된다.

그것이 이렇게 이루었다.

39.2 하늘이 맑지 않으면 갈라질까 두렵고,

땅이 편안하지 않으면 부서질까 두렵고,

귀신이 신령스럽지 않으면 흩어져버릴까 두렵고,

골짜기가 채워지지 않으면 말라버릴까 두렵고,

만물이 태어나지 않으면 사라질까 두렵고,

임금이 곧지 않으면 넘어질까 두렵다.

39.3 따라서 귀함은 천함을 바탕으로 하고, 높음은 낮음을 터로 삼는다.

그러므로 임금은 '외로운 사람', '모자란 사람', '영글지 못한 사람'이

라 스스로 부른다.

이는 천함을 바탕으로 삼는 것이 아닌가? 안 그런가!

39.4 따라서 자주 명예로우려다가는 명예롭지 못하게 된다.

옥처럼 빛나길 바라지 않고 돌처럼 구른다.

39.1 昔之得一者.
　　 석 지 득 일 자

　　 天得一以淸,
　　 천 득 일 이 청

　　 地得一以寧,
　　 지 득 일 이 녕

　　 神得一以靈,
　　 신 득 일 이 령

　　 谷得一以盈,
　　 곡 득 일 이 영

　　 萬物得一以生,
　　 만 물 득 일 이 생

　　 侯王得一以爲天下貞.
　　 후 왕 득 일 이 위 천 하 정

　　 其致之.
　　 기 치 지

39.2 天無以淸, 將恐裂,
　　 천 무 이 청　 장 공 렬

　　 地無以寧, 將恐廢,
　　 지 무 이 녕　 장 공 발

　　 神無以靈, 將恐歇,
　　 신 무 이 령　 장 공 헐

　　 谷無以盈, 將恐竭,
　　 곡 무 이 영　 장 공 갈

　　 萬物無以生, 將恐滅,
　　 만 물 무 이 생　 장 공 멸

　　 侯王無以貞, 將恐蹶.
　　 후 왕 무 이 정　 장 공 궐

39.3 故貴以賤爲本, 高以下爲基.
　　 고 귀 이 천 위 본　 고 이 하 위 기

　　 是以侯王自稱孤寡不穀.
　　 시 이 후 왕 자 칭 고 과 불 곡

此非以賤爲本邪? 非乎!
차 비 이 천 위 본 사   비 호

39.4 故致數譽無譽.
고 치 수 예 무 예

不欲琭琭如玉, 珞珞如石.
불 욕 록 록 여 옥   락 락 여 석

39.1 옛날이었습니다. 그때는 모두 하나였습니다. 서로 나누어지거나 따로 떨어지지 않고, 모두 하나였습니다. 하나였기 때문에 모든 것이 다 제자리를 찾았습니다. 하나는 세상의 원리이자 중심이었습니다. 그 하나를 얻으면, 천지만물뿐만 아니라 귀신과 제왕까지 모두 나름대로의 길을 갔습니다.

우리는 하늘을 떠올리면 맑고 푸른 모습을 생각합니다. 흐리고 비 내리는 것은 하늘의 또 다른 모습이지만 제일원리는 아니기 때문입니다. 하늘은 쨍쨍 햇볕이 나서 풀과 나무를 기르는 것이 제대로 된 모습입니다. 하늘은 빛을 비춰주어야 합니다. 하늘은 그 하나를 얻어 하늘이 됩니다.

우리는 땅을 떠올리면 움직이지 않는 모습을 생각합니다. 땅이 움직였다가는 땅 위의 것들이 제자리에 서 있지를 못합니다. 지진도 땅의 모습이기는 하지만, 그것은 갑자기 성난 모습이지 늘 있는 일은 아닙니다. 땅은 가만히 있어야 합니다. 땅은 그 하나를 얻어 땅이 됩니다.

우리는 귀신을 떠올리면 신출귀몰神出鬼沒한 모습을 생각합니다. 귀신이기 때문에 그만큼 영활한 것입니다. 귀신이 신령스럽지 않으면 이미 귀신이 아닙니다. 하늘로 올라가는 것이 신神: 伸이고, 땅으로 내려가는 것이 귀鬼:歸입니다. 귀신은 그 하나를 얻어 귀신이 됩니다.

우리는 골짜기를 떠올리면 물이 흐르는 모습을 생각합니다. 골짜기에 물이 흐르지 않으면 골짜기가 아닙니다. 물이 없으면 바위들이 마르고 물고기들이 노닐지 못합니다. 산속에 숨어 있는 물줄기를 모으고 또 모아 물을 흘러내리게 합니다. 골짜기는 그 하나를 얻어 골짜기가 됩니다.

우리는 만물을 떠올리면 세상에 가득 차 있는 모습을 생각합니다. 앞을 보면 냇물이 흐르고, 뒤를 보면 나무가 자라고, 하늘을 보면 구름이 떠 있고, 옆을 보면 짐승이 뛰어다니는 것이 만물의 형상입니다. 또 만물은 만물을 낳습니다. 이렇듯 여기저기에서 생겨나는 것이 만물입니다. 만물은 그 하나를 얻어 만물이 됩니다.

우리는 임금을 떠올리면 천하의 기준을 지니고 있는 모습을 생각합니다. 임금이 우왕좌왕하고 좌충우돌하면 백성이 살아남지 못합니다. 임금은 올바른 생각으로 천하의 중심이 되어야 하는 것입니다. 임금은 그 하나를 얻어 임금이 됩니다.

그 하나를 얻으면, 하늘은 맑아지고 땅은 편안해지고 귀신은 신령스러워지고 골짜기는 채워지고 임금은 천하의 곧음이 됩니다. 그 하나란 무엇일까요? 그것이 바로 도道입니다. 도는 하나입니다. 도는 모든 것을 하나로 모으지요. 그것이 이렇게 만듭니다.

◦ 나는 하나입니다.

39.2 하늘이 맑지 않으면 어떻게 될까요? 모든 것이 시들어버리겠지요. 풀도 나무도 자랄 수 없습니다. 사람도 시들해지고 맙니다. 바로

그런 것을 하늘이 갈라진다고 합니다. 우리는 그것을 두려워합니다.

땅이 편안하지 않으면 어떻게 될까요? 모든 것이 엉망이 되어버리겠지요. 논과 밭도 쩍쩍 갈라지고, 바다와 산도 무너져버립니다. 바로 그런 것을 땅이 부서진다고 합니다. 우리는 그것을 두려워합니다.

귀신이 신령스럽지 않으면 어떻게 될까요? 모든 것이 뒤죽박죽되어버리겠지요. 남자가 여자로 되고 여자가 남자로 되며, 닭이 울지 않고 개가 짖지 않습니다. 바로 그런 것을 귀신이 흩어진다고 합니다. 우리는 그것을 두려워합니다.

골짜기가 채워지지 않으면 어떻게 될까요? 모든 것이 자라날 수 없겠지요. 산의 골짜기에서는 나무가 자라지 않고, 사람의 골짜기에서는 사람이 태어나지 않습니다. 바로 그런 것을 골짜기가 말라버린다고 합니다. 우리는 그것을 두려워합니다.

만물이 태어나지 않으면 어떻게 될까요? 모든 것이 끝장이겠지요. 집에서는 아이가 울지 않고, 밭에서는 곡식이 자라지 않습니다. 바로 그런 것을 사라진다고 합니다. 우리는 그것을 두려워합니다.

임금이 곧지 않으면 어떻게 될까요? 모든 것이 이랬다가 저랬다가 그러하겠지요. 이래라 하면 이렇게 하다가도 저래라 하면 저렇게 하여, 앞으로 나가지 못하겠지요. 바로 그런 것을 넘어진다고 합니다. 우리는 그것을 두려워합니다.

∘ 나는 하나를 얻지 못할까 두렵습니다.

39.3 귀한 것만 있을까요? 아닙니다. 귀한 것은 천한 것이 있기 때문에 귀해집니다. 높은 것만 있을까요? 아닙니다. 높은 것은 낮은 것이

있기 때문에 높아집니다. 귀중하고 고상한 것은 비천하고 하등한 것 덕분에 그런 자리를 잡은 것입니다. 장관은 차관 덕분에 귀해지고, 법관은 도둑놈 때문에 높아집니다. 장군은 병사 덕분에, 의사는 환자 덕분에 올라갑니다.

옛날 임금은 이런 것을 잘 알아, 자신을 낮추어 불렀습니다. '외로운 이 사람(孤)'이라든가, '모자란 이 사람(寡)'이라든가, '영글지 못한 사람 (不穀)'이라고 스스로 불렀습니다. 연속극에서 '과인寡人'이라고 부르는 것이 바로 그 겸칭입니다. '짐朕'이라는 말은 그렇게 겸손한 표현은 아닙니다. 그저 '나'라고 부르는 것이기 때문입니다. 임금이 자신을 낮추어 부르는 것은 자신의 존귀함이 바로 신하들로부터 나옴을 잘 알기 때문입니다.

따라서 오히려 천한 것이 근본이 되어야 합니다. 천한 것이야말로 귀한 것의 원천입니다. 그렇지 않습니까?

◦ 나는 천합니다.

39.4 명예를 얻으려고 하지 마십시오. 그것은 오히려 천해지는 지름 길입니다. 오히려 비루해지십시오. 그것이야말로 나를 귀하게 여기는 것입니다. 세상에서 겸손한 것만큼 좋은 것은 없습니다. 겸손은 단순한 고개 숙이기가 아니라, 천함으로 귀함을 드러내는 고상한 행동입니다.

나는 옥이 되지 않으렵니다. 옥처럼 빛나고 싶지 않습니다. 나는 돌이 되렵니다. 돌처럼 아무 데나 굴러가고 싶습니다. 조약돌처럼 낮은 데서 살렵니다.

◦ 나는 옥이 아닌 돌이고자 합니다.

제40장   나는 돌고 돕니다

40.1 돌아감은 도의 움직임이며,

약함은 도의 쓰임이다.

40.2 천하 만물은 있음에서 나오는데,

있음은 없음에서 나온다.

40.1 反者, 道之動,
반 자 도 지 동

弱者, 道之用.
약 자 도 지 용

40.2 天下萬物生於有,
천 하 만 물 생 어 유

有生於無.
유 생 어 무

40.1 우주는 돌아갑니다. 달도 돌고, 지구도 돌고, 혜성도 돕니다. 태양과 은하도 무엇인가를 향하여 자꾸만 나아가고 있습니다. 돌고 도는 우주입니다.

세계도 돌아갑니다. 꽃은 한 달을 못 넘기고, 개는 10년을 못 넘기고, 사람은 100년을 못 넘깁니다. 아무리 나무라도 1,000년을 넘기기는 쉽지 않습니다. 그러나 씨앗을 남기고 새끼를 낳는 바람에 또 돌고 도는 세계입니다.

세상도 돌아갑니다. 부자가 가난해지고, 약한 사람이 강해집니다. 여당이 야당 되고, 야당이 여당 됩니다. 친구가 적이 되고, 적이 친구가 됩니다. 그러나 크게 보면, 그 모두 돌고 도는 세상입니다.

이렇게 돌아가는 것이 바로 도의 움직임입니다. 우주와 세계와 세상은 이렇게 돌아가게 되어 있습니다. 그것을 어떤 것도, 어느 누구도 거역하지 못합니다.

도는 것, 곧 되돌아가는 것이 진리입니다. 돌아가야 합니다. 집으로, 고향으로, 어렸을 적에로, 그리고 꿈으로. 돌아가야 합니다. 처음 가졌던 마음으로, 처음 본 느낌으로, 처음 만졌던 그 순간으로. 우리가 돌아갈 수만 있다면 그것처럼 참다운 것은 없습니다.

그때 우리는 약했습니다. 그러나 진리와 멀어져 있지 않았습니다. 당시의 우리는 진리를 품고 있었습니다. 약한 어린아이를 아무도 어쩌지 못하듯, 우리는 진리를 애용하고 있었습니다. 약함, 그것이 바로 도의 쓰임입니다.

◦ 나는 돌고 돕니다.

40.2 이 세상에는 정말 많은 것들이 있습니다. 풀과 나무, 돌과 물, 나와 너, 참 온갖 것들이 있습니다. 그러나 그것들은 하나로 모입니다. 그것이 바로 있음(有)입니다. 그것들 모두 있음이 아닌 것이 없습니다. 세계에 많은 존재물들이 있는 것은 바로 존재 그 자체가 있기 때문입니다. 나의 아버지, 아버지의 아버지, 아버지의 아버지의 아버지, 우리는 많지만 조상은 하나인 것과 같습니다. 천하 만물은 바로 그 하나의

있음에서 나오는 것입니다.

그런데 한 번 더 곰곰이 생각해봅시다. 그 있음은 늘 있었을까요? 내 앞의 쌀이 1년 전에는 없었던 것인데 내 입 속에 있고, 내 앞의 책상이 10년 전에는 없었던 것인데 내 앞에 있고, 내 앞의 나무는 100년 전에 없었던 것인데 우렁찬 잎을 자랑합니다. 나는 50년 전에는 없었고, 50년 후에도 없을 겁니다. 그렇다면 있음은 있는 것인가요? 아닙니다. 있음은 바로 그러한 없음(無)에서 나옵니다. 있음의 아버지가 없음인 것이지요.

° 나는 있음의 아버지인 없음입니다.

제41장　나의 말은 웃음거리입니다

41.1 뛰어난 사람이 도를 들으면 애써 행하지만,

　　그저 그런 사람이 도를 들으면 있는 둥 마는 둥 하며,

　　시원찮은 사람이 도를 들으면 크게 웃는다.

　　크게 웃지 않으면 도라 할 수 없다.

41.2 따라서 이런 격언이 있다.

　　밝은 도는 어두운 듯하고,

　　나가는 도는 물러서는 듯하고,

　　바른 도는 구부러진 듯하다.

41.3 높은 덕은 골짜기 같고,

　　큰 결백은 욕본 듯하고,

　　넓은 덕은 모자란 듯하고,

　　굳센 덕은 가벼운 듯하고,

　　진짜 참다움은 변하는 듯하다.

41.4 큰 네모는 모서리가 없고,

　　큰 그릇은 늦게 만들어지고,

　　큰 가락은 소리가 드물고,

　　큰 꼴은 몸이 없다.

41.5 도는 이름 없음에 숨는다.

　　오직 도만이 잘 베풀어주고 이루어준다.

41.1 上士聞道, 勤而行之,
상사문도 근이행지

中士聞道, 若存若亡,
중사문도 약존약망

下士聞道, 大笑之.
하사문도 대소지

不笑不足以爲道.
불소부족이위도

41.2 故建言有之.
고건언유지

明道若昧,
명도약매

進道若退,
진도약퇴

夷道若纇.
이도약뢰

41.3 上德若谷,
상덕약곡

大白若辱,
대백약욕

廣德若不足,
광덕약부족

建德若偸,
건덕약투

質眞若渝.
질진약투

41.4 大方無隅,
대방무우

大器晚成,
대기만성

大音希聲,
대음희성

大象無形.
대상무형

41.5 道隱無名.
도은무명

夫唯道, 善貸且成.
부유도 선대차성

178

41.1 훌륭한 사람은 도가 무엇인지 압니다. 따라서 도를 한 번 들으면 열심히 노력하여 실행에 옮기려고 합니다. 그런데 평범한 사람은 도를 들어도 그게 있는지 없는지 모르는 듯합니다. 들어도 듣는 둥 마는 둥 그저 그렇게 여깁니다. 그러나 하바리는 도를 들으면 크게 웃습니다. 도가 왜 그렇게 어리석게 보이느냐는 것이죠. 언뜻 보기에 말도 앞뒤가 안 맞고, 글도 요상하고, 뜻도 시시껄렁하게 느껴집니다.

진리는 엄청난 포장으로 화려 강산일 것 같지만, 막상 따지고 보면 단순 명료한 것입니다. 그러니 어리석은 사람에게 이것이 도라고 내놓으면 웃음거리로밖에 들리지 않습니다. 거꾸로 말해, 수준 미달의 사람이 웃지 않으면 그것은 도라 할 수 없습니다.

◦ 나의 말은 웃음거리입니다.

41.2 혹시 이런 말을 들어보았습니까? 옛날부터 내려오는 좋은 말입니다. 그런 격언은 다음과 같이 말합니다.

밝은 도는 어두운 듯합니다. 이 세상의 무엇보다도 밝은 진리가 스스로 밝다고 하면 그 밝음이 가려지고 맙니다. 따라서 어두운 듯한 도가 진짜 밝은 도입니다. 밤하늘에 진리가 숨어 있는 것과 같습니다.

나가는 도는 물러서는 듯합니다. 이것이 옳다고 나서는 진리는 오래 갈 수 없습니다. 따라서 뒤로 물러서는 도가 진짜 앞으로 나가는 도입니다. 앞으로 가기 위해서는 먼저 뒤로 움츠리게 마련입니다.

바른 도는 구부러진 듯합니다. 평탄하게 쭉 뻗은 길에는 진리가 담겨 있지 않습니다. 따라서 구불구불한 도가 진짜 똑바른 도입니다. 산속의 지름길은 언제나 꼬불꼬불합니다.

∘ 나의 말은 농담 속의 진담입니다.

41.3 높은 덕은 골짜기 같습니다. 골짜기처럼 숨어 드러나지 않지만 모든 것을 받아들입니다. 산 위의 뾰족한 돌도 언젠가는 골짜기로 굴러 내려와 부드럽게 되기 마련입니다.

큰 결백은 욕본 듯합니다. 자기가 깨끗하다고 여기는 것처럼 어리석은 일은 없습니다. 욕본 듯 사는 것이 오히려 가장 순백한 것입니다.

넓은 덕은 모자란 듯합니다. 넓디넓어 천하를 감싸지만 늘 부족하게 여깁니다. 진정 넓은 것은 자신이 부족한 줄 아는 것입니다.

굳센 덕은 가벼운 듯합니다. 강한 사람이야말로 자기를 가볍게 비출 줄 압니다. 무술을 잘하거나 춤을 잘 추는 사람의 몸이 가벼운 것과 같습니다.

진짜 참다움은 변하는 듯합니다. 진리를 잡은 사람은 그 진리만을 고집하지 않습니다. 진리란 그 많은 진리가 점차 변화하여 이루어진 것이기 때문입니다.

∘ 나는 부끄러운 듯 살렵니다.

41.4 큰 네모는 모서리가 없습니다. 네모라고 하면 작은 네모만을 생각해서 모난 구석을 생각하기 마련이지요. 그러나 정말 큰 네모를 생각해보았습니까? 동서남북 같은 큰 네모에 어디 귀퉁이가 있겠습니까? 동서남북으로 이루어진 지구 어디에도 모퉁이는 없습니다.

큰 그릇은 늦게 만들어집니다. 작은 그릇이나 하룻저녁에 만들어서 그다음 날 쓸 수 있지, 크디큰 그릇은 영원히 만들 수 없습니다. 무엇이 큰 그릇입니까? 세숫대야입니까, 아니면 노아의 방주方舟 같은 것입니까, 아니면 부처님의 손바닥 같은 것입니까?

큰 가락은 소리가 드뭅니다. 진정한 음악을 들어보았습니까? 산천초목이 연출해내는 심원의 소리를 들어보았습니까? 삼라만상이 어우러진 조화의 노래를 들어보았습니까? 그런 음악은 성음이 거의 없습니다. 사실 우리가 알고 있는 좋은 곡조라는 것도 단순한 음조에서 그것의 변주變奏를 통해 나올 뿐입니다.

큰 꼴은 몸이 없습니다. 가장 큰 모양이 무엇일까요? 코끼리도 기린도 아닙니다. 산과 바위도 아닙니다. 아무런 형체도 취하지 않는 것이야말로 가장 큰 모양입니다. 마치 공기처럼, 마치 대기처럼, 마치 공간처럼 어떤 형태도 취하지 않아야 가장 큰 꼴이 될 수 있습니다.

◦ 나는 이루어지지 않는 그릇입니다.

41.5 도는 이름이 있을까요? 아닙니다. 도라는 이름은 그저 불러본 이름에 지나지 않습니다. 도는 이름을 갖지 않습니다. 이름을 갖지 않은 것을 부르려고 하니 부르기 어려워 그저 도라고 부를 뿐입니다. 그래서 도는 이름 없음에 숨는다고 말하는 것입니다. 도는 이름이 아닙니다. 도는 이름이 없습니다.

그래도 도만이 모든 것을 베풀어주고 이루어줍니다. 이름이 있으면 이름의 세계 속에서 자기의 역할을 하려고 들지만, 도는 이름이 없기 때문에 이름 없이 일합니다. 도는 베풀어주면서도 이름을 남기지 않고, 이루어주면서도 이름을 일러주지 않습니다. 그래서 도입니다.

◦ 나는 이름 없이 남을 살립니다.

181

42.1 도는 하나를 낳고, 하나는 둘을 낳고, 둘은 셋을 낳고, 셋은 만물을 낳는다.

만물은 음陰을 업고 양陽을 안고, 기氣로 가득참으로써 조화로워진다.

42.2 사람들이 싫어하는 것은 '외로운 사람', '모자란 사람', '영글지 못한 사람'이지만, 임금은 이것으로 [자기를] 부른다.

따라서 물건이란 때로 덜지만 쌓이고, 때로 쌓지만 덜어진다.

42.3 남들이 가르치는 바를 나도 가르치련다.

거센 사람은 제 죽음을 얻지 못하니, 나는 이를 가르침의 아버지로 삼겠다.

42.1 道生一, 一生二, 二生三, 三生萬物.
　　　도 생 일　일 생 이　이 생 삼　삼 생 만 물

萬物負陰而抱陽, 沖氣以爲和.
만 물 부 음 이 포 양　충 기 이 위 화

42.2 人之所惡, 唯孤寡不穀, 而王公以爲稱.
　　　인 지 소 오　유 고 과 불 곡　이 왕 공 이 위 칭

故物或損之而益, 或益之而損.
고 물 혹 손 지 이 익　혹 익 지 이 손

42.3 人之所教, 我亦教之.
　　　인 지 소 교　아 역 교 지

强梁者不得其死, 吾將以爲教父.
강 량 자 부 득 기 사　오 장 이 위 교 부

42.1 이름 없던 세계가 있었습니다. 그런데 이 세계를 도라고 부르기 시작했습니다. 그러자 하나가 태어났습니다. 하나는 이 세계를 일컫는 도라는 이름이었죠.

그 도가 나누어지기 시작했습니다. 하나는 하늘이고, 다른 하나는 땅이었습니다. 이제부터 이 세계는 하늘과 땅으로 이루어지게 된 것입니다. 그렇게 하나로부터 둘이 태어났습니다.

하늘과 땅이 또다시 새로운 것을 만들어냈습니다. 하늘과 땅 사이에 사람 같은 생명이 태어나게 된 것이죠. 이렇게 둘은 셋이 되었습니다. 하늘과 땅, 그리고 그 사이에 삶이 어우러지게 되었습니다.

이제는 셋이 어우러져 온갖 것들을 만들어내기 시작했습니다. 사람을 비롯해서 새와 나무도, 물고기와 짐승도 태어나게 되었습니다. 이렇게 셋은 만물이 되었습니다.

만물은 하늘의 정기인 양陽과 땅의 정기인 음陰을 받아 이루어졌습니다. 그래서 만물은 뒤로는 음을 업고 앞으로는 양을 안고, 정기로 가득 차 조화롭게 살아갑니다. 만물은 음양과 더불어 기로 충만하여 이 세계 속에서 융화되어 살아가고 있는 것입니다.

없음은 있음이 되고, 있음은 하나가 되고, 하나는 둘을 낳고, 둘은 셋을 낳고, 셋은 만물을 낳고, 만물은 음양의 기를 받아 잘 살아갑니다.

◦ 나는 기로 가득 찼습니다.

42.2 사람들이 모두 싫어하는 것이 있습니다. 그것은 부모 없는 고아와 배우자 없는 과부나 홀아비, 그리고 몸과 정신을 제대로 갖추지 못한 불구자입니다. 예로부터 고아(孤)와 과부(寡), 그리고 불구자(不穀)

는 모두가 불쌍히 여기는 것입니다. 따라서 임금은 자신을 일컬어 '외로운 사람', '모자란 사람', '영글지 못한 사람'이라 부릅니다. 이렇게 부름으로써 남의 도움을 청하고 남에게 귀를 기울일 줄 알게 되는 것입니다.

세상의 물건이란 덜어야 오히려 쌓이고, 쌓으면 오히려 덜어집니다. 겸손이란 바로 그런 것이겠죠. 임금이라 할지라도 자신을 낮추어야 덕이 쌓이고, 자신을 높이다 보면 덕을 잃게 되는 것입니다.

◦ 나는 사람들이 불쌍히 여기는 사람입니다.

42.3 나라고 별반 다르겠습니까? 나도 남들이 가르치는 것을 가르칠 뿐이지요. 하지만 그 가르침은 언제 어디서나, 그리고 누구에게도 맞아떨어지는 것입니다.

거세지 마십시오. 거세면 싸우게 됩니다. 싸우다간 제 목숨을 다하지 못합니다. 억세지 마십시오. 억세면 꺾이게 됩니다. 꺾이면 제대로 살아남지 못합니다.

내 스승은 강포하고 포악한 사람입니다. 싸움을 좋아하는 사람치고 말로가 좋은 사람은 없습니다. 나는 이를 가르침의 아버지로 삼을 것입니다.

나는 가르치는 아버지보다는 가르치지 않는 어머니를 더 좋아하지만, 아버지 같은 가르침을 필요로 한다면 거세면 안 된다는, 억세면 안 된다는 가르침을 가르침의 아버지로 삼고자 합니다.

◦ 나는 거세지 않습니다.

43.1 천하의 가장 부드러움이 천하의 가장 단단함을 [말처럼] 부린다.

43.2 없음과 있음이 사이 없음으로 들어간다.

　　나는 그러므로 하지 않는 것이 더 이롭다는 것을 안다.

43.3 말하지 않는 가르침, 함 없음의 이로움, 천하에서 이를 따라갈 만한
　　것은 드물다.

43.1 天下之至柔馳騁天下之至堅.
　　　천 하 지 지 유 치 빙 천 하 지 지 견

43.2 無有入無間.
　　　무 유 입 무 간

　　　吾是以知無爲之有益.
　　　오 시 이 지 무 위 지 유 익

43.3 不言之敎, 無爲之益, 天下希及之.
　　　불 언 지 교　　무 위 지 익　　천 하 희 급 지

43.1 천하에는 여러 성질의 물건들이 있습니다. 부드러운 것과 단단
한 것이 그중 하나이겠지요. 과연 어떤 것이 다른 것을 휘어잡을 수 있
을까요? 흔히들 딱딱한 것이 물렁한 것을 이기리라고 생각합니다. 그
러나 잘 생각해보십시오. 궁극에 가서는 부드러운 것이 단단한 것을
이기게 되어 있습니다.

　씨름 선수가 힘만으로 상대방을 이길 수 있을까요? 결코 아닙니다.

힘만으로는 허리가 잘 돌아가는 사람을 이길 수 없습니다. 지극한 유연함이야말로 가장 견고한 것을 물리칠 수 있는 것입니다.

부드러운 물이 만물을 휘어잡는 것을 보아도 강건함보다는 유연함이 한 수 위인 것을 알 수 있습니다. 하다못해 야들야들한 갈대가 바람에 아니 꺾이지 않습니까? 대나무는 바람에 부러지면 다시는 일어나지 못합니다.

따라서 부드러움은 단단함을 말처럼 부릴 수 있는 것입니다. 힘이 셀 수 있다는 것은 결국 손과 발, 그리고 허리의 마디마디가 잘 움직인다는 이야기와 다르지 않습니다. 이렇게 단단한 뼈는 부드러운 힘줄에 매달려서 힘을 냅니다. 강건함이 유연함에 조종을 받아야 제 능력을 발휘하는 것입니다.

◦ 나는 부드러움으로 단단함을 몰고 다닙니다.

43.2 세상에는 있음과 없음이 있습니다. 사과는 있지만, 결국 없어집니다. 마찬가지로 나도 있지만, 결국 사라집니다. 거꾸로 사과는 사과나무에 처음부터 매달려 있는 것은 아니었지만, 언제부터인가 생겨났습니다. 나도 지구상에 처음부터 살아 있는 것이 아니었지만, 언제부터인가 살고 있습니다.

있음과 없음이란 이렇듯 별 차이가 있는 것이 아닙니다. 있다가도 없고, 없다가도 있는 것입니다. 따라서 있음과 없음은 서로 사이가 없습니다. 아니, 있음과 없음은 그 사이 없음으로 모두 들어가야 합니다. 없음은 없음으로 끝나는 것이 아니라 정말 있게 되며, 있음은 없음 덕분에 정말 있게 됩니다.

그러므로 나는 없음이 정말로 있음이라는 것을 압니다. 무엇인가 하려고 함이 없음이야말로 정말로 이로움이 있다는 말입니다. 없어야 있음이 더욱 잘 이루어지는 것입니다. 강제적으로 행위하지 않는 것이 곧 진정한 행위이며, 그런 행위 없음이 바로 이익 있음으로 직결되는 것입니다.

○ 나는 함 없음의 더 함 있음을 압니다.

43.3 무엇으로 사람을 가르칠 수 있을까요? 말로 사람을 가르칠 수 있을까요? 아닙니다. 말로 된 강령과 법률이 아무리 많아도 사람들은 듣지 않습니다. 이래라저래라 아무리 말로 사람을 타이르려 해도 사람은 비딱하기만 합니다. 그래서 가장 좋은 것이 바로 말하지 않는 가르침입니다. 말로 하지 마십시오. 말로 하면 말만 많아지고 되는 일은 없습니다. 말로써 말 많은 것은 말아야 되는 것입니다. 말없이 가르치십시오.

무엇이 이로운 것일까요? 무엇인가를 하려 들면 오히려 이로움이 줄어듭니다. 일부러 하는 것이 제대로 될 리 없습니다. 하기 싫은데 하거나, 하지 않아도 되는데 하는 것은 우리에게 결코 이로운 것이 아닙니다. 그것이 그렇게 가도록 내버려두는 것만큼 중요한 것은 없습니다. 하는 것이 없어야 오히려 이익이 생깁니다. 제발 내버려두십시오.

이렇게 말하지 않는 가르침과 함이 없는 이익이 있는데도 세상 사람들은 이를 잘 모릅니다. 이를 따르는 사람도 드뭅니다. 안타깝습니다.

○ 나는 사람들이 미치지 못하는 것을 가르칩니다.

제44장　나는 됐다면서 멈춰 설 줄 압니다

44.1 이름과 몸 가운데 어느 것이 가까운가?

　　몸과 돈 가운데 어느 것이 많은가?

　　얻는 것과 잃는 것 가운데 어느 것이 걱정인가?

44.2 이에 따라 지나치게 사랑하면 반드시 크게 잃으며,

　　많이 쌓아두면 반드시 무더기로 없어진다.

44.3 됐음을 아니 욕됨이 없고, 멈춤을 아니 위태롭지 않아, 길게 오래갈

　　수 있다.

44.1 名與身孰親?
　　　명 여 신 숙 친

　　身與貨孰多?
　　　신 여 화 숙 다

　　得與亡孰病?
　　　득 여 망 숙 병

44.2 是故甚愛必大費,
　　　시 고 심 애 필 대 비

　　多藏必厚亡.
　　　다 장 필 후 망

44.3 知足不辱, 知止不殆, 可以長久.
　　　지 족 불 욕　지 지 불 태　가 이 장 구

44.1 이름이 좋습니까, 몸이 좋습니까? 둘 가운데 하나를 골라야 한다면 어떤 것을 잡겠습니까? 이름도 몸이 있은 다음에야 있는 것입니다. 명예가 중요하다 하지만 신체 없이 어떻게 그것이 생기겠습니까? 한마디로 신체 없는 명예는 없습니다. 우리에게 절실한 것은 바로 이 몸뚱이입니다. 배고프면 먹어야 하고, 졸리면 자야 하고, 껴안고 싶으면 끌어안아야 하는 이 몸이 나에게 달라붙는 여러 가지 쓸데없는 이름보다 먼저인 것입니다. 내게 딸린 셀 수조차 없는 이름들은 이 몸을 구속할 따름입니다. 몸은 이름보다 가깝습니다.

몸이 좋습니까, 돈이 좋습니까? 몸은 하나지만, 돈은 여럿입니다. 몸은 한 번 잃어버리면 끝이지만, 돈은 잃어버려도 다시 벌면 됩니다. 그런데 이 귀중한 몸 하나를 너무도 많은 돈을 위해 버리고 있지는 않습니까? 화폐란 무궁한 것이고, 신체란 유일한 것입니다. 돈은 일반적이지만, 몸은 특별합니다. 그런데도 많고 많은 돈 때문에 오직 하나뿐인 몸을 버리겠습니까? 하나뿐인 몸을 생각하십시오. 넘쳐나는 돈은 소중한 이 몸보다 귀중할 수 없습니다. 돈은 몸보다 많습니다.

얻는 것이 좋습니까, 잃는 것이 좋습니까? 흔히들 얻는 것이 잃는 것보다 좋다고 생각합니다. 그러나 얻는 것은 잃는 것 없이 생기지 않습니다. 만일 얻기 위해서 너무도 소중한 것을 버려야 한다면 어떻게 하겠습니까? 과연 어떤 것을 얻으려고 목숨까지 버릴 수 있겠습니까? 아닐 것입니다. 이처럼 얻는 것이 이름과 돈이고 잃는 것은 몸이라고 한다면, 어떤 것을 선택하겠습니까? 몸이 있어야 이름도 자랑하고 돈도 쓰는 것입니다. 따라서 걱정해야 할 것은 잃는 것이지 얻는 것이 아닙니다. 그런데도 사람들은 어떻게 하면 얻을 수 있을까 하고 고민할 뿐, 잃을 것을 근심하지 않습니다. 건강을 버리면 명예와 재물도 소용없어집니다. 얻는 것보다는 잃는 것이 걱정됩니다.

∘ 나는 몸을 걱정합니다.

44.2 지나치게 사랑하면 안 됩니다. 애정이나 정감에 눈이 멀게 됩니다. 너무 정 주지 마십시오. 너무 아끼지 마십시오. 너무 좋아하지 마십시오. 마음 바친 대로 돌려받지 못하고 상처만 입기 쉽습니다. 그래서 다정도 병인 것입니다. 신하의 배반에 나라를 빼앗기고, 절세미인에 정치를 넘겨버리고, 몹쓸 친구 때문에 가족에게 버림받고, 자식 사랑에 자기 여생을 망쳐버리는 것은 모두 지나친 사랑 때문에 벌어지는 일입니다. 이렇듯 지나치게 사랑하면 반드시 크게 잃게 됩니다.

많이 쌓아두면 안 됩니다. 쌓아두다 보면 자꾸 욕심만 더 생깁니다. 처음에는 한 되를 바라다가, 다음에는 한 말을 바라고, 나중에는 한 가마니를 바라게 됩니다. 마침내는 창고 가득히 쌓아놓고 싶어집니다. 돈을 자꾸 모으다 보면 돈으로 무엇을 하려는 것이 아니라 돈 쌓아놓는 재미에 살게 됩니다. 쌀도 마찬가지이고, 금도 마찬가지이며, 집도 마찬가지입니다. 식량도 먹으려는 것이 아니고, 보석도 꾸미려는 것이 아니고, 주택도 사는 것이 아니게 되어버립니다. 그런데 그러다 보면 쌓아놓은 그것을 한꺼번에 잃기 쉽습니다. 썩어버려서, 타버려서, 훔쳐 가서, 빼앗겨서, 잊어버려서, 아니면 아예 자기가 죽어버려서 그 모든 것을 잃어버리고 맙니다. 이렇듯 많이 쌓아두면 무더기로 없어지게 됩니다.

∘ 나는 지나치게 사랑하지 않습니다.

44.3 됐음을 알아야 합니다. '이제 됐다'고 여길 줄 알아야 합니다. 그게 바로 욕보지 않는 길입니다. 이쯤이면 되지 않았습니까?

멈춤을 알아야 합니다. '이제 그만'이라고 생각할 줄 알아야 합니다. 그래야 위태롭지 않습니다. 여기서 멈춰 서십시오.

그러면 길게 이어질 수 있습니다. 그러면 오랫동안 갈 수 있습니다. 이만큼이면 된 것을 알고 그 자리에서 설 줄 아는 사람이야말로 장구한 생명력을 유지합니다. 지족知足과 지지知止의 정신만이 영원한 것입니다.

◦ 나는 됐다면서 멈춰 설 줄 압니다.

제45장   나는 잘하려고 잘하지 않습니다

45.1 큰 이루어짐은 모자란 듯하니, 그 쓰임이 버려지지 않는다.

45.2 큰 참은 비어 있는 듯하니, 그 쓰임이 끝나지 않는다.

45.3 큰 곧음은 휜 듯하고, 큰 꾀는 어리숙한 듯하고, 큰 말은 더듬는 듯
    하다.

45.4 바삐 움직이면 추위를 이길 수 있고, 가만히 있으면 더위를 이길 수
    있으니, 맑고 고요함이 천하의 올바름이 된다.

45.1 **大成若缺, 其用不弊.**
     대 성 약 결   기 용 불 폐

45.2 **大盈若沖, 其用不窮.**
     대 영 약 충   기 용 불 궁

45.3 **大直若屈, 大巧若拙, 大辯若訥.**
     대 직 약 굴   대 교 약 졸   대 변 약 눌

45.4 **躁勝寒, 靜勝熱, 淸靜爲天下正.**
     조 승 한   정 승 열   청 정 위 천 하 정

  45.1 무엇인가 제대로 이루어진 것을 보십시오. 아직 덜 이루어진
듯합니다. 오히려 모자란 듯 보입니다. 국보급 도자기를 보십시오. 칼
로 자른 듯한 철저함은 없지만, 그것이 담고 있는 여유는 말할 수 없
이 큽니다. 기계로 만든 완전한 도자기는 정확하긴 하지만 정감이 없

습니다.

백자는 그 순백의 청초함으로 자신의 모자란 곳을 채워주길 바라고 있습니다. 따라서 사람들은 그것을 바라보면서 어여쁜 소녀를 도와주어야 할 느낌을 받습니다. 사랑을 받음으로써 버려지지 않고 있습니다. 여백이 우리를 부르고 있는 것입니다.

청자는 그 오묘한 색감 때문에 사람들을 어정쩡하게 만들고 있습니다. 역시 완전한 색깔은 미완의 색채입니다. 원색처럼 그저 붉거나 푸르면 그렇게 받아들일 뿐이지만, 무슨 색깔인지 형용할 수 없을 때 우리는 그 앞에서 머뭇거리며 떠나지 못하게 됩니다. 미완의 신비가 우리를 머물게 만들고 있는 것입니다.

◦ 나는 덜 이루어졌습니다.

45.2 무엇인가 꽉 차 있는 것을 보십시오. 너무도 채울 데가 많습니다. 오히려 비어 있는 듯 보입니다. 잘 지어진 건물을 생각해보십시오. 버려진 공간이 너무 많습니다. 그러나 그런 건물이야말로 잘 지어진 건물이 아닐 수 없습니다.

박물관을 가보십시오. 이곳저곳이 비어 있지만 박물관은 곧 너무도 많은 물건을 나열하는 곳입니다. 박물博物이란 이것저것 잡동사니를 가리키지요. 만일 박물관에 빈 데가 없으면 너무도 답답할 뿐만 아니라, 전시품 자체도 빛을 잃을 것입니다. 좋은 박물관은 공간이 넓고, 나쁜 박물관은 사물만 많습니다. 벽이 휑하니 뚫린 듯하고 동선動線이 널찍널찍한 곳이야말로 좋은 전시관입니다. 때로 쉴 데도 있어야겠지요.

기차역을 가보십시오. 왜 광장이 넓고 천장이 높아야 할까요? 그래야 많은 사람들을 담아낼 수 있기 때문입니다. 효율성만 따진다면 천장을 막아 몇 층을 더 만들고, 광장을 나누어 여러 용도로 써야겠지요. 그러나 그렇게 해놓으면 정말 답답한 역이 되고 말 것입니다. 빈 곳이 많아야 쓸데가 많아지게 됩니다.

◦ 나는 덜 차 있습니다.

45.3 정말 곧은 사람은 휜 듯합니다. 안으로 강직한 사람은 밖으로는 굴곡이 있어 보입니다. 융통성이 없는 사람은 오히려 자신의 청렴함을 지켜내지 못합니다. 작은 부조리를 받아주면서 큰 원칙을 지켜내는 것이야말로 진정한 정직입니다.

정말 꾀 많은 사람은 어리숙한 듯합니다. 반질거리는 사람이 사람들에게 믿음을 주지는 못합니다. 훌륭한 스파이는 아무도 그를 스파이로 보지 않아야 합니다. 사기꾼처럼 생긴 사람이 사기를 잘 칠 수 없는 것과 같습니다.

정말 말 잘하는 사람은 더듬는 듯합니다. 똑 부러지듯 말하는 사람에게 처음에는 호감이 갈지는 모르지만, 결국은 그를 어려워하게 됩니다. 언젠가는 그 날렵한 혀로 나를 찌를지도 모르기 때문입니다. 그래서 가장 좋은 언변은 어눌해 보입니다.

◦ 나는 잘하려고 잘하지 않습니다.

45.4 추울 때 바삐 움직이면 춥지 않고, 더울 때 가만히 있으면 덥지 않습니다. 춥거나 더운 것이 고정적으로 있을 것 같지만 그렇지 않습

니다. 추운 것도 내가 움직이면 달아나고, 더운 것도 내가 가만히 있으면 사라집니다. 춥고 더운 것이 문제가 아니라, 내가 문제인 셈입니다. 나의 움직임이 곧 춥고 더움의 까닭이 됩니다. 주체가 외부 세계를 좌지우지하는 것입니다. 이렇듯 중요한 것은 나입니다. 그리고 내가 맑아지고 고요해지면 천하가 바로 올바르게 되는 것입니다. 자아의 청정淸靜이 세계의 근본이 됩니다.

◦ 내가 잠잠하면 세상이 제자리를 찾습니다.

46.1 천하에 도가 있으면 달리는 말로 똥을 푸고,

천하에 도가 없으면 변경에서 싸움말로 태어난다.

46.2 됐음을 알지 못하는 것보다 큰 잘못이 없고,

얻으려 함보다 큰 허물이 없다.

46.3 따라서 됐음을 아는 것이 되면 늘 된다.

46.1 天下有道, 却走馬以糞,
　　　천 하 유 도　각 주 마 이 분

天下無道, 戎馬生於郊.
천 하 무 도　융 마 생 어 교

46.2 禍莫大於不知足, 咎莫大於欲得.
　　　화 막 대 어 부 지 족　구 막 대 어 욕 득

46.3 故知足之足, 常足矣.
　　　고 지 족 지 족　상 족 의

46.1 멋진 말이 있습니다. 적토마처럼 날쌔고 영리합니다. 전쟁이 나면 용감한 장수와 함께 활개를 치고 천 리를 한숨에 달릴 것입니다. 그러나 천하가 태평하면 그런 훌륭한 말도 오히려 밭에서 똥을 뿌리는 데 쓰입니다. 발 빠르고 똑똑한 것이 소용없는 시절인 것입니다. 아니, 그런 세상이 정말 도가 있는 세상입니다.

힘센 말이 있습니다. 농마農馬처럼 끈기 있고 건강합니다. 농사지을 때 선량한 농부와 함께 산과 들로 옮겨 다니며 충직하게 살아왔습니다. 그러나 천하가 전란에 휩싸이면 그런 우직한 말도 오히려 전쟁터로 끌려가서 전마戰馬를 낳게 됩니다. 모든 말이 군용 말로 뒤바뀌게 됩니다. 어찌 이런 세상이 도가 있는 세상이겠습니까.

도가 있으면 군마軍馬도 논밭에서 똥을 푸고, 도가 없으면 농마도 전쟁터에서 새끼를 낳습니다.

◦ 나는 적토마로 똥을 치웁니다.

46.2 이만하면 됐다고 생각할 줄 알아야 합니다. 됐음을 알아야 화가 없는 것입니다. 됐음을 모르는 것보다 더 큰 잘못은 없습니다. 족함을 알지 못하면 재앙뿐입니다. 5만 원이 있는 사람은 어렵지 않게 다른 사람에게 만 원을 줄 수 있지만, 100만 원이 있는 사람은 만 원을 빼서 다른 사람을 쉽사리 도와주려 하지 않습니다. 99억이 있는 사람은 100억을 만들기 위해 악착같이 1억을 벌려고 하기 마련입니다. 그러나 몇 천 원을 가졌다면 오히려 쉽게 돈을 내놓을 수 있는 것이 사람의 마음입니다.

얻으려 하지 말아야 합니다. 자꾸 얻으려 하다가는 결국 아무것도 얻지 못하게 됩니다. 얻으려고 하는 것보다 더 큰 허물은 없습니다. 얻으려고만 하다가는 불명예스럽게 되고 맙니다. 과장이 되면 부장이, 전무가 되면 이사가, 사장이 되면 회장이 되고 싶게 마련입니다. 때로는 뒤를 돌아보면서 가야 하는데 그렇지 못하다가는 낭패를 보기 쉽습니다. 얻어지는 것은 얻되, 얻으려고는 하지 마십시오. 굳이 얻으려는 마음을 줄여야 하는 것입니다.

○ 나는 됐습니다.

46.3 됐음을 알아야 합니다. 됐음을 알아야 모든 것이 잘될 수 있습니다. 또한 됐음을 아는 데서 멈추는 것이 아니라, 됐음을 아는 것에서 됐다고 다시금 느낄 줄 알아야 합니다. 수순을 따지면 3단계입니다.

첫째는 만족하는 것이고, 둘째는 만족할 줄 아는 것이고, 셋째는 만족할 줄 아는 것을 만족하는 것입니다. 첫 번째는 보리밥을 먹고 좋아하는 것이고, 두 번째는 보리밥이라도 좋다고 여기는 것이고, 세 번째는 보리밥을 좋다고 여기는 것을 또 좋아하는 것입니다. 사과 한쪽에 즐거워하는 것이 첫 번째이고, 사과 한쪽이면 됐다고 생각하는 것이 두 번째이며, 사과 한쪽이면 됐다고 생각하는 것을 흡족히 느끼는 것이 세 번째입니다.

첫 번째는 욕구가 충족된 것이고, 두 번째는 이 정도면 되었다고 생각하는 것이고, 세 번째는 그렇게 생각하는 자기에 또다시 만족할 줄 아는 것입니다. 첫 번째가 감정이라면, 두 번째가 인지고, 세 번째는 감상입니다. 이때 세 번째의 감상은 두 번째의 인지를 거쳐 결국 첫 번째의 감정으로 나아가게 됩니다. 그것이야말로 영원히 만족스러운 것입니다. 그것은 만족의 최고 경지입니다.

○ 나는 만족 속에서 만족합니다.

제47장   나는 나다니지 않아 아는 것이 많습니다

47.1 문을 나서지 않아도 하늘 아래의 일을 알고,

　　창을 열어보지 않아도 하늘의 길(道)을 본다.

47.2 나감이 멀수록 아는 것이 적어진다.

47.3 그러므로 성인은 돌아다니지 않아도 알고, 보지 않아도 이름 부를

　　줄 알고, 하지 않아도 이루어진다.

47.1 不出戶, 知天下,
　　 불 출 호　지 천 하

　　 不窺牖, 見天道.
　　 불 규 유　견 천 도

47.2 其出彌遠, 其知彌少.
　　 기 출 미 원　기 지 미 소

47.3 是以聖人不行而知, 不見而名, 無爲而成.
　　 시 이 성 인 불 행 이 지　불 견 이 명　무 위 이 성

47.1 무엇을 알기 위해서 반드시 문을 나서야 할까요? 그렇지는 않
습니다. 집안에서도 세상 돌아가는 일을 넉넉히 알 수 있습니다. 꼭 싸
돌아다녀야만 되는 것은 아닙니다. 정말로 세상을 알기 위해서는 문
밖을 나서지 않아야 하는지도 모릅니다. 고요한 자기 마음을 통해 요
동치는 세계를 읽는 것이지요. 자기가 외물外物 때문에 흔들거리면, 세

상일이 보일 리 없습니다. 문을 나서지 않아도 천하가 보이는 것, 그것이야말로 위대한 일이지요.

무엇을 보기 위해서 반드시 창을 열어야 할까요? 그렇지는 않습니다. 방 안에서도 우주의 원리를 충분히 알 수 있습니다. 꼭 무엇인가를 보아야만 되는 것은 아닙니다. 보고 아는 것은 안 보고도 아는 것만 못합니다. 엿보지 않고도 미루어 볼 수 있는 것이 무엇보다도 중요합니다. 님이 언제 오나 기다리다 틈 사이로 엿보고 오는 줄 아는 것은, 님의 마음을 미리 살펴 오늘을 챙길 줄 아는 것보다 못합니다. 창을 열지 않아도 천도天道가 보이는 것, 그것이야말로 대단한 일이지요.

◦ 나는 나가지도, 엿보지도 않습니다.

47.2 멀리 다닌다고 아는 것이 많아지는 것은 아닙니다. 세계 여행을 아무리 많이 다녔다고 해서 그의 지혜가 누구보다 뛰어나게 되는 것은 아닙니다. 마음이 열려 있지 않은 한, 그는 그저 껍데기만을 만지고 다니는 것일 뿐 진정한 앎을 얻지는 못합니다. 시골 마을에 박혀 있더라도 눈과 귀를 열어놓고 있으면 누구보다 세계를 잘 볼 수도 있는 것입니다. 죽을 때까지 마을을 떠나지 않았던 철학자의 이야기를 우리는 알고 있습니다. 그는 한곳에 머무를 줄 알았기 때문에 더욱 많은 것을 보고 들을 줄 알았던 것입니다. 어떤 스님도 평생 산속 오두막에서 진리를 설파하였습니다. 그는 산중에서 속세를 읽을 줄 알았던 것입니다. 이렇듯 멀리 나갈수록 오히려 아는 것이 적어지기도 하는 것입니다. 조심하십시오. 자꾸 나다니다가는 앎이 줄어들고 맙니다.

◦ 나는 나다니지 않아 아는 것이 많습니다.

47.3 돌아다니면서 알게 되는 것도 좋은 일일지 모릅니다. 보아서 그 이름을 아는 것도 좋은 일일지 모릅니다. 애써 일을 해서 무엇인가를 이루는 것도 좋은 일일지 모릅니다. 그러나 가장 좋은 것은 돌아다니지 않아도 알고, 보지 않아도 이름 부를 줄 알고, 하지 않아도 이루어지는 것입니다.

세상은 넓어서 모두 다닐 수 없지만 우리의 가슴을 활짝 열면 세계가 우리 마음속에서 이해됩니다. 사물은 많아서 모두 이름 부를 수 없지만 우리의 눈을 크게 뜨면 사물이 우리의 머릿속에서 차곡차곡 정리됩니다. 할 일은 많아서 모두 다 이룰 수 없지만 우리의 손을 아예 털어버리면 저절로 이루어집니다.

◦ 나는 발을 붙이고 눈을 감고 손을 털었습니다.

제48장　나는 덜다 보니 할 일이 없어졌습니다

48.1 배움을 하면 날마다 쌓아지고, 도를 하면 날마다 덜어진다.

48.2 덜고 또 더니 함이 없음에 이른다.

48.3 함이 없지만 하지 않는 것이 없다.

48.4 천하를 취할 때는 늘 일삼음 없이 한다.

　　　일삼음이 있으면 천하를 취할 수 없다.

48.1 爲學日益, 爲道日損.
　　　위 학 일 익　위 도 일 손

48.2 損之又損, 以至於無爲.
　　　손 지 우 손　이 지 어 무 위

48.3 無爲而無不爲.
　　　무 위 이 무 불 위

48.4 取天下, 常以無事.
　　　취 천 하　상 이 무 사

　　　及其有事, 不足以取天下.
　　　급 기 유 사　부 족 이 취 천 하

　48.1 학교에서 배우는 것은 지식을 넓히는 것입니다. 더하기, 빼기, 곱하기, 나누기에서부터 정치, 경제, 사회, 문화를 배웁니다. 그러나 그것을 배우는 것이 반드시 진리에 가까워지는 것일까요? 그렇지 않습니다. 계산을 잘하면 회계에 밝아져 숫자놀이로 나쁜 짓을 하기 십

상입니다. 정치를 배우면 술수를 배우고, 경제를 배우면 사기를 배우고, 사회를 배우면 착취를 배우고, 문화를 배우면 위선을 배우기 쉽습니다. 배운다는 것은 자기 본성에 무엇인가를 덧붙이는 것에 불과합니다. 그래서 자기는 온데간데없고 오히려 덕지덕지 붙여진 이상한 형체만이 남게 됩니다.

따라서 진리를 찾는 것은 쌓는 것이 아니라 오히려 덜어내는 것입니다. 그동안 내 몸에 달라붙은 쓸데없는 허식과 가장을 벗어버리는 것이 도를 닦는 것입니다. 학식, 명예, 자격, 기능, 수완 등 그 모두를 잊어버려야 합니다. 처음의 내 모습 그대로로 돌아가기 위해서는 내 몸의 군더더기인 사마귀 같은 것들을 잘라내야 합니다. 껍데기가 아닌 알맹이야말로 나인 것입니다.

배우면 쌓이는 것만 늘어나지만, 길을 찾다 보면 모든 것을 덜어내게 됩니다. 배우는 것은 쌓아놓기요, 도를 닦는 것은 덜어내기입니다.

◦ 나는 버리고 또 버립니다.

48.2 이제 더 이상 버릴 것이 없는 상태에 이르러보십시오. 정말 할 것이 없을 것입니다. 돈에 대한 욕심도 버리고, 이름에 대한 욕구도 버리고, 오래 살고 싶은 욕망도 버려보십시오. 굳이 일을 벌일 까닭이 없습니다. 돈을 벌고자 해야 장을 열고, 이름을 날리고자 해야 잘난 척을 하고, 오래 살고 싶어해야 뜀뛰기를 하는 것입니다. 돈도, 이름도, 오래 살고자 하는 마음도 버렸는데 굳이 일을 벌일 것이 무엇이 있겠습니까.

덜어내기는 거기까지 가야 합니다. 참다운 덜어내기란 있는 것을 남겨두고 넘치는 것을 덜어내는 것이 아닙니다. 제 몫을 챙겨놓는 것은 벌써 덜고 또 더는 것이 아닙니다. 그것은 더는 시늉만 하는 것일 뿐입니다. 덜어내기가 참으로 이루어졌을 때, 우리는 정말 아무것도 함이 없게 됩니다.

∘ 나는 덜다 보니 할 일이 없어졌습니다.

48.3 아무것도 하지 않는 것이 반드시 하는 일이 없다는 것은 아닙니다. 나무는 그 자리에서 아무것도 하지 않는 것 같지만, 우리에게 필요한 수많은 일을 해내고 있습니다. 흙도 아무것도 아닌 것 같지만, 흙 없이 우리는 살아갈 수 없습니다. 공기는 말할 것도 없습니다.

사람도 아무것도 하지 않는 듯하지만 정말 많은 일을 해내고 있는 사람들이 많습니다. 우리의 어머니는 아무것도 하고 있지 않은 듯하지만 정말 많은 일을 해내고 있습니다. 아버지도 우두커니 서 있기만 한 듯하지만, 아버지의 자리는 너무도 큽니다.

풀과 곡식이 자라는 데 바람이 필요 없는 것 같지만, 바람이 불지 않으면 그것들은 제 모습을 갖추지 못합니다. 이렇듯 아무것도 하지 않는 듯하지만 모든 일을 이루어내는 것이야말로 진정한 자연의 원리이자 동력입니다.

∘ 내가 하지 않으니 모든 것이 이루어집니다.

48.4 이 세계를 어떻게 운영할 수 있을까요? 흔히들 이 세계를 얻기 위해서는 무엇인가 하지 않으면 안 된다고 생각하기 쉽습니다. 그러나 이 세계가 그렇게 얻어질 수 있을까요? 세계는 단순하지 않고 너무

도 복잡해서 얻으려 하다 보면 자꾸만 멀어지게 됩니다. 잡으려다 보면 빠져나가고, 세게 쥐다 보면 뭉그러집니다.

그래서 이 세계를 얻는 방법은 일삼음이 없는 것이 제일인 것입니다. 얻으려 하지 말고, 아무 일 없다는 듯 지켜만 보십시오. 그러면 세계는 자기의 손안으로 들어옵니다. 만일 세계를 얻으려고 일삼는다면 세계는 요리조리 달아나고 말 것입니다.

◦ 나는 천하를 일삼음이 없습니다.

제49장　나는 잘하거나 못하거나 잘해줍니다

49.1 성인은 늘 그러한 마음이 없이, 백성의 마음을 마음으로 삼는다.

49.2 잘하는 사람에게는 나도 잘하고, 잘 못하는 사람에게도 나는 잘한다.

[그러니 나의] 덕은 잘하는 것이다.

49.3 믿음직스런 사람은 나도 믿고, 믿음직스럽지 못한 사람도 나는 믿는다.

[그러니 나의] 덕은 믿는 것이다.

49.4 성인은 천하에 맞추려 하는구나. 천하를 위하여 그 마음을 함께하는구나.

49.5 백성은 모두 그 귀와 눈을 바라보고, 성인은 그들을 아기처럼 여긴다.

49.1 聖人無常心, 以百姓心爲心.
성 인 무 상 심　이 백 성 심 위 심

49.2 善者, 吾善之, 不善者, 吾亦善之.
선 자 오 선 지 불 선 자 오 역 선 지

德, 善.
덕 선

49.3 信者, 吾信之, 不信者, 吾亦信之.
신 자 오 신 지 불 신 자 오 역 신 지

德, 信.
덕 신

49.4 聖人在天下, 歙歙焉, 爲天下渾其心.
성 인 재 천 하 흡 흡 언 위 천 하 혼 기 심

49.5 百姓皆注其耳目, 聖人皆孩之.
백 성 개 주 기 이 목 성 인 개 해 지

49.1 가장 위대한 인격을 갖춘 성인이 고정된 마음이 있을까요? 없습니다. 성인은 늘 그러하게 갖춰진 마음이 없습니다. 그는 사람에 따라 그의 마음을 맞출 뿐입니다. 강한 사람에게는 강하게, 약한 사람에게는 약하게 대하면서 상대방에게 자신의 마음을 맞춥니다. 거친 사람에게는 부드럽게, 외로운 사람에게는 다정하게 대해주면서 상대방을 자신의 마음으로 달래줍니다. 추운 사람에게는 따뜻하게, 더운 사람에게는 시원하게 해주는 것이지요. 그러니 성인이 하나로 고착된 마음이 있을 수 없겠지요.

사람에 따라 자유자재로 변하는 큰 그릇이야말로 성인의 마음인 것입니다. 백성이 네모나면 네모난 그릇으로, 둥글면 둥그런 그릇으로 변해줍니다. 그렇듯 성인은 자기의 마음은 없고, 백성의 마음을 자기의 마음으로 삼습니다.

◦ 내 마음은 여러분의 마음입니다.

49.2 잘하는 사람은 어떻게 대해주어야 할까요? 잘 대해줘야 합니다. 실력 있는 사람은 실력으로 대접해줘야 잘하는 것입니다. 그런데 못하는 사람은 어떻게 대해주어야 할까요? 못 대해줘야 할까요? 아닙니다. 그에게도 잘 대해줘야 합니다. 못한다고 깔보거나 얕보지 말고 끝까지 잘 대해주는 것이야말로 잘하는 것입니다. 하수가 고수에게 뭐 하나 배우겠다고 부탁을 하는데, 고수가 실력이 안 된다고 무시해버리면 하수가 배우고 싶겠습니까. 오히려 원한만 사기 십상입니다. 아무리 하수래도 고수를 대하듯 성심성의껏 잘해주는 것이야말로 성인의 길입니다.

따라서 덕은 잘해주는 것입니다. 상대방의 실력 여하를 막론하고 잘 대해주는 것이 바로 성인의 덕입니다.

○ 나는 잘하거나 못하거나 잘해줍니다.

49.3 믿음직한 사람은 어떻게 대해주어야 할까요? 믿어야 합니다. 나를 믿는 사람을 나도 믿는 것이 바로 믿음의 바탕인 것입니다. 그런데 믿음직스럽지 못한 사람은 어떻게 해야 할까요? 믿지 말아야 할까요? 아닙니다. 그도 믿어주어야 합니다. 믿음직스럽지 못하다고 따돌리거나 못 본 척하지 말고 끝까지 믿어주는 것이야말로 믿는 것입니다. 의심이 많은 사람은 무엇을 잘 알지 못해서 그렇기 쉽습니다. 불안하고 초조한 그들에게 믿음을 주어보십시오. 그러면 그들도 금세 스스로 믿음직스러워질 것입니다. 그들이 믿음직스럽지 못한 것은 오히려 내가 그들에게 믿음직스럽지 않기 때문입니다. 성인은 누구에게나 믿음직스럽습니다.

따라서 덕은 믿는 것입니다. 상대방이 누구라도 개의치 않고 믿어주는 것이 바로 성인의 덕입니다.

○ 나는 믿음직스러워도 그렇지 않더라도 믿습니다.

49.4 완전한 인격은 이 세상에서 독특하거나 특별한 것이 아닙니다. 오히려 그것은 움츠러들어 있습니다. 멀리 뛰거나 넓게 퍼져 있는 것이 아닙니다. 그것은 오므라들어 있기 때문에 잘 보이지도, 눈에 확 띄지도 않지만 딱 알맞게 그 자리에 있습니다. 마치 맞춤 같습니다.

큰 것에게는 크게, 작은 것에는 작게 맞아떨어지고 있습니다. 빠른 놈에게는 빠르게, 느린 놈에게는 느리게 알맞도록 맞춰지고 있습니다. 성인은 세상을 위하여 자기의 마음을 그 속에 섞어버렸습니다. 마음이 세상 속에서 뒤섞여버린 것입니다.

∘ 나의 마음은 천하 속에 녹아버렸습니다.

49.5 사람들은 성인의 눈과 귀만 바라봅니다. 성인의 눈빛 하나, 몸짓 하나에서도 그들은 평화를 느낄 수 있기 때문입니다. 성인의 마음이 사람들의 마음과 하나가 되었으니, 사람들은 성인의 눈빛과 몸짓 하나를 통해서도 자신을 바라볼 수 있습니다. 마치 맑은 거울에 비친 나의 모습을 보듯이 사람들은 성인을 자꾸 바라만 봅니다.

백성은 더 이상 정치 지도자를 강제적으로 따라야 하는 수동적 인물들이 아닙니다. 백성은 인격적인 지도자의 일거수일투족에 따라 자신의 행동을 결정하는 능동적 인물이 되었습니다. 이때 성인은 백성을 아기를 바라보듯 합니다. 따사로운 눈빛으로 그들의 얼굴을 살피고, 쫑긋 세운 귓바퀴로 그들의 소리를 들으려 합니다.

엄마는 아기에게 눈과 귀를 열어놓습니다. 다른 사람은 보이지 않더라도 엄마에게는 아기가 아픈 것이 살펴지고, 다른 사람은 들리지 않더라도 엄마에게는 먼 곳의 아기 울음소리가 들립니다. 아기도 엄마의 눈빛과 몸짓 하나로 울고 웃습니다. 엄마가 우스운 표정이나 소리를 내면 방긋방긋 웃다가도, 화난 듯하면 금세 울음을 터뜨리고 맙니다. 이렇게 엄마와 아기처럼 한 몸이 되는 것이 이상적인 정치입니다.

∘ 나는 엄마이고, 사람들은 아기입니다.

제50장   나는 죽음을 잊어버린 채 오래 삽니다

50.1 삶에서 나와서 죽음에로 들어간다.

삶의 무리는 열의 셋이고, 죽음의 무리도 열의 셋이다.

사람이 살면서 죽음의 땅으로 움직이는 것도 열의 셋이다.

왜 그런가? 그들은 살고도 [더욱] 살고자 덧붙이기 때문이다.

50.2 듣자하니 섭생을 잘하는 사람은, 길거리에서도 코뿔소와 호랑이를

만나지 않는다.

전쟁에 나가서도 갑옷과 창칼을 걸치지 않고,

코뿔소도 그 뿔을 들이받을 데가 없고,

호랑이도 그 발톱을 쓸 데가 없고,

병기도 그 칼날을 집어넣을 데가 없다.

왜 그런가? 그들은 죽음의 땅이 없기 때문이다.

50.1 出生入死.
　　　출 생 입 사

生之徒十有三, 死之徒十有三.
생 지 도 십 유 삼　사 지 도 십 유 삼

人之生, 動之於死地, 亦十有三.
인 지 생　동 지 어 사 지　역 십 유 삼

夫何故? 以其生生之厚.
부 하 고　이 기 생 생 지 후

50.2 蓋聞善攝生者, 陸行不遇兕虎.
　　　개 문 선 섭 생 자　륙 행 불 우 시 호

210

入軍不被甲兵,
입군 불피 갑병

兕無所投其角,
시 무소 투 기 각

虎無所用其爪,
호 무소 용 기 조

兵無所容其刃.
병 무소 용 기 인

夫何故? 以其無死地.
부 하 고   이 기 무 사 지

50.1 사람은 살다가 죽습니다. 태어나는 것이 어디에서인가 나오는 것이라면, 죽는 것은 그 어디엔가로 들어가는 것이겠지요. 따라서 살고 죽는 것은 들고 나는 것과 같습니다. 우리네 생사生死는 하나의 출입出入이지요. 우리는 모두 이렇게 들어와서 살아 있다가는 저렇게 나가서 죽습니다. 아기가 태어나면 출생신고를 하고, 늙어 죽으면 사망신고를 합니다. 그러나 제대로 말하면 출생出生의 반대말은 입사入死입니다. 본원에서 나와 본원으로 들어간다는 점에서 삶은 나오는 것이고 죽음은 들어가는 것이지요. 우리말의 '돌아가셨다'는 표현은 그러한 정신을 잘 표현하고 있습니다. 죽은 이는 떠나간 것이 아니라 돌아간 것이라는 뜻이지요.

태어나서 잘 사는 것이 열의 셋이라면, 태어나서 죽는 것도 열의 셋입니다. 그런데 재밌게도 잘 살게 태어났지만 죽음의 길로 치닫는 이도 많아, 열의 셋이나 됩니다. 가만히 있으면 그냥저냥 살 텐데, 잘못된 땅을 밟아 죽음으로 이어지는 것입니다.

왜 이런 일이 벌어질까요? 그것은 삶에 너무도 집착했기 때문입니다. 금전과 명예와 애욕에 빠져 참다운 삶을 잊어버리고, 삶에 또 다른 삶을 덧붙이고자 했기 때문입니다. 삶을 자꾸 이어가려다가 망해버리고 마는 것입니다. 삶은 그대로 내버려두어야 하는데도, 삶을 엉뚱한 삶으로 이어 나갔기 때문입니다. 그렇게 비대해진 삶이 우리를 죽음의 땅으로 내몰게 됩니다.

° 나는 삶에 다른 삶을 덧붙이지 않습니다.

50.2 섭생攝生을 잘하는 사람 이야기를 들어본 적이 있습니다. 그 사람은 산으로 들로 쏘다니는데도 코뿔소나 호랑이를 만나지 않는다고 합니다. 밀림 속에서도 맹수를 만나지 않는다니, 놀라지 않을 수 없습니다.

군대에 가서도 전투병으로 쓰이지 않는다고 합니다. 기갑병機甲兵으로 총알받이를 하지 않는다고 합니다. 특공대는 멋있어 보일 뿐, 전쟁이 터지면 가장 먼저 죽게 마련입니다.

코뿔소도 자기의 뿔로 들이받지 않는다고 합니다. 코뿔소에 한 번 받히면 사망이거나, 적어도 중상입니다. 그러나 코뿔소는 그가 적이 되지 않는 줄 이미 알고 있습니다.

호랑이도 자기의 발톱을 쓸 데가 없다고 합니다. 호랑이는 죽은 동물을 건드리지 않습니다. 그런데 그의 형체는 너무도 보잘것없어 호랑이의 시각과 후각을 자극하지 않습니다.

칼과 창도 그 날카로운 날을 휘집어넣을 데가 없다고 합니다. 상대방이 덤빌 때 칼과 창도 쓰이는 것입니다. 싸울 의향이 전혀 없는 그를 죽이지는 않습니다.

왜 이런 일이 있을 수 있을까요? 그 사람에게는 이미 죽음이라는 세계가 없기 때문입니다. 그는 죽음을 잊어버렸습니다. 그는 삶과 대비되는 죽음이라는 영역을 갖고 있지 않습니다. 삶을 덧붙이려고 하지 않듯이, 죽음의 땅도 아예 없애버린 것입니다.

◦ 나는 죽음을 잊어버린 채 오래 삽니다.

제51장　　나는 숨어 있습니다

51.1 도는 낳고, 덕은 기른다.

　　일이 꼴을 갖추면, 힘이 이룬다.

　　그러므로 만물은 도를 높이고 덕을 귀하게 여기지 않음이 없다.

　　도를 높이고 덕을 귀하게 여김은 시켜서가 아니라 늘 스스로 그러

　　한 것이다.

51.2 따라서 도는 낳고, 덕은 기른다.

　　키우고 먹이며, 고르고 안 아프게 하며, 기르고 겪게 한다.

51.3 낳으면서도 갖지 않고, 하면서도 자랑하지 않고, 키우면서도 다스

　　리지 않으니, 검은 덕(玄德)이라고 한다.

51.1 道生之, 德畜之.
　　　도 생 지　덕 휵 지

　　　物形之, 勢成之.
　　　물 형 지　세 성 지

　　　是以萬物莫不尊道而貴德.
　　　시 이 만 물 막 부 존 도 이 귀 덕

　　　道之尊, 德之貴, 夫莫之命而常自然.
　　　도 지 존　덕 지 귀　부 막 지 명 이 상 자 연

51.2 故道生之, 德畜之.
　　　고 도 생 지　덕 휵 지

　　　長之育之, 亭之毒之, 養之履之.
　　　장 지 육 지　정 지 독 지　양 지 리 지

51.3 生而不有, 爲而不恃, 長而不宰, 是謂玄德.
생 이 불 유 위 이 불 시 장 이 부 재 시 위 현 덕

51.1 세상사에서 빠지지 않는 일이 있습니다. 그것은 새 생명의 탄생과 오랜 생명의 고사입니다. 세계는 늘 그저 그런 것 같지만 분명히 달라지고 있습니다. 옛것은 가고 새것이 오고 있습니다.

나뭇잎은 봄이면 새로 나서 가을이면 집니다. 그리고 새 잎이 다시 봄에는 매달리고 가을에는 떨어집니다. 창밖의 풍경이 변하는 것은 새로운 삶이 다가옴을 보여줍니다. 창이 그대로이기 때문에 마치 변하지 않는 것처럼 느껴질지도 모릅니다. 그러나 그것은 엄연한 착각입니다.

사람도 바뀝니다. 오늘도 많은 사람이 죽어가고, 많은 사람이 태어나고 있습니다. 병원은 출생증명서를 발행하는 곳이기도 하고, 사망진단서를 발급하는 곳이기도 합니다. 병원의 한쪽에서는 축하가, 다른 한쪽에서는 애도가 벌어집니다. 집도 마찬가지입니다. 집에서는 아기가 자라기도 하지만, 늙은이가 죽어가기도 합니다.

변하는 것을 바라보는 나도 마찬가지입니다. 나는 늘 그대로인 듯하지만 결코 아닙니다. 나도 죽어가고 있습니다. 어제 본 나무가 오늘의 그 나무가 아니듯, 오늘의 내가 이튿날의 내가 아닙니다. 살아가는 것은 곧 죽어가는 것입니다.

이런 과정에서 우리는 도와 덕을 만납니다. 도의 역할은 마치 생명을 탄생시키는 것과 같고, 덕의 역할은 그 생명을 양육하는 것과 같습니다. 우리는 이러한 도와 덕의 작용 속에서 살아갑니다. 도는 말없이

그 자리에 있을 뿐이지만 생명을 주는 아버지 같고, 덕은 생명이 튼튼하게 자라도록 보살펴주는 어머니 같습니다. 물건이 형체를 이루면, 어떤 힘이 그를 완숙시켜주는 것과 마찬가지입니다. 내가 이런 모양을 갖고 태어난 것은 도 때문이지만, 내가 이렇게 자라난 것은 덕 때문입니다. 자기의 모양을 갖추게 되면, 그다음은 그것의 내재적이거나 외래적인 힘으로 자신을 완성시킵니다.

콩이 콩으로 태어나는 것을 도라고 하고, 콩이 콩나물로 자라는 것을 덕이라고 합니다. 콩나물을 먹기 위한 콩이기 때문에 콩보다 콩나물이 중요하다고 할 수는 없습니다. 콩이 없으면 콩나물도 있을 수 없기 때문입니다. 도와 덕 때문에 우리는 먹고살 수 있습니다.

달걀이 도라면, 닭이 덕입니다. 달걀이 없으면 닭이 될 수 없고, 닭이 없으면 달걀이 있을 수 없습니다. 닭이 먼저냐, 달걀이 먼저냐고 우리는 묻지 않습니다. 우리는 그것이 곧 도와 덕의 작용이라고 말합니다.

그렇기 때문에 만물은 도를 높이고 덕을 귀하게 여기는 것입니다. 도를 높임은 만물이 그렇게 태어난 까닭이고, 덕을 귀히 여김은 만물이 그렇게 자라기 때문입니다. 씨앗은 도이고, 호박은 덕입니다. 꽃씨는 도이고, 꽃은 덕입니다. 도 때문에 만물이 나름의 온전한 형태를 갖추게 되고, 덕 때문에 자기 속에 담겨 있는 완성을 향해 기세 있게 나아가는 것입니다.

도를 높이고 덕을 귀히 여기는 것이 누가 시켜서라고 생각하지는 마십시오. 아무도 그래라 말아라 하지 않습니다. 그렇게 하는 것은 언제나 그래왔듯이 스스로 그러한 것일 따름입니다.

◦ 나는 씨앗이자 꽃입니다.

51.2 도가 낳고, 덕은 기릅니다. 도는 탄생을, 덕은 양육을 맡고 있습니다. 도가 없으면 출생이 없고, 덕이 없으면 완성이 없습니다. 도가 없으면 만물은 자신이 어떻게 무엇으로 자랄지 모릅니다. 덕이 없으면 아무리 좋은 태생이라도 양분을 받지 못하여 자라지 못하고 맙니다. 도는 흠 없는 종자이고, 덕은 그것을 키우는 영양소입니다. 만물의 잘 짜인 계획이 도라면, 그것에게 햇볕과 물을 공급하는 것이 덕입니다. 도는 설계도와 같고, 덕은 철근이나 콘크리트와 같습니다. 도는 나에게 팔과 다리를 주었고, 덕은 물과 젖으로 힘을 주었습니다. 도는 계획이고, 덕은 활력입니다.

도와 덕의 작용으로 만물을 키우기도 하고 먹이기도 합니다. 한쪽으로 치우치지 않도록 고르게 하며, 아픈 데가 있으면 없애줍니다. 한편으로는 기르면서, 한편으로는 이러저러한 것을 겪게 합니다. 이러한 과정에서 만물은 완성됩니다.

॰ 나는 온갖 것을 낳고 기릅니다.

51.3 그렇다고 도와 덕이 잘난 척을 할까요? 모두 내 도고 내 덕이라고 여길까요? 아닙니다. 도는 하기만 할 뿐, 이루어진 것에 대해 이러저러하지 않습니다.

생명을 탄생시키고도 그것을 소유하려 들지 않습니다. 부모가 자식을 낳았다고 자식이 부모 것입니까? 그들은 그들대로 살아갈 뿐입니다. 자식은 자신들의 삶의 양식을 갖고 자신들의 미래를 향해 나아갑니다. 부모는 그들을 바라만 보아야지 이리저리 끌고 다녀서는 안 됩니다. 소유하려 들지 마십시오.

217

행동을 완수하고도 내가 했다고 자랑하지 않습니다. 어떤 일이 이루어지는 데 내가 역할을 했다고 그 일이 자신의 일일까요? 일은 일 나름의 논리 가운데 이루어지는 것입니다. 만약 사람이 무엇을 하고자 하여 다 이루어진다면 불가능이란 것은 없겠지요. 그러나 일은 사람과 때를 만나 이루어지는 법입니다. 자랑하지 마십시오.

양육하면서도 조종하려 들지 않습니다. 내가 밥을 먹여 키웠다고 그것이 곧 나의 것입니까? 밥을 준 것은 나이지만, 먹은 것은 내가 아닙니다. 거름을 주었다고 내가 다 키웠다고 생각하지 마십시오. 그놈은 그놈대로 자라나고 있는 것입니다. 좌지우지해서는 안 됩니다. 주재하거나 통제하지 마십시오.

이러한 것이야말로 진정한 덕의 실현입니다. 어머니가 아이를 기르고도 내 것이라 하지 않는 것, 노래를 가르치고도 너의 노래라 하는 것, 다 키운 너에게 이래라저래라 하지 않는 것, 이런 것이 곧 참다운 덕입니다. 그러한 덕을 우리는 검은 덕(玄德), 다시 말해 숨어 있는 덕이라고 합니다.

◦ 나는 숨어 있습니다.

제52장　나는 틈을 막아둡니다

52.1 천하에 처음이 있으니 천하의 어머니로 여긴다.

그 어머니를 얻었으니 그 아이를 안다.

그 아이를 알았으니 그 어머니에게 돌아가 지키므로, 죽도록 위태

롭지 않다.

52.2 틈을 막고, 문을 닫으면, 죽을 때까지 힘들지 않는다.

틈을 열고, 일을 벌이면, 죽을 때까지 건져지지 못한다.

52.3 작은 것을 보는 것을 밝음이라 하고, 부드러운 것을 지키는 것을 힘

셈이라고 한다.

그 빛을 쓰고 그 밝음에로 돌아가니 몸에 재앙이 남아 있지 않다.

이를 일러 늘 그러함을 익힌다고 한다.

52.1 天下有始, 以爲天下母.
천 하 유 시　이 위 천 하 모

旣得其母, 以知其子.
기 득 기 모　이 지 기 자

旣知其子, 復守其母; 沒身不殆.
기 지 기 자　복 수 기 모　몰 신 불 태

52.2 塞其兌, 閉其門, 終身不勤.
새 기 태　폐 기 문　종 신 부 근

開其兌, 濟其事, 終身不救.
개 기 태　제 기 사　종 신 불 구

52.3 見小曰明, 守柔曰强.
견 소 왈 명　수 유 왈 강

用其光, 復歸其明, 無遺身殃.
용 기 광 복 귀 기 명 무 유 신 앙

是謂習常.
시 위 습 상

52.1 세상에는 처음이 있기 마련입니다. 사람으로 따지면 어머니 같은 것이지요. 그래서 우리는 세계의 처음을 '천하의 어머니'라고 부릅니다. 어느 생명이든 어머니로부터 나온 것입니다. 어머니 없는 아이는 없지요.

먼저 어머니를 얻으십시오. 그것이 무엇보다도 중요합니다. 어머니 없이 아이가 있을 수 없습니다. 그럼으로써 아이를 알게 됩니다. 송아지는 묶어서 다니지 않습니다. 어미 소를 몰고 다니면 송아지는 절로 따라옵니다. 어머니를 얻으면 아이를 알게 되는 도리가 여기에 있습니다.

아이를 알게 되었으면 어머니로 되돌아가십시오. 역시 중요한 것은 아이라기보다 어머니입니다. 송아지를 얻기 위해서 암소를 사고, 암소 덕분에 송아지를 얻을 수 있었습니다. 그러나 파는 것은 송아지이지 암소가 아닙니다. 암소가 있어야 다시 송아지를 얻을 수 있습니다.

어머니를 지키십시오. 그래야 위태롭지 않습니다. 자칫 어머니를 우습게 여기다가는 망신당하고 맙니다. 어머니는 아이보다 먼저입니다.

∘ 나는 천하의 어머니입니다.

52.2 우리 몸에는 여러 틈이 있습니다. 눈, 코, 귀, 입이 모두 벌어져 있는 곳입니다. 우리는 그 틈새를 통해 외부와 만납니다. 만나는 순간,

우리는 동요합니다. 예쁜 것을 보면 갖고 싶어하고, 맛난 냄새에 고개가 돌아가고, 즐거운 소리에 춤을 추고, 입으로 온갖 것을 집어넣고자합니다. 욕망은 그 틈으로 들어옵니다.

틈을 막으십시오. 문을 닫으십시오. 그러면 우리는 피곤하지 않고평정을 찾을 수 있습니다. 이목구비를 벌리지 말고 조용히 닫아보십시오. 그러면 우리는 죽을 때까지 힘들지 않을 수 있습니다.

틈을 열고 일을 벌이면, 그 끝은 보지 않아도 뻔합니다. 우리의 감각기관을 모두 열어놓고 있으면 우리에게 얻어지는 것은 미혹과 혼란뿐입니다. 일을 벌이지 마십시오. 그에 앞서 우리의 감각기관을 닫아보십시오. 그렇지 않으면, 우리는 죽을 때까지 구제되지 못합니다. 미망의 세계에서 구원되지 못합니다.

◦ 나는 틈을 막아둡니다.

52.3 큰 것은 누구에게나 보입니다. 문제는 작은 것을 얼마나 잘 보느냐에 달려 있습니다. 작은 것을 잘 보는 것이 바로 밝음입니다. 눈이밝다는 것은 큰 것이 아니라 작은 것과 상관있습니다. 태산이 아니라바늘구멍을 찾는 것이 밝음입니다.

힘센 것은 쉽게 눈에 띕니다. 덩치가 크고 힘이 넘치는 것을 모를 리없겠지요. 그러나 그것이 힘센 것은 아닙니다. 힘셈을 부드러움에 실을 줄 알아야 정말 힘이 센 것입니다. 힘센 것은 부러지기 쉽습니다. 부드러움을 지키는 것이 정말로 힘센 것입니다. 업어치기 한판 하는운동을 우리는 '부드러운 길'이라는 뜻으로 유도柔道라고 부르지 않습니까.

그런 빛을 써보십시오. 바늘구멍으로 들어가는 빛, 너무도 실같이 부드러운 빛, 그렇게 밝음에로 돌아갈 수 있으면, 우리에게 허물은 남지 않습니다. 어떤 재앙도 우리를 피하여 갑니다. 내 몸을 해칠 것은 아무것도 없습니다.

이런 것을 '늘 그러함을 익힌다(習常)'고 합니다. 작은 것, 부드러운 것이야말로 자연의 변하지 않는 진리이기 때문입니다. 나무에 쇠못을 박으려 들지 말고, 먼저 바늘구멍에 부드러운 실부터 꿰어보십시오. 그러면서 어떤 것이 더 어려운가 생각해보십시오. 그 도리를 배우는 것이 무엇보다도 필요합니다. 몸 깊이 그 도리를 간직하십시오.

◦ 나는 밝음과 부드러움을 간직합니다.

222

제53장 나는 큰길로 갑니다

53.1 내게 앎이 있어 큰길(大道)을 가라면, 오직 [옆으로] 빠지는 것을 무
서워하리라.

큰길은 무척 넓지만 사람들은 샛길을 좋아한다.

53.2 조정이 무너지고, 논밭이 우거지고, 창고가 비었다.

옷 무늬가 빛나며, 날카로운 칼을 차며, 질리도록 먹고 마시며, 보물
과 돈이 넘친다.

이를 일러 큰 도둑이라고 한다.

도가 아니도다.

53.1 使我介然有知, 行於大道, 唯施是畏.
　　　사 아 개 연 유 지　행 어 대 도　유 시 시 외

　　大道甚夷, 而民好徑.
　　　대 도 심 이　이 민 호 경

53.2 朝甚除, 田甚蕪, 倉甚虛.
　　　조 심 제　전 심 무　창 심 허

　　服文綵, 帶利劍, 厭飮食, 財貨有餘.
　　　복 문 채　대 리 검　염 음 식　재 화 유 여

　　是謂盜夸.
　　　시 위 도 과

　　非道也哉.
　　　비 도 야 재

223

53.1 나는 아는 것이 없습니다. 그렇지만 내게 앎이 있다면, 나는 큰길을 가겠습니다. 큰길을 가는 것은 무엇보다도 중요합니다. 큰길은 복잡하거나 애매하지 않습니다. 큰길은 누구나 갈 수 있는 길입니다. 앞으로 쭉 뻗은 탄탄대로입니다. 큰길로 가십시오.

큰길을 가면서도 두려워하는 것이 있다면 자꾸만 옆으로 빠지고 싶은 마음입니다. 나는 그런 마음을 가장 경계합니다. 사람들은 큰길을 내버려두고 지름길이랍시고 좁은 길로 자꾸만 들어섭니다. 그러다가는 길을 잃고 헤매기도 하며, 빠져나오지 못하고 맙니다. 샛길은 아무 때나 다니는 것이 아닙니다.

자동차가 좁은 길로 요리조리 가는 것은 좋지 않은 일입니다. 막힌다고 골목을 누비는 것이 빠를 것 같지만 결과적으로는 큰길보다 못할 때가 많습니다. 썩어도 준치라고 했지요. 고속도로가 막혀도 사람들이 그 길로 다니는 것은 아무래도 편하고 빠르기 때문입니다. 괜히 골목을 다니다 아이들이라도 튀어나오면 어떻게 합니까. 안타깝습니다. 큰길은 넓고도 쉬운데, 사람들은 샛길을 좋아합니다.

그 큰길이 이른바 대도大道입니다. 대도라는 것은, 별다른 것이 아니라, 대로라는 뜻입니다. 골목길이 아닌 큰길로 다니십시오. 지름길이 반드시 좋은 것은 아닙니다.

∘ 나는 큰길로 갑니다.

53.2 세상에 망조亡兆가 들 때가 있습니다. 그때는 주위 환경과 지도자의 모습에서 그 징표가 드러납니다.

먼저, 일을 해야 할 정부 건물이 쓰러져갑니다. 건물이 낡은 것이다,

새것이다가 중요한 것이 아닙니다. 건물이 제 역할을 못 한다는 것입니다. 유리창은 깨져 있고, 거미줄이 얼기설기 쳐져 있고, 계단이 부서져 있으면, 그곳이 국민을 위해 일하는 곳이라고 누가 생각하겠습니까? 시청을 찾았는데 그 꼴이 엉망진창이라면 국민을 위한 행정기관이라고 하겠습니까? 거대하고 위엄스런 국회의사당의 유리창을 깨뜨린 채로 내버려둔다면 누가 국회의 권위를 따르겠습니까?

논과 밭도 잡초로 무성합니다. 논밭이라는 것이 한 해만 갈지 않아도 황무지가 되고 맙니다. 그것을 다시 복구한다는 것은 개간만큼이나 어렵습니다. 꾸준한 경작이 필요한 까닭이 여기에 있습니다. 논밭을 내버려두어보십시오. 피는 뽑아도 또 뽑아도 나오기 마련입니다. 오죽하면 '피 다 잡은 논 없고 도둑 다 잡은 나라 없다'는 속담이 있겠습니까? 잡초가 없는 논이 그냥 이루어진 것이 아닙니다. 거꾸로 논밭에 잡풀만 자라나 있다면 뭔가 문제가 심각한 것입니다.

창고도 비어 있습니다. 과거 창고는 곧 곳집을 말합니다. 식량 보관소를 가리킵니다. 이런 식량 창고는 매우 중요합니다. 나라에서는 쌀값 안정을 위해 정부미로 양식을 보관하기도 하며, 군량미로 비축해놓기도 합니다. 오늘날에는 석유 같은 에너지도 비축을 해놓습니다. 옛날 부고府庫 같은 것이지요. 그런데 그것이 다 비어 있다면, 이거 보통 큰일이 아닙니다. 한마디로 국가 재정이 파탄 나는 것이지요. 요즈음 식으로는 은행에 국제적으로 통용될 황금이나 외환이 없다는 것이지요. 외환 보유고가 바닥나면 나라가 망하고 맙니다.

주위 환경이 그런데도 지도자는 그 반대라면 정말 큰일입니다. 옷은 화려하기 짝이 없고, 그냥 형식적으로 차고 다닐 칼은 날이 세워져 있고, 기름진 음식에 질리고, 몸에는 보석이 치렁치렁 걸리며 주머니에는 돈이 남아돕니다. 옷이 검소하지 못하여 금박 장식으로 번쩍거리고, 단지 위엄을 상징하기 위한 총에는 실탄이 장전되어 있고, 하도 먹고 마시다 보니 모든 것에 싫증이 나고, 나라가 금은보화와 화폐를 보관하고 있는 것이 아니라 개인이 남아돌도록 지니고 있습니다.

이런 사람을 일러 '큰 도둑'이라고 부릅니다. 임격정 같은 좋은 의미에서의 '대도大盜'가 아니라 '도둑놈 중의 상도둑놈(盜夸)'이라는 뜻입니다. 조국과 민족을 위한다면서 나라와 겨레를 팔아먹는 놈들도 상도둑놈이고, 말로는 별의별 이론과 주장으로 무장을 했으면서도 막상 일이 닥치면 실천을 하지 않을 뿐만 아니라 자기 이익만을 챙기는 사람들도 상도둑놈입니다. 작은 도둑 위에 큰 도둑들이 설치고 있습니다.

이것이 길은 아니지요. 이것이 큰길이 아니지요. 세상에 길이 없으니 어디로 가야 합니까? 도가 그립습니다.

◦ 나는 길로 가지 않음을 슬퍼합니다.

제54장 　나는 나로 나를 봅니다

54.1 잘 세우는 사람은 뽑지 않는다.

　　　 잘 품는 사람은 빠뜨리지 않는다.

　　　 자손이 제사로써 그치지 않는다.

54.2 몸을 닦으면 그 덕이 참되다.

　　　 집을 닦으면 그 덕이 남아돈다.

　　　 마을을 닦으면 그 덕이 길다.

　　　 나라를 닦으면 그 덕이 넉넉하다.

　　　 천하를 닦으면 그 덕이 널리 미친다.

54.3 따라서 몸으로 몸을 보고, 집으로 집을 보고, 마을로 마을을 보고,

　　　 나라로 나라를 보고, 천하로 천하를 보라.

54.4 나는 어떻게 천하가 그러한지 아는가?

　　　 이로써이다.

54.1 善建者不拔.
　　　 선 건 자 불 발

　　　 善抱者不脫.
　　　 선 포 자 불 탈

　　　 子孫以祭祀不輟.
　　　 자 손 이 제 사 불 철

54.2 修之於身, 其德乃眞.
　　　 수 지 어 신　기 덕 내 진

修之於家, 其德乃餘.
수 지 어 가   기 덕 내 여

修之於鄉, 其德乃長.
수 지 어 향   기 덕 내 장

修之於國, 其德乃豐.
수 지 어 국   기 덕 내 풍

修之於天下, 其德乃普.
수 지 어 천 하   기 덕 내 보

54.3 故以身觀身, 以家觀家, 以鄉觀鄉, 以國觀國, 以天下觀天下.
고 이 신 관 신   이 가 관 가   이 향 관 향   이 국 관 국   이 천 하 관 천 하

54.4 吾何以知天下然哉?
오 하 이 지 천 하 연 재

以此.
이 차

54.1 세상은 나름대로의 원리가 있습니다. 그 가운데에서도 잊지 말아야 할 것이 있습니다. 무엇인가를 세우기 위해 뽑으려는 사람은 정말 잘 세우는 사람이 될 수 없습니다. 오히려 뽑지 않는 사람이 잘 세우는 사람입니다. 그리고 무엇인가를 품기 위해 다른 것을 버리는 사람은 정말 잘 품는 사람이 될 수 없습니다. 빠뜨리지 않는 사람이 잘 품는 사람입니다.

기둥을 세우기 위해 사람들은 흙과 돌을 파내고 거기에다 다시 기둥을 박습니다. 그러나 정말 집을 잘 짓는 사람은 있는 흙과 돌을 버리지 않고 그 위에다 기둥을 세울 줄 압니다. 나무를 심기 위해 사람들은 오히려 나무를 뽑아버립니다. 안타까운 일입니다. 있는 나무를 이용하여 집을 짓고 거기에 나무를 덧붙이는 것이 가장 좋은 일입니다. 무엇인가를 안으려고 지금 품고 있는 것을 버리는 사람만큼 어리석은

사람은 없습니다. 욕심쟁이 강아지처럼, 냇물에 비친 자신이 문 뼈다귀를 내놓으라고 멍멍 짖다가 갖고 있는 것조차 물에 빠뜨리는 꼴입니다. 잘 껴안는 사람은 빠뜨림이 없습니다.

이 두 원리를 알면 자자손손 대대로 제사가 끊기지 않을 수 있습니다. 집안이 번성하는 것이지요. 버리는 것을 쉽게 생각하면 결코 안 됩니다. 집안에 도움이 안 될 것 같은 식구들도 새치 뽑듯 뽑아버리거나 먼지 털듯 버려버리면 안 됩니다. 모두 제자리에 세우고 품어야 합니다. 그것이 세상사의 이치입니다. 이렇게 어른은 어른 노릇을 해야 합니다.

∘ 나는 있는 그대로 세우고 품는 사람입니다.

54.2 이러한 원리 아래, 우리는 가장 먼저 몸을 닦아야 합니다. 모든 것이 제 몸부터 아니겠습니까? 그렇게 하면 그 덕이 참됩니다. 진실함을 얻는 것이지요. 다음, 집을 닦아야 합니다. 진실한 마음으로 가정을 보살피면, 집안에서 덕이 남아돕니다. 여유로워지는 것이지요. 다음, 마을을 닦아야 합니다. 집에 쌓인 덕을 마을로 옮겨야 합니다. 그렇게 되면 마을의 덕이 끊기지 않고 계속됩니다. 장구해지는 것이지요. 다음, 나라를 닦아야 합니다. 마을의 덕을 나라로 퍼뜨려야 합니다. 그렇게 되면 나라의 덕이 아주 넉넉해집니다. 풍요로워지는 것이지요. 마지막으로, 천하를 닦아야 합니다. 나라의 덕을 이제 온 세상으로 펼쳐 보아야 합니다. 보편화시키는 것이지요.

세우고 품으십시오. 세우면서도 뽑지 않고 품으면서도 빠뜨리지 않는 바로 그것으로 세계를 경영하십시오. 그러면 덕이 영원해집니다.

자신을 닦아 진실한 덕, 가정을 닦아 여유로운 덕, 향리를 닦아 장구한 덕, 국가를 닦아 풍요로운 덕, 천하를 닦아 보급된 덕이 세상에 넘쳐흐르게 됩니다.

。나는 몸과 집과 마을과 나라를 닦습니다.

54.3 몸과 집과 마을과 나라, 그리고 천하를 닦으면 덕이 돈독해집니다. 그러나 덕을 닦는 것이 다른 것에 기대거나 앞뒤가 꽉 짜인 것은 아닙니다. 여기서 말하는 덕은 상호 의존적이거나 선후 배열적이지 않고, 대단히 자기만족적인 것입니다. 한마디로 의타적이지 않고 자족적인 덕입니다. 그래서 몸으로 몸을 보고, 집으로 집을 보고, 마을로 마을을 보고, 나라로 나라를 보고, 천하로 천하를 보아야 하는 것입니다. 내 몸으로 집을 보면, 내 집일 뿐 함께하는 집이 아닐 수 있습니다. 집으로 마을을 보면, 마을보다는 우리 집이 먼저가 됩니다. 마을로 나라를 보면, 마을끼리 다투느라 나라 걱정이 뒷전으로 밀립니다. 나라로 천하를 보면, 자국의 이익 때문에 세계 평화는 안중에도 없게 됩니다. 그래서 몸은 몸으로, 집은 집으로, 마을은 마을로, 나라는 나라로, 천하는 천하로 보라는 것입니다.

이른바 수신修身/제가齊家, 치국治國/평천하平天下는 생각처럼 완전한 것은 아닙니다. 왜냐하면 평천하보다 치국이 앞서고, 치국보다 제가가 앞서고, 제가보다 수신이 앞서야 하기 때문입니다. 거꾸로도 마찬가지입니다. 수신이 되니 제가가 되고, 제가가 되니 치국이 되고, 치국이 되니 평천하가 된다는 것도, 위와 마찬가지로, 의존적이기 때문입니다. 여기서 말하는 덕은 스스로 그 원인과 결과를 찾는 자기 완결성을 갖습니다.

◦ 나는 나로 나를 봅니다.

54.4 내가 어떻게 천하가 이런지를 알았느냐고요? 바로 자기 충족성 때문입니다. 이른바 '충족이유율'과도 비슷합니다. 충족이유율이 원인 쪽을 말한 것이라면, 자기 충족성은 결과 쪽을 말한 것입니다. 만물은 자기 고유의 이유를 갖고 있습니다. 자기 이유 없는 존재는 없는 것입니다. 그렇기 때문에 자신은 완벽한 존재입니다.

나를 생각해봅시다. 내가 있기까지는 나의 아버지와 어머니가 있어야 하고, 나의 아버지나 어머니가 있기까지는 그 아버지와 어머니가 있어야 합니다. 그뿐만이 아닙니다. 나의 아버지와 어머니가 만나기까지는 또 다른 만남이 수없이 전제되어야 합니다. 내가 있기 위해서도 아버지와 어머니의 우여곡절이 있어야 함은 당연합니다. 그러나 거꾸로 보면, 내 안에는 나의 아버지와 어머니, 그들의 아버지와 어머니, 그리고 수많은 만남과 헤어짐이 들어 있습니다. 굳이 남을 볼 까닭이 없는 것이지요.

나를 통해 나를 보듯이, 개미는 개미로, 고양이는 고양이로 보아야 합니다. 개미는 개미의 완벽한 질서가, 고양이는 고양이의 완전한 생리가 그 안에 들어 있는 것입니다.

◦ 내 안에는 우주가 들어 있습니다.

55.1 덕을 머금은 도타움은 핏덩이와 견주어진다.

독충도 물지 않고, 맹수도 할퀴지 않고, 사나운 새도 덤비지 못한다.

55.2 뼈는 약하고 살은 부드럽지만, 아귀힘은 단단하다.

암수가 섞이는 것을 모르지만 제대로 일어나니, 정기가 지극하다.

종일토록 울어도 목이 쉬지 않으니, 온화함이 지극하다.

55.3 온화함을 아는 것을 늘 그러함이라 하고, 늘 그러함을 아는 것을 밝음이라 한다.

삶에 도움이 되는 것을 상서롭다 하고, 마음이 기를 좇는 것을 강하다고 한다.

55.4 만물이 힘을 부리면 늙게 되니, 이를 일러 길(道)이 아니라고 한다.

길이 아니면 일찍 그친다.

55.1 含德之厚, 比於赤子.
함덕지후　비어적자

毒蟲不螫, 猛獸不據, 攫鳥不搏.
독충불석　맹수불거　확조불박

55.2 骨弱筋柔, 而握固.
골약근유　이악고

未知牝牡之合而全作, 精之至也.
미지빈모지합이전작　정지지야

終日號而不嗄, 和之至也.
종일호이불사　화지지야

55.3 知和曰常, 知常曰明.
　　　지 화 왈 상　　지 상 왈 명

　　　益生曰祥, 心使氣曰強.
　　　익 생 왈 상　　심 사 기 왈 강

55.4 物壯則老, 是謂不道.
　　　물 장 즉 로　　시 위 부 도

　　　不道早已.
　　　부 도 조 이

55.1 가장 덕을 많이 가지고 있는 것이 무엇일까요? 사람으로 말해
보겠습니다. 어른이겠습니까, 아니면 아이겠습니까? 흔히들 어른이라
생각하기 쉽지만, 어른의 덕은 맑고 깨끗하다기보다 오히려 이것저것
쌓여서 이루어진 것입니다. 어른의 덕은 권력의 덕이고, 학문의 덕이
고, 경험의 덕이지, 아이들의 덕처럼 순진무구한 것이 아닙니다. 덕의
순수성과 완전성을 따진다면, 당연히 아이들의 덕이 진짜 덕입니다.
아이가 가진 생명력에 들어 있는 덕이야말로 최상의 것이 아닐 수 없
습니다.

　그 가운데에서도 태어난 지 얼마 되지 않은 핏덩어리의 덕이야말로
지고지순의 것입니다. 아무 때도 묻지 않은 순정한 생명체입니다. 그
런 핏덩이는 지네도 물지 않고, 호랑이도 할퀴지 않고, 독수리도 덤비
지 않습니다. 늑대 소년과 같은 이야기를 들어보셨지요? 핏덩이는 짐
승도 키워줍니다. 극중의 타잔이 밀림의 왕이 된 것은, 사람이 어릴수
록 동물들과 잘 소통할 수 있음을 보여줍니다. 아이들이 동물을 좋아
하는 것을 보십시오. 아이는 생물과 태생적으로 교감할 수 있나 봅니
다. 하물며 핏덩이야 오죽하겠습니까?

사람 역시 짐승을 잡아먹으면서도 어린것들에게는 안쓰러운 마음을 갖게 됩니다. 큰 쥐는 막 잡으면서도 생쥐는 죽이기 뭣할 때가 많습니다. 어린것은 본능적으로 우리 모두에게 생명의 근원으로 이해되기 때문입니다. 어린 풀은 꺾기도 뭣하지 않습니까?

° 나는 갓 나온 핏덩이입니다.

55.2 아기의 뼈는 약하고 살은 부드럽습니다. 머리뼈도 채 굳지 않아 말랑거리고, 발가락뼈는 빠질 듯합니다. 볼살을 손으로 누르면 들어가기는 하지만 손에 느낌이 없을 정도로 폭신폭신합니다. 어떻게 잘못 건드리다가는 망가질 것 같기도 합니다. 그러나 아귀힘은 대단합니다. 한번 쥔 것은 결코 놓치지 않을 정도로 꽉 쥐고 있습니다. 어디서 그런 힘이 나왔는지 모를 정도입니다.

아기가 남녀 관계를 알 리 없습니다. 그런데도 아기의 잠지는 때만 되면 벌떡벌떡 일어나고 단단해집니다. 오줌이 마렵다고 그러는 것은 아니지요. 흔히들 오줌이 마려워서 그렇다지만, 그건 민망해서 하는 말일 뿐입니다. 아기가 그러는 것은 정말 신기한 일이지요. 어떻게 보면, 가장 정력이 좋을 때일지도 모릅니다.

아기는 하루 종일 울기도 합니다. 그러나 아기가 목쉬는 것을 보았습니까? 아기는 아무리 울어도 목이 쉬지 않습니다. 목청 높여 울지만 그렇다고 목이 쉬지는 않습니다. 흔히들 아기가 빽빽거린다고 하지만, 그렇다고 아기가 목이 아파 쉬는 것은 볼 수 없습니다. 그것은 아기가 온화함의 최고점에 있기 때문입니다. 온유한 목이 쉴 리 없습니다.

° 나는 아기입니다.

55.3 온화함을 아는 것, 그것이야말로 세상의 변치 않는 늘 그러함입니다. 부드러운 것이 만물의 근원이라는 것은 불변의 도리입니다. 온화해지십시오.

늘 그러함을 아는 것, 그것이야말로 세상의 빛이 되는 길입니다. 만물에는 불변의 길이 있고, 그것을 잘 알면 세상이 밝아집니다. 늘 그러하십시오.

삶에 도움이 되는 것, 그것이야말로 상서로운 것입니다. 생명 이외의 다른 것에 도움이 되는 것은 오히려 멀리하십시오. 중요한 것은 생명입니다.

마음이 자연의 기운을 따르는 것, 그것이야말로 강한 것입니다. 마음이 자연의 기운을 벗어나면 엉망이 될 수밖에 없습니다. 마음을 자연에 맡기십시오.

∘ 나는 삶을 좇습니다.

55.4 그러나 힘을 쓰면 안 됩니다. 부드럽게, 늘 그렇게, 삶에 도움을 주면서, 마음이 가는 길을 바라보십시오. 힘을 쓰다 보면 거꾸로 되어버려 오히려 나쁩니다. 거칠게, 어쩌다, 삶을 죽이면서, 마음과는 다르게 살면 엉망이 되어버리고 맙니다.

힘을 부리면 결국 늙어버리고, 이렇게 되는 것은 참다운 것이 아닙니다. 아기처럼 생명의 길을 가십시오. 마음을 자연에 맡기십시오. 그렇지 않으면 자라지 않고 늙어버리게 됩니다. 이것은 도가 아닙니다. 도가 아니면 일찍 끝마치게 되는 것입니다.

∘ 나는 힘을 쓰지 않습니다.

제56장　　나는 모든 것을 검게 만듭니다

56.1 아는 사람은 말이 없고, 말하는 사람은 알지 못한다.

56.2 틈을 막고, 문을 닫아라.

날카로움을 꺾고, 엉킴을 풀라.

빛을 부드럽게 하고, 먼지와 함께하라.

이를 일러 검은 같음玄同이라 한다.

56.3 따라서 어쩔 수 없이 친해지거나 멀어지며,

어쩔 수 없이 이익을 보거나 손해를 보며,

어쩔 수 없이 귀해지거나 천해진다.

따라서 천하에서 귀해진다.

56.1 知者不言, 言者不知.
　　　지 자 불 언　　언 자 부 지

56.2 塞其兌, 閉其門.
　　　새 기 태　　폐 기 문

挫其銳, 解其紛.
좌 기 예　　해 기 분

和其光, 同其塵.
화 기 광　　동 기 진

是謂玄同.
시 위 현 동

56.3 故不可得而親, 不可得而疎,
　　　고 불 가 득 이 친　　불 가 득 이 소

不可得而利, 不可得而害,
불 가 득 이 리　 불 가 득 이 해

不可得而貴, 不可得而賤,
불 가 득 이 귀　 불 가 득 이 천

故爲天下貴.
고 위 천 하 귀

56.1 세상일이라는 것이 신비해서, 아는 것과 모르는 것이 분명하지 않을 때가 많습니다. 안다고 많이 떠들기도 하는데 그것처럼 어리석은 일이 없을 때가 많습니다. 오히려 조용히 있는 것이야말로 최선일 때가 많습니다. 흔히들 가만히 있으면 중간이라도 간다고 하는 것과 비슷합니다.

또한 현실에서 정작 아는 사람은 조용히 있는데, 잘 알지 못하는 사람이 안답시고 많이 떠드는 경우를 자주 봅니다. 서울 구경 한 번 다녀온 사람이 말이 많습니다. 외국에서 10여 년씩 지낸 사람들보다는 잠깐 여행을 한 사람이 말이 많게 되어 있습니다. 생활화되어 감수성이 둔감해지는 경우도 있겠지만, 오히려 문제는 겉핥기가 훨씬 말이 많다는 데 있습니다.

아는 사람은 말이 없고, 말하는 사람은 알지 못합니다. 괜히 아는 체하려고 말이 없는 것도 못난 짓이지만, 알지도 못하면서 말을 많이 하는 것은 더욱 못난 짓입니다. 벼는 익을수록 고개를 숙인다고 합니다. 많이 알수록 모르는 게 많아지는 것이 인간사입니다.

어쩌면 안다고 해서 꼭 말을 할 까닭도 없습니다. 세월이 지나면 다 알게 되는 일을 조금 먼저 알았다 해서 굳이 말할 필요는 없습니다. 그리고 내가 아는 것은 남도 아는 것이니, 또한 굳이 말할 필요가 없는 것이지요. 게다가 말해도 남들이 제대로 알아들으리라는 보장도 없습니다.

한번 해보십시오. 말 없기가 말 많이 하기보다 훨씬 힘이 듭니다. 그래서 불교에서는 묵언默言 자체가 수행이 됩니다.

○ 나는 알기 때문에 말하지 않습니다.

56.2 틈을 막고 문을 닫으십시오. 우리 몸에도 틈과 문이 있습니다. 귀와 코는 틈이고 눈과 입은 문입니다. 귀와 코가 열려 있다고 모두 듣고 맡으려 하지 마십시오. 들어도 못 들은 양, 맡고도 못 맡은 양 사십시오. 눈은 되도록 감고, 입도 벌리지 마십시오. 그렇게 막고 닫고 사는 것이야말로 생명의 진정에 다가서는 길입니다. 모두 듣고 모두 말하려다가는 괴롭기도 하거니와 너무 지쳐서 살지 못합니다.

날카로움을 꺾고 엉킴을 푸십시오. 날카로운 칼을 지니고 다니다가는 자기도 베이고 맙니다. 엉킴을 풀어놓지 않으면 자신도 엉켜버리고 맙니다. 내 몸속의 날카로움을 무디게 만드십시오. 사람들이 날카로운 사람을 좋아할 리도 없고, 남을 향해 휘두른 칼은 결국 나에게로 되돌아오고 맙니다. 내 마음속의 엉킴을 풀어놓으십시오. 복잡하게 살다가는 자기 꾀에 자기가 당하고 맙니다. 원리 원칙대로 단순 소박한 것이 좋습니다. 내가 원칙이 있으면 남도 그 원칙을 존중해줍니다. 그러나 그렇지 않으면, 자신도 힘들지만 남도 힘듭니다. 어디로 튈 줄 몰라 헷갈리기 때문에 결국 멀리하게 됩니다. 엉킴은 요즘 말로 콤플렉스이지요. 마음속의 엉킴을 풀어놓으십시오.

빛을 부드럽게 하고, 먼지와 함께하십시오. 빛이 나면 눈에 쉽게 띕니다. 사람들이 경계합니다. 오히려 먼지를 뒤집어쓰도록 하십시오. 사람들이 다가옵니다. 구두가 반짝반짝 빛나는 사람을 볼 때, 깨끗해서 좋기는 하지만 어쩌다 밟을까 걱정됩니다. 깨끗한 구두를 망쳐놓았다가 욕을 먹을까 염려됩니다. 그러나 먼지가 쌓인 구두는 편합니다. 내가 잘못 밟는다고 별반 달라질 것이 없기 때문입니다. 빛이 나더라도 빛을 죽이십시오. 부드러운 빛은 사람의 눈을 아프게 하지 않습니다. 지나치게 밝은 불빛에는 누구라도 눈을 찌푸리게 되어 있습니다. 오히려 먼지를 덮어놓으십시오.

이런 것을 검은 같음(玄同)이라고 부릅니다. 모두가 검게 되어 나누어짐이 없어지는 것입니다. 탄광 속 광부가 서로를 못 알아볼 정도로 얼굴이 시커멓게 되는 것과 같습니다. 피아식별이 안되는 상태에서의 통일감입니다. 칠흑 속에서 느끼는 일체감입니다. 우리 모두 펄을 엉망진창으로 뒤집어쓴 채 어깨동무를 하고 춤을 춰봅시다. 검게 됩시다.

◦ 나는 모든 것을 검게 만듭니다.

56.3 세상을 어쩔 수 없는 듯 사십시오. 일부러 어쩌려고 하지 마십시오. 해서는 안 되는데 하는 듯하십시오. 나서서 하지 마십시오.

친해지는 것도 일부러 친해지려다가는 오히려 반감만 사게 됩니다. 사람의 마음이라는 것이 요상해서 가까이 오는 것은 멀리하고, 먼 것은 잡으려 합니다. 남녀 관계가 특히 그렇지 않습니까? 따라서 친해지는 것도 어쩔 수 없이 친해져야 제대로 되는 것입니다. 남녀도 자주 보다 보면 정들지 않습니까? 멀어지는 것도 그렇습니다. 정 떼려고 하다가는 오히려 달라붙기 마련입니다. 그냥 멀리 있으면 정도 멀어집니다. 친하고 멀어지는 것을 어쩔 수 없듯 하십시오.

이득을 보는 것도 일부러 이득을 보려다가는 오히려 손실을 봅니다. 물 흘러가듯 흘러가는 도중에 이득을 보는 것입니다. 손해를 볼 때도 무슨 벼락이 떨어지듯 놀라거나 싫어하지 마십시오. 어쩔 수 없듯 받아들이십시오. 손해를 보는 사람이 있어야 이득을 보는 사람도 나오는 것 아닙니까?

귀해지는 것도 일부러 귀해지려다가는 오히려 천박해집니다. 졸부들이 돈으로 아무리 치장을 해도 귀하기는커녕 촌스러운 까닭이 거기에 있습니다. 귀천이 그렇게 쉽게 얻어지거나 벗어나지는 것이 아닙니다. 귀한 까닭도 어쩔 수 없는 듯 귀한 것이 최상입니다. 드러내려고 하지 않지만 드러나는 고상함이 가장 좋은 것이지요. 혹 자신이 천해졌더라도 그 천함을 어쩔 수 없는 듯 취급해야 합니다. 천해졌다고 곧 천하게 놀면, 정말 천해질 수밖에 없습니다.

이러한 '어쩔 수 없음(不可得)'이야말로 우리를 이 세상에서 진정으로 귀하게 만듭니다. 모든 일에 어쩔 수 없는 듯하십시오. 달리 말하면 부득이不得已입니다.

◦ 나는 어쩔 수 없듯 삽니다.

제57장 내가 가만히 있으면 사람들은 스스로 합니다

57.1 바름으로 나라를 다스리고, 삐뚦으로 병력을 다스리고, 일 없음으로
천하를 얻어라.

나는 어떻게 그것이 그러함을 아는가?

이것으로써이다.

57.2 천하에 꺼리고 숨겨야 할 것이 많으면 사람들이 널리 가난해진다.

사람들에게 편리한 기구가 많으면 국가가 더욱 어두워진다.

사람들에게 재주와 꾸밈이 많으면 삐뚠 물건들이 더욱 일어난다.

법령이 또렷해질수록 도적이 많다.

57.3 따라서 성인은 말한다.

나는 아무것도 하지 않지만 사람들이 스스로 잘되며,

나는 고요함을 좋아하지만 사람들이 스스로 바로 되며,

나는 아무 일도 하지 않지만 사람들이 스스로 잘살고,

나는 하고자 함이 없지만 사람들이 스스로 통나무가 된다.

57.1 以正治國, 以奇用兵, 以無事取天下.
이 정 치 국   이 기 용 병   이 무 사 취 천 하

吾何以知其然哉?
오 하 이 지 기 연 재

以此.
이 차

57.2 天下多忌諱, 而民彌貧.
천하다기휘 이민미빈

民多利器, 國家滋昏.
민다리기 국가자혼

人多伎巧, 奇物滋起.
인다기교 기물자기

法令滋彰, 盜賊多有.
법령자창 도적다유

57.3 故聖人云.
고성인운

我無爲而民自化,
아무위이민자화

我好靜而民自正,
아호정이민자정

我無事而民自富,
아무사이민자부

我無欲而民自樸.
아무욕이민자박

57.1 태평세월일 때가 있고, 전쟁 중일 때가 있습니다. 이때 통치의 원칙이 달라집니다. 정상적인 국가는 정의와 원칙으로 다스려야 합니다. 그러나 전쟁 때 군대는 평소와는 다른 기이함으로 다루어야 합니다. 국가는 바른 것이지만, 군대는 삐뚠 것이기 때문입니다. 흔히들 군대처럼 부조리한 집단은 없다고 말합니다. 그렇습니다. 군대는 그 자체가 부조리하기 때문에, 정도正道가 아닌 기이奇異로 그 운용의 원리를 세우는 것입니다. 국가가 정도를 벗어나면 큰일 나지만, 군대가 정도만 행하면 그것도 큰일입니다. 군대는 게릴라전 같은 기습적이고 비정규적인 수단을 통해 승리를 쟁취합니다. 치국은 용병과는 이처럼 다른 것입니다.

내가 어떻게 그런 줄 아느냐고요? 대답하기에는 너무도 당연하고 자연스러운 것이기에 굳이 무엇 때문이라고 말하지는 않겠습니다. 그저 이것으로써 안다고만 말하겠습니다. 치국과 용병의 원리는 바름과 삐뚦이 바로 이것 때문에 얽히고설키는 것입니다.

∘ 나는 이것입니다.

57.2 세상에 이것저것 꺼리는 것이 많으면 좋지 않습니다. 우리는 금기禁忌를 정해놓고 삼가길 그치지 않습니다. 이것은 해서는 안 되고 저것은 먹어서는 안 되고, 그렇게 꺼리다 보면 모든 것이 꺼림칙해집니다. 방에다 못을 박아도 안 되고 어떤 날은 이사를 가도 안 되고, 영 자연스럽지 못하게 됩니다. 또한 임금님 이름이라고 못 쓰고 아버지 이름이라고 못 쓰고, 그러다 보면 돌아가신 어른의 이름은 모두 못 쓰게 됩니다. 이른바 '휘諱'라는 것이지요. 이렇게 이것저것 금제禁制가 많다 보면 사람들은 모두 가난해질 수밖에 없습니다. 할 수 있는 일과 말이 아무것도 없기 때문입니다. 기휘忌諱는 가난의 원인입니다.

사람들이 문명의 이기利器를 많이 쓰면 언뜻 좋을 것 같지만 그렇지 않습니다. 이기는 쓰면 쓸수록 더욱 사람을 옭아매게 되어 있습니다. 아무것 없이도 잘 살았는데, 라디오가 있으니 텔레비전을 보고 싶어 하고, 텔레비전을 보다가도 흑백이 아닌 천연색으로 보고 싶어 하고, 채널도 돌리기 싫어 원격 조정기(리모컨)를 쓰고자 합니다. 끊임없이 편해지고자 하는 것이지요. 그런 점에서 '이기利器'는 너무도 '이기利己' 적인 것입니다. 더불어 살고자 하는 것이 아니라 나만 편하면 된다는 사고이지요. 그렇게 되다 보면 국가가 더욱 혼미해질 수밖에 없습니다. 편리한 기물보다는 불편하더라도 순박한 삶이 소중한 것입니다. 엘리베이터보다는 계단이 건강에 좋은 것과 같습니다.

사람들이 기교가 많아지면 다루기도 어려워질 뿐만 아니라 문제가 자꾸만 어려워집니다. 단순한 것은 단순하게 취급해야 하는데, 거기에 요상한 수사와 기묘한 논리가 개입되어 본질을 흐트러뜨리기 십상입니다. 간단한 것일수록 진리와 정의에 가깝습니다. 복잡하면 복잡할수록 진리와 정의와는 멀어지고 있음을 반드시 기억해야 합니다. 밥 먹는 것과 잠자는 것, 이것보다 더 단순 명료한 진리와 정의가 있나요? 산 것을 살리는 것 이상의 원리가 있나요? 그런데도 사람들이 기교가 많아지면 본래의 단순함을 호도하고 왜곡하여 이상한 것을 자꾸 만들어냅니다. 사람들이 해야 할 것은 안 하고, 하지 않아도 될 것을 하게 됩니다. 한마디로 거짓만 늘게 되는 것이지요. 좋은 글을 쓰려면 그저 차분히 글을 쓰면 될 것을 컴퓨터가 없다느니, 소프트웨어가 안 좋다느니 하면서 엉뚱한 물건을 만들어낼 생각만 합니다.

법률과 칙령이 많아지면 좋아질 것 같지만 결코 그렇지 않습니다. 법령은 우리의 생활을 복잡하게 만들 뿐입니다. 이것저것 모두 법령의 구속과 제한을 받게 됩니다. 설령 그렇지 않더라도 사람들은 정해진 법령만을 피하여 또 다른 일을 꾸미기 쉽습니다. 큼직하게 '그러면 안 된다'면 끝날 것을 '이것과 저것이 안 된다'고 작게 말함으로써, '그렇다면 그것은 된다'고 해석하여 법망을 피해 가기 때문입니다. 이를테면 우리의 건축물이 아름답지 못한 것은 건축법이 너무 자세하기 때문입니다. '아름답게 지어야 한다'면 족할 것을 너무도 자세히 정리해놓는 바람에 그 규정만을 따르고 만다는 것입니다. 게다가 법령이 많으면 법도法盜가 많아지게 마련입니다. 법으로 먹고사는 사람이 법을 악용 내지 남용할 수 있기 때문입니다. 우리 군사정권 때 긴급조치다 뭐다 하며 얼마나 많은 법이 국민을 괴롭혔습니까? 오죽하면 법률가만 없으면 좋은 나라 될 수 있다는 말이 나돌 정도였겠습니까? 여기서 흔히들 말하듯이 법이 많으면 도둑놈이 없어진다는 주장은 하나의 망상에 불과함을 알 수 있습니다. 오히려 법령이 많아지면 많아질수록 도적만 늘어날 뿐입니다. 그리고 율사律士들이야말로 큰 도둑들입니다. 어디에서고 법을 다루는 사람들이 못사는 것을 보지 못하는 까닭을 곰곰이 생각해보십시오.

∘ 나는 많은 것보다는 적은 것이 좋습니다.

57.3 성인은 '나는 아무것도 하지 않지만 사람들이 스스로 잘된다'고 말합니다. 성인은 굳이 무엇인가 하려고 하지 않습니다. 그러니 사람들이 오히려 스스로 잘되어갑니다. 이래라저래라 하지 않으니 사람들이 알아서 잘하는 것입니다. 아이들도 자꾸만 간섭하면 자신이 스스로 길을 찾지 않게 됩니다. 어른들 역시 스스로 하려고 했음에도 남이 하라고 하면 공연히 하기 싫어집니다. 그래서 나라에서도 사람들을 내버려두어야 하는 것입니다.

성인은 '나는 고요함을 좋아하지만 사람들이 스스로 바로 된다'고 말합니다. 성인은 자신이 고요할 뿐입니다. 그렇다고 해서 남까지 고요해야 한다고 하지 않습니다. 그저 고요한 모습을 사람들에게 보여줌으로써 사람들이 스스로 바르게 되는 것입니다. 수행자들이 혼자살면서 세속인들에게 무슨 도움이 되겠느냐고 묻습니다만, 그건 하나만 알고 둘은 모르는 것입니다. 그들의 고요한 모습은 속세의 사람들조차 고요하게 만듭니다. 그들이 고요함을 좋아하면, 사람들은 그것을 바라보면서 바르게 되는 것입니다.

성인은 '나는 아무 일도 하지 않지만 사람들이 스스로 잘산다'고 말합니다. 성인은 일을 벌이지 않습니다. 일이 있어도 하려 들지 않습니다. 그럴 때 비로소 사람들은 스스로 알아서 잘살게 됩니다. 나라에서 흔히 돈을 번답시고 일을 벌입니다. 그러나 돈 버는 일만큼은 나라에서 하지 않아도 될 일입니다. 왜냐하면 사람들은 모두 알아서 자신의 먹거리를 찾아 나서게 마련이기 때문입니다. 경제활동이란 본능적인 것이어서 국가가 개입할 필요가 없는 것입니다. 오히려 국가는 그 결과로 생기는 쓰레기만 치우면 될 뿐입니다. 정말로 사람들이 잘살게 하려면 나라가 일삼아 돈 벌려 하지 말아야 합니다.

성인은 '나는 하고자 함이 없지만 사람들이 스스로 통나무가 된다'고 말합니다. 성인은 무엇인가 하려 해서는 안 됩니다. 욕심을 내다가는 사람들도 똑같이 욕심을 부리게 됩니다. 욕심이 없을 때에야 스스로 통나무처럼 꾸밈이 없어집니다. 한 집단의 지도자가 욕심이 많으면 아랫사람들도 욕심을 부리게 되어 있습니다. 그러나 지도자가 욕심이 없으면 아랫사람도 소박해집니다. 이는 마치 어떤 단체의 장長이 권위적이면 부하 직원도 권위적이 되고, 친절하면 부하 직원도 친절해지는 것과 같습니다. 그래서 지도자가 중요한 것입니다.

◦ 내가 가만히 있으면 사람들은 스스로 합니다.

제58장 나는 남을 나처럼 만들지 않습니다

58.1 정치가 어둑어둑하면 사람들이 참다워지고,

정치가 요리조리 보살피면 사람들이 이지러진다.

58.2 화는 복이 기대는 곳이고, 복은 화가 숨어 있는 곳이다.

누가 그 끝을 아는가?

그것은 바름이 없다!

바름은 되돌아 삐뚤어지고, 좋은 것은 되돌아 나빠진다.

사람의 어리석음은 그 날이 정말 오래되었나니.

58.3 따라서 성인은 네모나면서도 자르지 않고, 날카로우면서도 찌르지

않고, 곧으면서도 거리낌 없지 않고, 빛나면서도 번쩍거리지 않는다.

58.1 其政悶悶, 其民醇醇,
기 정 민 민   기 민 순 순

其政察察, 其民缺缺.
기 정 찰 찰   기 민 결 결

58.2 禍兮福之所倚, 福兮禍之所伏.
화 혜 복 지 소 의   복 혜 화 지 소 복

孰知其極?
숙 지 기 극

其無正!
기 무 정

正復爲奇, 善復爲妖.
정 복 위 기   선 복 위 요

247

人之迷, 其日固久.
인 지 미 기 일 고 구

58.3 是以聖人方而不割, 廉而不劌, 直而不肆, 光而不耀.
시 이 성 인 방 이 불 할 렴 이 불 귀 직 이 불 사 광 이 불 요

58.1 정치가 어리숙해야 합니다. 정치는 어둑어둑해서 아무거나 관여하지 않고 사람들을 내버려두어야 합니다. 이렇게 정치가 어리숙해야지 사람들이 참다워집니다.

정치가 이러저러한 제도로 사람들을 속박하고 통제한다고 해봅시다. 사람들이 좋아질까요? 아닙니다. 정치가 똑똑할수록 사람들은 약아질 뿐입니다. 정치는 오히려 알고도 모르는 척, 있어도 없는 척하는 것이 필요합니다. 그래야 사람들이 눈치를 보지 않고 참다워집니다. 이른바 진국이 되는 것이지요.

정치가 이것저것 모두 살피면 안 됩니다. 정치가 요리조리 보살핀다는 구실로 모든 것을 다 참견하면 안 됩니다. 이렇게 정치가 아무 데나 나서기 시작하면 사람들의 삶이 편하지 못하게 되어 있습니다.

만일 정치가 이 세상의 모든 일을 관여하려 해보십시오. 나라가 안정되지 않을뿐더러 사람들이 살 수가 없습니다. 세상에는 필요악이라는 것도 있고, 비밀이라는 것도 있습니다. 게다가 사람들은 알아서 잘 살게 되어 있습니다. 도와준답시고 방해만 하고, 위해준답시고 귀찮게 하는 정치가 되어서는 안 됩니다. 사람의 본성이 이지러지기 시작하면 더 이상 정치도 할 수 없습니다.

◦ 나는 어둡습니다.

58.2 늘 화를 입는 사람이 있을까요? 잠깐 동안 그렇게 보일지는 모르지만 언제나 재화災禍가 많은 사람은 없습니다. 화는 오히려 복이 기대는 곳입니다.

화가 많을수록 복이 달라붙기 마련입니다. 환율이 오른다고 나쁜 사람만 있는 것은 아닙니다. 외화를 받는 사람은 신이 납니다. 수입하던 원자재 값이 올라서 말썽이지, 그 밖에 환경은 오히려 좋아집니다. 물건 값을 싸게 낼 수 있으니 잘 팔리고, 게다가 외화로 받던 수수료가 껑충 뛰었으니 꿩 먹고 알 먹습니다. 수입하던 사람도 수수료는 더 받을 수 있으니 즐겁습니다. 이런 실물경제가 아니라도 나쁜 일에는 꼭 좋은 일이 기대고 있음을 잊지 마십시오. 나쁜 일이라 제쳐두는 순간, 우리는 기회를 잃게 됩니다. 훌륭한 사람은 화 속에서 복을 봅니다. 전화위복이라는 말이 그 말이지요.

늘 복 많은 사람이 있을까요? 그런 듯 보여도 언제나 복 많은 사람은 있을 수 없습니다. 복은 오히려 화가 숨어 있는 곳입니다.

복 속에는 아쉽게도 화가 숨어 있기 마련입니다. 복권에 당첨되면 사람이 행복해질까요? 오히려 불행해지는 경우가 많습니다. 돈이 생기니 온갖 여자가 내 것 같아 조강지처와도 헤어지고, 부모 형제의 기대심리를 채워주지 못하니 의가 상하고, 어려운 부탁을 하는 친구들과도 거리가 멀어지고, 이놈 저놈 찾아와 선행하라고 대들고, 복권福券은 그야말로 화권禍券입니다. 우리는 흔히 돈 많은 형제끼리 우애가 안 좋은 경우를 많이 봅니다. 재벌 집안의 암투를 보십시오. 없으면 없는 대로 욕심이 없지만, 있으면 있는 대로 욕심이 생기는 것이 사람입니다. 생각이 깊은 사람은 복 속에서 화를 봅니다. 부자가 3대를 못 간다는 말이 이런 것이지요.

누가 화복의 원리를 알까요? 누가 화복의 종국을 알까요? 그건 아무도 알 수 없는 일입니다. 대통령이 되어서 복이 많은가요? 자식새끼 모두 감옥에 보내고, 자신도 온갖 망신을 당하는 것이 대통령입니다. 그렇게 크지 않았으면 작은 대로 행복할 수도 있는 것인데도, 우리는 화복이 마치 어떤 일정한 끝이 있는 것이라 생각합니다.

화복에는 정도가 없습니다. 그것은 똑바로 한쪽으로만 가는 길이 아닙니다. 오히려 바름은 삐뚤어지고, 좋은 것은 나빠집니다. 이렇게 돌고 도는 것이 화복의 운행입니다.

사람이 얼마나 어리석습니까? 이런 원리조차 모르고 살고 있으니 말입니다. 사람은 옛날부터 오늘까지 정말 오랜 나날을 어리석게 보내고 있습니다.

∘ 나는 싫은 것도 좋고, 좋은 것도 싫습니다.

58.3 성인은 네모반듯하지만, 자신의 모습이 그렇다고 해서 남도 그렇게 자르려 들지 않습니다. 자신의 품행이 방정方正한 것이 중요할 뿐, 남도 그래야만 한다고 강제하려 들지 않습니다. 자기가 네모라고 남도 네모가 되라면 큰일입니다.

성인은 송곳처럼 예리하지만, 그것으로 남을 찌르거나 해치려 들지 않습니다. 자신이 갈고닦아 날카로울 뿐, 남을 그것으로 다치게 하지 않습니다. 자기가 뾰족하다고 남을 찌르면 안 될 일입니다.

성인은 바르지만, 그렇다고 해서 거리낌 없이 움직이지는 않습니다. 자신이 올바를 뿐, 남을 그것으로 논단하지 않습니다. 자기가 똑바르다고 남에게 거리낌 없는 것은 방자한 일입니다.

　성인은 빛이 나지만, 그 빛을 드러내어 번쩍거리지 않습니다. 자신이 빛나면 될 뿐, 남이 그 빛 때문에 눈을 찡그리게 하지 않습니다. 자기의 빛을 남에게 보여주는 것은 그 빛을 밝지 않게 하는 일입니다.

　밥 속에 돌이 있다고 칩시다. 내 눈에 돌이 보인다고 남들 눈에도 보이는 것은 아닙니다. 내게 돌이 보인다고 남도 보아야 한다고 해서는 안 됩니다. 그렇게 되면 야단이 됩니다.

　국 속에 머리카락이 있다고 칩시다. 내가 머리카락 때문에 못 먹는다고 남도 못 먹는 것은 아닙니다. 나는 못 먹지만 남은 꺼내고 잘 먹을 수 있습니다. 그렇기 때문에 사람들이 어울려 사는 것입니다.

　돌이 있어도 머리카락이 있어도, 남들 몰래 먹을 수 있어야 합니다. 그래야 사람들이 민망해하지 않습니다. 때로 어떤 사람은 당신이 먹는 것을 보고 있을지도 모릅니다. 때로 어떤 사람은 당신이 일부러 먹는 것을 알고 있을지도 모릅니다.

◦ 나는 남을 나처럼 만들지 않습니다.

제59장   나는 아낄 뿐입니다

59.1 사람을 다스리고 하늘을 섬기는 데 아낌만한 것이 없다.

오로지 아끼니, 그러므로 일찍 돌아간다.

일찍 돌아가는 것을 일러 거듭 덕을 쌓는다고 한다.

거듭 덕을 쌓으니 이기지 못하는 것이 없다.

이기지 못하는 것이 없으니 그 끝을 알지 못한다.

59.2 그 끝을 알지 못해 나라가 있을 수 있고,

나라의 어머니가 있어 길이 오래갈 수 있으니,

이를 뿌리가 깊고 바탕이 굳은, 오래 살고 길게 보는 길(道)이라고

이른다.

59.1 治人事天, 莫若嗇.
　　　　치 인 사 천　막 약 색

夫唯嗇, 是以早服.
부 유 색　시 이 조 복

早服, 謂之重積德.
조 복　위 지 중 적 덕

重積德, 則無不克.
중 적 덕　즉 무 불 극

無不克, 則莫知其極.
무 불 극　즉 막 지 기 극

59.2 莫知其極, 可以有國,
　　　　막 지 기 극　가 이 유 국

有國之母, 可以長久,
유 국 지 모　가 이 장 구

是謂深根固柢, 長生久視之道.
시 위 심 근 고 저　장 생 구 시 지 도

59.1 사람을 무엇으로 다스릴 것인지는 참으로 어려운 문제입니다. 게다가 하늘을 무엇으로 섬길 것인지도 참으로 까다로운 문제입니다. 그러나 그 어렵고 까다로운 것의 해결책은 의외로 간단명료합니다. 줄이면 됩니다. 문제 자체를 작게 만드는 것이지요. 줄이고 또 줄이는 것, 한마디로 아끼는 것입니다.

간단한 칙령으로도 사람들이 잘 살 수 있음에도 언설이 자꾸 복잡해지자 우리의 마음에는 허위의식이 날로 많아집니다. 뒤편 한구석에서 맑은 물 한 잔 떠놓고도 자식의 성공이나 무사 귀환을 빌었는데, 이제는 돈과 먹을 것을 싸 들고 교회로 절로 찾아갑니다.

이렇듯 사람을 대할 때도 지나친 호의나 감정의 과장은 격앙된 수사만을 늘릴 뿐입니다. 이렇듯 하늘에 제사 지낼 때도 지나친 격식과 화려한 제수는 신성한 의식을 격하시킬 뿐입니다. 그래서 모든 것을 아껴야 하는 것입니다.

오로지 아낌만이 자연의 상태로 일찍 돌아갈 수 있습니다. 너저분하게 늘어놓지 말고 깔끔하게 마무리하십시오. 아무 말 없이 손 한 번 잡는 것이 어떤 축하나 위로보다 나을 수 있으며, 정화수 한 잔이 울긋불긋한 제사상보다 훨씬 나을 수 있습니다. 어쩌면 그것이 더욱 절도 있는 통치술이자 제천의식일 수도 있습니다. 그렇게 자연의 상태로 돌아가는 것이 바로 덕을 쌓는 것입니다.

덕을 거듭 쌓으면 이기지 못할 것이 없어집니다. 그러니 그 끝을 알지 못할 정도로 영원해지는 것입니다. 그러나 덕을 쌓는 것은 말처럼 늘리는 것이 아닙니다. 덕을 쌓는 것은 거꾸로 줄이는 것입니다. 아끼면 아낄수록 덕은 높아집니다. 삶을 수렴收斂할수록 덕은 중대增大됩니다.

○ 나는 아낄 뿐입니다.

59.2 끝을 알지 못할 정도로 큰 덕이 쌓였을 때 나라가 있을 수 있습니다. 나라는 그냥 서는 것이 아닙니다. 모든 것을 아낄 줄 아는 분위기가 자리 잡혀야 한 나라가 세워지는 것입니다. 사람을 아끼고, 일을 아끼고, 물을 아끼고, 하늘을 아끼는 자리에 나라가 서는 것입니다.

나라를 세우고도 이런 근본원리가 있어야 나라가 오래갈 수 있습니다. 이런 원칙은 마치 어머니와 같아, 그를 기대지 않고는 어떤 생명도 살아날 수 없습니다. 어머니는 아이를 아낌으로 대합니다. 아이가 어디 나가서 휘둘리지 않게 아끼고 또 아낍니다. 이런 정신 아래 국가는 장구하게 발전합니다. 군인도 아끼고, 학생도 아끼고, 여성도 아끼고, 세금도 아끼고, 산천도 아끼고, 공기도 아낍니다. 국민과 그들의 혈세와 산하를 아끼지 않는 정부가 어찌 오래갈 수 있겠습니까.

우리는 이것을 깊고도 굳은 뿌리를 가진 원리라고 부릅니다. 뿌리 깊은 나무가 바람에 흔들리지 않듯 이 원리를 지켜야 합니다. 또한 우리는 이를 오래 살고 길게 바라보는 원칙이라 부릅니다. 장수하고 미래를 예측하는 사람은 이 원칙을 지키고 있습니다. 이것이 바로 우리의 도입니다.

○ 나의 뿌리는 깊고도 굳습니다.

제60장   나는 제자리를 찾습니다

60.1 큰 나라를 다스릴 때는 작은 물고기를 익히듯 한다.

60.2 도로써 천하에 나아가니 귀신도 신령스럽지 못하다.

　　귀신이 신령스럽지 않으니 신령에 사람이 다치지 않는다.

　　신령이 사람을 다치게 못하니 성인에도 사람이 다치지 않는다.

　　둘이 서로 다치지 아니하니, 덕이 주고받으며 돌아간다.

60.1 治大國, 若烹小鮮.
　　　치 대 국　 약 팽 소 선

60.2 以道莅天下, 其鬼不神.
　　　이 도 리 천 하　 기 귀 불 신

　　非其鬼不神, 其神不傷人.
　　비 기 귀 불 신　 기 신 불 상 인

　　非其神不傷人, 聖人亦不傷人.
　　비 기 신 불 상 인　 성 인 역 불 상 인

　　夫兩不相傷, 故德交歸焉.
　　부 량 불 상 상　 고 덕 교 귀 언

60.1 나라를 다스리는 것에는 철칙이 하나 있습니다. 한마디로 함부로 해서는 아니 된다는 것입니다. 나라를 마치 둘 사이의 일처럼, 아니면 집안일처럼 생각하면 큰일 납니다. 나라에는 똑똑한 사람이 있듯이 어리석은 사람이 있고, 빠른 사람이 있듯이 느린 사람이 있고, 예쁜

255

사람이 있듯이 못난 사람도 있습니다. 그러니 신중하고 사려 깊게 하지 않을 수 없겠지요. 이러저러한 이야기를 다 들어줘야 하니까요.

게다가 큰 나라라면 더욱더 그러합니다. 큰 나라가 가볍게 기침 한 번 한 것이 작은 나라에 가서는 태풍이나 심한 독감으로 변해 생명을 위협할 수도 있습니다. 큰 나라가 물을 버리면 작은 나라는 홍수가 납니다. 큰 나라가 제멋대로 움직이면 작은 나라는 거기에 부딪히고 맞다가 살아남지 못하게 됩니다.

그래서 큰 나라를 다스릴 때는 조금만 건드려도 쉬 부서지는 작은 물고기를 익히듯 하라는 것입니다. 작은 생선을 구울 때나 조릴 때 잘못 툭 건드렸다가는 그만 흐트러지고 맙니다. 결국 먹지도 못하게 됩니다. 그러니 살금살금 뒤집고 조심조심 옮겨야 하겠지요.

오늘날의 비유로 이야기하자면 자동차 운전과 비슷합니다. 트레일러나 트럭 또는 버스같이 큰 차를 마치 소형차 몰듯이 요리조리 급작스럽게 회전하거나 마구 차로를 변경하면 교통이 난리가 나겠지요. 대형차일수록 점잖게 몰아야 도로가 평안한 것입니다. 살살 다루십시오.

◦ 나는 작은 물고기를 잘 익힙니다.

60.2 천하에 나갈 때는 반드시 도를 생각해야 합니다. 이 사회에는 여러 자리가 있고 그에 걸맞은 역할을 합니다. 이때 그 자리와 그 일이 과연 도에 맞는가를 염두에 두어야 합니다. 이때 도는 인간과 사회의 원리이겠지요. 그 흐름을 잘 파악하고 있으면 누구도 그를 건들지 못합니다. 귀신이 조화를 부리는 것도 들어갈 구멍이 있으니 벌이는 것입니다. 도라는 대원칙에 삶을 맡기고 있으면, 귀신의 신령스러움도

오갈 데 없어지고 맙니다. 귀신보다는 도가 역시 한 수 위입니다.

귀신이 조화를 못 부리니 그의 신령함이 사람을 다치게 하지 못합니다. 그러니 사람은 자기의 도를 따라서 나아갈 뿐입니다. 옛날에는 '귀신'을 둘로 나누어보기도 했습니다. '귀鬼'는 돌아갈 귀歸 자를 써서 땅으로 돌아갈 것을 말했고, '신神'은 펼 신伸 자를 써서 하늘로 퍼질 것을 말했습니다. 사람이 죽어 귀신이 되면, 육체는 땅으로 돌아가고 영혼은 하늘로 올라가는 것이지요. 그런 점에서 귀는 음陰에 가깝고, 신은 양陽에 가깝습니다. 그런데 도를 지닌 사람은 음귀陰鬼나 양신陽神이나 할 것 없이 상하게 하질 못하는 것입니다.

신령함이 사람을 다치게 하지 못하니 하다못해 성인이라 할지라도 사람을 다치게 하지 못합니다. 성인이 비록 사람 가운데 빼어난 재질을 지니고 태어났고 그를 바탕으로 문화적인 사업을 이룩했지만, 그보다 더욱 중요한 것은 도의 원리에 충실히 나아가는 것입니다. 그러니 도로 천하에 나가는 사람을 성인이라 할지라도 어찌 건드릴 수 있겠습니까.

이렇게 귀신이나 성인이 사람을 다치게 하지 아니하니, 고유한 덕은 서로 주고받으면서 제자리로 돌아갑니다. 천하에서 자기 자리 찾는다는 것(莅天下)이 바로 그것이지요. 왕 자리로 나가든, 아비의 자리로 나가든, 아들의 자리로 나가든 자신의 고유한 자리를 찾는 것이 먼저입니다. 그러면 세계는 자기를 발휘하여 완성해 나갑니다.

° 나는 제자리를 찾습니다.

제61장 　 나는 아래에 있습니다

61.1 큰 나라가 아래로 흐르면 천하가 모여든다.

천하의 암컷은, 암컷은 늘 고요함으로 수컷을 이기니, 고요함으로
아래가 된다.

따라서 큰 나라는 작은 나라 아래에 있음으로써 작은 나라를 얻으며,

작은 나라도 큰 나라 아래에 있음으로써 큰 나라를 얻는다.

따라서 때로는 아래에 함으로써 얻고, 때로는 아래에 있지만 얻는다.

61.2 큰 나라는 남을 죄다 거느리길 바라는 것에 지나지 않고,

작은 나라는 남에게 들어가 모시길 바라는 것에 지나지 않는다.

무릇 둘은 나름대로 바라는 바를 얻으니, 큰 것이 마땅히 아래에 해
야 한다.

61.1 **大國者下流, 天下之交.**
대 국 자 하 류　　천 하 지 교

天下之牝, 牝常以靜勝牡, 以靜爲下.
천 하 지 빈　빈 상 이 정 승 모　이 정 위 하

故大國以下小國, 則取小國,
고 대 국 이 하 소 국　　즉 취 소 국

小國以下大國, 則取大國.
소 국 이 하 대 국　　즉 취 대 국

故或下以取, 或下而取.
고 혹 하 이 취　　혹 하 이 취

61.2 **大國不過欲兼畜人,**
대 국 불 과 욕 겸 축 인

小國不過欲入事人.
소 국 불 과 욕 입 사 인

夫兩者各得其所欲, 大者宜爲下.
부 량 자 각 득 기 소 욕   대 자 의 위 하

61.1 큰 나라는 겸손해야 합니다. 마치 어른을 모시듯이 작은 나라를 대해야 합니다. 작은 나라는 자기가 작기 때문에 크게 보이려고 무척 애쓰게 됩니다. 나라 이름에 '대大: Great'자가 들어간 나라는 모두 작은 나라 아닙니까? 대영제국이 그렇고, 대 리비아공화국이 그렇고, 안타깝지만 대한민국도 그러합니다. 그러니 큰 나라가 작은 나라더러 작다고 하면 작은 나라는 결코 큰 나라 곁에 가지 않으려고 할 것입니다. 따라서 큰 나라가 아래로 낮출 줄 알아야 합니다. 큰 나라가 물이 흐르듯 작은 나라 아래로 흐르는 것이지요. 그러면 천하가 모두 큰 나라 아래로 모여들게 되어 있습니다.

이 세상에는 하나의 원리가 있습니다. 수컷이 암컷을 이기는 것 같지만 그렇지 않다는 것이지요. 암컷은 오히려 그 자신만의 고유한 정숙靜肅함으로 수컷을 이겨 나갑니다. 고요함을 늘 지님으로써, 고요하게 남의 밑에 들어감으로써 수컷을 이겨냅니다. 이 세상에 시끄러운 놈이 조용한 놈을 이기는 법은 없습니다.

따라서 큰 나라는 작은 나라의 아래에 머묾으로써 작은 나라를 사로잡습니다. 힘으로 작은 나라를 잡는다는 것은 아무리 작은 나라라도 자존심과 체면이 있기 때문에 거의 불가능합니다. 소설 삼국지에 '칠종칠금七縱七擒'이야기가 나옵니다. 오늘날로 치면 중국과 월남의 이야기로, 중국이 월남의 지도자를 일곱 번 사로잡았다가 일곱 번 풀어준 것입니다. 작은 나라라 해서 그냥 목을 치면 영원히 자신의 수하로 만들 수 있는 것이 아니므로, 잡아도 다시 풀어주길 일곱 번이나 하니 그제야 진심으로 복종하게 되었다는 이야기입니다. 미국이 이라크를 점령한다고 해서 이라크 국민이 미국을 좋아하게 될까요? 어려운 일입니다. 반감은 자꾸만 높아지게 되어 있습니다.

거꾸로 작은 나라도 큰 나라 밑에 들어가서 큰 나라를 얻습니다. 큰 나라만 작은 나라를 얻는 것이 아니라 작은 나라도 큰 나라를 얻게 되는 것입니다. 우리가 미국 밑에 들어가서 그 재화를 얻어 근대화를 이룬 것도 부정할 수 없는 사실입니다. 미국이라는 큰 나라를 우리는 이렇게 잘 이용했습니다. 아래에 처함으로써 위를 취하게 되었다는 것이지요.

따라서 때로는 '아래에 있음으로써(以)' 얻기도 하지만, 때로는 '아래에 있지만(而)' 얻기도 하는 것입니다. 중요한 것은 아래에 있는 것입니다. 큰 나라나 작은 나라나 모두 아래에 있을 때 세상은 평화로워집니다.

◦ 나는 아래에 있습니다.

61.2 큰 나라가 바라는 것이 무엇일까요? 그것은 자신 아래 사람들을 함께 모으고자 하는 것에 지나지 않습니다. 그렇게 되면 자신이 정말 크다고 생각되어 자랑스러운 것이겠지요.

작은 나라가 바라는 것이 무엇일까요? 그것은 사람들에게 들어가 잘 모시고자 하는 것에 지나지 않습니다. 비록 자신이 동생이 될지라도 형과 함께 잘 지내고 싶은 마음이겠지요.

이렇게 되면 큰 나라의 사람이나 작은 나라의 사람이나 할 것 없이 잘 살 수 있습니다. 큰 나라에게는 명분을 주십시오. 그리고 작은 나라는 실리를 얻어야 합니다. 어른들이 아이들에게 돈을 주는 것은 존경을 하라는 뜻이지 커서 그 돈을 갚으라는 뜻이 아닌 것과 같습니다. 어른일수록 이것저것 다 관여하고자 하지 않습니까? 그러면 그러시라고 하고 말아야지, 그것을 꼬치꼬치 잡고 따지다 보면 싸움밖에 나지 않습니다. 그러나 어른은 아랫사람을 억누르려고 해서는 안 됩니다. 오히려 더 큰 어른처럼 잘 대접해줘야 하겠지요. 그래야 아랫사람이 존경심으로 어른을 대하게 됩니다.

두 쪽 다 각자 바라는 바가 있습니다. 그리고 그것은 이렇게 채워지고 있습니다. 그러면 어느 쪽이 먼저 아래로 가야겠습니까? 작은 나라일까요? 아닙니다. 작은 나라는 자신이 작기 때문에 작은 것을 드러내고 싶어하지 않습니다. 따라서 큰 나라가 마땅히 아래로 가야 하는 것입니다.

∘ 나는 크기에 작은 것 아래로 갑니다.

제62장　　나는 잘난 것도 못난 것도 받아들입니다

62.1 도는 만물의 오묘함이다.

　　잘난 사람의 보물이면서, 못난 사람이 지녀야 할 바이다.

62.2 아름다운 말은 잘 팔리고, 덕 있는 행위는 사람에게 도움이 된다.

　　사람의 잘나지 못함이라도 어찌 버릴 수 있겠는가?

　　따라서 천자를 세우고 삼공을 두면서

　　둥근 옥을 두 손으로 잡아 네 마리 말 앞에 둘지라도,

　　이 도를 앉아서 올리는 것보다 못하다.

62.3 옛날부터 이 도를 귀하게 여기는 까닭이 무엇인가?

　　이를 얻음으로써 죄가 있더라도 면하게 된다고 하지 않더냐?

　　따라서 천하가 귀하게 여기는 것이다.

62.1 道者萬物之奧.
　　　도 자 만 물 지 오

　　善人之寶, 不善人之所保.
　　선 인 지 보　불 선 인 지 소 보

62.2 美言可以市, 尊行可以加人.
　　　미 언 가 이 시　존 행 가 이 가 인

　　人之不善, 何棄之有?
　　인 지 불 선　하 기 지 유

　　故立天子, 置三公,
　　고 립 천 자　치 삼 공

　　雖有拱璧以先駟馬,
　　수 유 공 벽 이 선 사 마

262

不如坐進此道.
불 여 좌 진 차 도

62.3 **古之所以貴此道者何?**
고 지 소 이 귀 차 도 자 하

不曰以求得, 有罪以免邪?
불 왈 이 구 득   유 죄 이 면 사

故爲天下貴.
고 위 천 하 귀

62.1 도는 정말로 오묘한 것입니다. 만물에 담겨 있는 것으로, 그것을 갖지 않은 것이 없습니다. 잘난 것은 잘난 대로 도를 담고 있고, 못난 것은 못난 대로 도를 담고 있습니다. 만물의 본성을 담고 있는 도가 잘나고 못남을 나눌 리 없습니다. 그래서 도는 잘난 사람의 보물이 되기도 하지만, 못난 사람이 지녀야 할 것이 되기도 합니다. 잘난 사람은 이미 도를 가졌지만, 못난 사람도 그 도를 가져야 한다는 말입니다. 다시 말해 잘난 사람의 보물은 못난 사람이라고 해서 갖지 못하는 것이 아니라 앞으로 지녀야 할 것이 됩니다. 잘난 사람의 보물은 못난 사람이 보전해야 할 바입니다.

∘ 나는 잘난 것도 못난 것도 받아들입니다.

62.2 아름다운 말은 누구나 좋아합니다. 이를 시장에 내놓아도 잘 팔립니다. 덕 있는 사람은 사람에게 도움이 됩니다. 사람들이 서로 얻고자 합니다. 이렇게 손색이 없는 것만이 좋은 걸까요? 사람이 못나면 그를 버려야 할까요? 아닙니다. 사람이 못났다고 해서 버릴 것도 없습니다. 잘난 사람이나 못난 사람이나 할 것 없이 세상에서 자기를 실현

하고 있는 것입니다.

따라서 천자를 세우고 삼공三公(太師, 太傅, 太保)을 두는 큰 예식에서 흔히들 둥근 옥을 두 손으로 공손히 잡고 그 뒤로는 네 필의 말을 뒤따르게 하지만, 그것은 차라리 자리에 앉아 도를 진상하느니만 못한 것입니다. 겉으로는 화려하고 격식에 맞는 것처럼 보이지만, 그것은 형식적인 것일 뿐이어서 도라는 내용을 담고 있지 못합니다. 예의를 지키지도 않고 자리에서 일어나지도 않았지만, 도를 말해주는 것만큼 좋은 일은 없습니다.

◦ 나는 예보다는 도가 좋습니다.

62.3 옛날부터 이 도를 정말로 귀하게 여겼습니다. 왜냐하면 이 도를 얻으면 죄가 있어도 면할 수 있었기 때문입니다. 비록 예의를 지키지 않았다고 문책을 당할지라도 오히려 도를 말해줌으로써 위정자들을 깨우쳐줄 수 있었습니다.

사실 죄는 그 틀 속에서 만들어지는 것입니다. 예의범절 등 사회적 규약 속에서 죄를 얻기도 하고 상을 받기도 합니다. 이 같은 구조에서 과감히 뛰쳐나와 원리를 강설해보십시오. 그러면 죄도 면하게 됩니다. 따라서 도는 천하가 모두 귀하게 여기는 것입니다.

◦ 나는 도를 귀하게 여깁니다.

제63장   나는 쉬운 것을 어렵게 봅니다

63.1 아무 함도 없도록 하고, 아무 일도 없도록 일하고, 아무 맛도 없도록 맛 내라.

63.2 작은 것은 큰 것이고, 적은 것은 많은 것이다.

원한을 덕으로 갚아라.

63.3 쉬운 데에서 어려움을 풀고, 작은 것부터 크게 여겨라.

천하의 어려운 일은 반드시 쉬운 데에서 일어난다.

천하의 큰일은 반드시 작은 데에서 일어난다.

그러므로 성인은 끝까지 크다고 여기지 않으니, 따라서 그 큼을 이룰 수 있다.

63.4 무릇 가벼운 끄덕임이 반드시 믿음이 적고, 쉬움이 많으면 반드시 어려움도 많다.

그러므로 성인은 오히려 어려워하니, 따라서 마침내 어려움이 없다.

63.1 爲無爲, 事無事, 味無味.
　　　위 무 위　사 무 사　미 무 미

63.2 大小多少.
　　　대 소 다 소

報怨以德.
　　　보 원 이 덕

63.3 圖難於其易, 爲大於其細.
　　　도 난 어 기 이　위 대 어 기 세

天下難事, 必作於易.
천 하 난 사 　 필 작 어 이

天下大事, 必作於細.
천 하 대 사 　 필 작 어 세

是以聖人終不爲大, 故能成其大.
시 이 성 인 종 불 위 대 　 고 능 성 기 대

63.4 夫輕諾必寡信, 多易必多難.
부 경 낙 필 과 신 　 다 이 필 다 난

是以聖人猶難之, 故終無難矣.
시 이 성 인 유 난 지 　 고 종 무 난 의

63.1 아무것도 하지 말아보십시오. 쉬울까요? 아닙니다. 이것도 참 어려운 일입니다. 아무것도 하지 않음이야말로 어떤 함보다도 가장 높은 경지일 것입니다. 그러나 아무것도 하지 않는다고 정말로 아무것도 하지 않는 것일까요? 아닙니다. 그것이야말로 행위 가운데 최고 행위입니다. 어떤 작위적인 행위를 모두 버리고자 하는 행위는 가장 위대한 행위입니다. 함 없이 하십시오. 별이 그렇듯, 달이 그렇듯, 해가 그렇듯 하고자 함이 없이 해보십시오.

어떤 일삼음도 없어보십시오. 그거 참 어렵습니다. 아무 일도 만들지 말라는 것은 어떤 일을 하라는 것보다 더 힘이 드는 일입니다. 그러나 일삼음이 없다고 정말로 아무 일도 하지 않는 것일까요? 아닙니다. 어떤 일삼음도 없는 상황을 일삼아 만드는 것입니다. 세상사가 번잡하다 보니 늘 우리는 한 일에 매어 있게 됩니다. 이런 모든 일삼음을 벗어버리는 것을 일삼아보십시오. 일 가운데에서 가장 일다운 일입니다. 일 없는 일을 하십시오. 이 일도 버리고, 저 일도 버리고, 남의 일도 버리고, 내 일도 버리는 그런 일을 해보십시오.

어떤 맛도 내지 말아보십시오. 그것이 맛이 없는 것일까요? 아닙니다. 가장 고상한 맛은 아무 맛도 없는 것입니다. 맛이 나쁜 것이 아니라 맛이 없는 것입니다. 어떤 맛조차 없음은 맛의 진수일 것입니다. 어떤 맛은 반드시 바로 질립니다. 단것이라 할지라도 많이 먹으면 속이 느글거리게 되어 있습니다. 따라서 모든 맛을 없애는 것처럼 높은 맛은 없습니다. 간이 짙은 밥이나 빵은 매일 먹는 주식이 될 수 없습니다. 맛없는 맛을 내려고 해보십시오. 물처럼 아무 맛 없는 맛을 간직해 보십시오.

◦ 나는 함도 없고, 일도 없고, 맛도 없습니다.

63.2 작은 것은 작은 것일까요? 아닙니다. 작은 것이야말로 큰 것입니다. 작은 것을 함부로 하다가는 큰코다칩니다. 사람을 죽이는 것도 코끼리가 아니라 세균입니다. 인간이나 맹수나 할 것 없이 바이러스에는 맥을 못 춥니다. 그렇기에 작은 것을 크게 보십시오. 큰 것은 작은 데에서 나옵니다.

적은 것이 적은 것일까요? 아니지요. 적은 것이야말로 많은 것입니다. 적다고 우습게 보다가는 큰일 납니다. 한두 마리 바퀴벌레가 온 집을 쑤셔놓을 수도 있습니다. 개미가 한 마리 보이면 금방 집이 개미투성이가 됩니다. 그러니 적은 것을 많게 보십시오. 많은 것은 적은 데에서 비롯되고 있습니다.

모든 생명도 이와 같아서, 작은 정자와 난자가 만나서, 그리고 적은 하나의 수정란이 분열되면서 다양해지고 복잡해지는 것입니다. 생명만 그렇겠습니까? 만사가 다 이렇습니다.

∘ 나는 작은 것을 크게, 적은 것을 많게 봅니다.

63.3 어려움을 어떻게 풀어야 할까요? 어려운 데에서 풀어 나가야 할까요? 아닙니다. 어려움은 오히려 쉬운 데에서부터 풀어야 합니다. 어려운 것은 너무 어려워서 풀리지도 않을뿐더러 자꾸 더 어려워질 뿐입니다. 가장 쉬운 데를 찾아보십시오.

큰 것은 어떻게 이루어야 할까요? 큰 것부터 하는 것일까요? 아닙니다. 오히려 아주 작은 데에서부터 시작해야 합니다. 땅을 다지기 전에 땅부터 세밀하게 살피는 것이 우선입니다. 가장 작은 데에서 가장 큰 것이 이루어집니다.

세상의 어려운 일은 모두 쉬운 데에서부터 일어났습니다. 세상의 큰 일은 모두 작은 데에서부터 일어났습니다. 쉬운 것, 작은 것에 주의하십시오.

그래서 성인은 결코 끝까지 모든 것을 크게 만들려 하지 않습니다. 자신조차 크게 만들지 않습니다. 따라서 성인은 만물을 크게 이룰 수 있는 것입니다.

∘ 나는 작은 데에서 큰 것을 이룹니다.

63.4 쉽게 끄덕대는 사람은 믿음이 덜 갑니다. 대답은 신중하게 해야 할 것인데, 가볍게 승낙하는 사람은 결국 아무렇지도 않게 그 말을 번복할 수 있기 때문입니다. 눈앞에서 바로 허락하는 사람보다는 다음 날로 대답을 미루는 사람이 마침내는 더욱 신용을 지킬 수 있습니다.

너무 쉬운 것은 많은 어려움을 만듭니다. 쉽다고 좋아하다가는 큰 어려움에 직면할 수 있습니다. 쉬운 돈벌이 때문에 패가망신한 사람이 하나둘이 아닙니다. 당장 편하다고 선택했다가는 고생하기 쉽습니다. 사흘 가는 길에 쌀자루보다 밥솥이 가볍다고 쉽게 솥을 맡았다가는 날이 갈수록 줄어드는 자루에 속만 상합니다. 쉬운 것을 어렵게 생각해야 합니다.

따라서 성인은 어떤 것이든지 오히려 어렵게 여깁니다. 그래야 마침내 어떤 어려움도 없게 되기 때문입니다.

◦ 나는 쉬운 것을 어렵게 봅니다.

제64장　나는 끝을 처음처럼 조심합니다

64.1 가만히 있는 것은 잡기 쉽고, 드러날 듯 말 듯한 것은 꾀하기 쉽다.

　　　무른 것은 쉽게 녹고, 작은 것은 쉽게 흩어진다.

　　　생기기 전에 하고, 어지러워지기 전에 다스려라.

64.2 아름드리나무도 털끝에서 생겨나고,

　　　구 층의 누대도 흙을 쌓아 일어나고,

　　　천 리의 발걸음도 발밑에서 비롯된다.

64.3 하는 사람은 지고, 잡는 사람은 놓친다.

　　　그러므로 성인은 하지 않아 지지 않고,

　　　잡지 않아 놓치지 않는다.

64.4 사람들이 일을 할 때 언제나 이룰 즈음 망친다.

　　　끝을 처음처럼 신중히 하면 일을 망치는 일이 없다.

64.5 그러므로 성인은 하고자 함이 없음을 하고자 하고, 얻기 어려운 재
　　　화를 귀하게 여기지 않으며,

　　　배우지 않기를 배워 뭇사람들이 지나친 것을 되돌려주며,

　　　만물의 자연스러움을 돕지만 하려 들지 않는다.

64.1 其安易持, 其未兆易謨.
　　　기 안 이 지　기 미 조 이 모

　　　其脆易泮, 其微易散.
　　　기 취 이 반　기 미 이 산

270

爲之於未有, 治之於未亂.
위 지 어 미 유   치 지 어 미 란

64.2 合抱之木, 生於毫末,
합 포 지 목   생 어 호 말

九層之臺, 起於累土,
구 층 지 대   기 어 누 토

千里之行, 始於足下.
천 리 지 행   시 어 족 하

64.3 爲者敗之, 執者失之.
위 자 패 지   집 자 실 지

是以聖人無爲, 故無敗,
시 이 성 인 무 위   고 무 패

無執, 故無失.
무 집   고 무 실

64.4 民之從事, 常於幾成而敗之.
민 지 종 사   상 어 기 성 이 패 지

愼終如始, 則無敗事.
신 종 여 시   즉 무 패 사

64.5 是以聖人欲不欲, 不貴難得之貨,
시 이 성 인 욕 불 욕   불 귀 난 득 지 화

學不學, 復衆人之所過,
학 불 학   복 중 인 지 소 과

以輔萬物之自然而不敢爲.
이 보 만 물 지 자 연 이 불 감 위

64.1 안정된 것이 유지되기 쉽습니다. 불안정한 것이야 위태롭기 짝이 없지요. 돌도 넓적하게 바닥에 자리 잡고 있으면 그대로 있을 수 있지만, 높은 곳에 불안하게 서 있으면 언젠가는 넘어집니다. 위태한 것은 그대로 유지되기 어렵습니다.

일도 벌어지지 않았을 때는 쉽게 뜻하는 대로 도모할 수 있습니다. 그러나 이미 뭔가 벌어지고 나면 아무리 애써도 처음처럼 되지는 않

271

습니다. 그러니 조짐이 없을 때 일을 꾀해야 합니다. 징조가 나타나고 그제야 일을 처리하려면 여간 어려운 것이 아닙니다.

무른 것은 쉽게 무너집니다. 방죽 가운데 취약한 부분은 적은 비에도 흙이 그만 녹아버리고 맙니다. 취약한 곳을 먼저 조심하십시오.

작은 것은 쉽게 흩어집니다. 작은 씨앗은 약한 바람에도 획 날리고 맙니다. 미세한 곳을 조심하십시오.

그러니 일이 생기기 전에 해놓으십시오. 일이 생기고 나면 그것을 하기가 너무도 힘이 듭니다. 일이 벌어지기 전에 일을 하십시오. 어지러워지기 전에 다스리십시오. 어지럽혀지고 나면 다시 추스르기는 너무도 어렵습니다. 어지러워지기 전에 다독거려놓으십시오.

◦ 나는 일이 없을 때 일을 합니다.

64.2 아름드리나무가 자라기에는 많은 시간이 필요했겠지요. 그러나 그런 나무라도 털끝만 한 씨앗에서 큰 것입니다. 그런 씨앗이 없이는 자랄 수 없었습니다.

구 층짜리 누대樓臺는 정말 짓기 어려웠겠지요. 그러나 그런 건물도 다진 땅에서 세워진 것입니다. 땅 다지기 없이는 구 층은커녕 일 층도 어렵습니다.

천 리 길을 가려면 어느 세월에 가나 하고 걱정하겠지요. 그러나 천리 길도 발밑에서 비롯됩니다. 천 리 길도 한 걸음부터입니다. 첫걸음 없는 천 리 길은 없습니다.

◦ 나는 작은 데에서 비롯되었습니다.

64.3 무엇인가 하려 들지 마십시오. 그러면 무너지게 됩니다. 무엇인가 잡으려 들지 마십시오. 그러면 놓치게 됩니다. 하려 들지 않으면 무너지지 않고, 잡으려 들지 않으면 놓치지 않습니다. 하려다, 잡으려다 우리네 인생이 망하는 것입니다.

마음을 떨치고 손을 비우십시오. 하려다 무너지고, 잡으려다 놓치지 마십시오. 그러면 억장이 무너질 일도, 실패도 없습니다. 그것이 성인의 길입니다.

° 나는 하지도, 잡지도 않습니다.

64.4 사람들이 일을 할 때 언제 실패를 하겠습니까? 아쉽게도 끝낼 무렵이 가장 실수가 많습니다. 다 되었다고 자만하거나 방심하다가 낭패를 보게 됩니다. 산에 아무 일 없이 씩씩하게 올랐다가, 산 정상에서 미끄러지거나 하산을 다 해서 넘어지는 경우가 종종 있습니다. 긴장이 풀려서 그렇겠지요. 끝까지 처음처럼 하면 잘못되는 일이 결코 없습니다. 그러나 우리네 인생은 늘 끝에서 맥이 풀리면서 실수를 하게 됩니다. 그러니 처음처럼 끝을 신중하게 해야 일을 망치지 않습니다.

° 나는 끝을 처음처럼 조심합니다.

64.5 하고자 함이 없음을 하고자 합니다. 이것이 성인의 마음입니다. 성인은 무엇인가를 하고자 하는 것이 아니라, 하고자 하는 마음이 없고자 할 뿐입니다. 그것도 욕심이라면, 욕심을 갖지 않으려는 욕심일 것입니다. 그러니 남들이 모두 탐내고 얻기 어려운 재화를 귀하게

여기지 않습니다. 욕심을 버리고자 하는 욕심만 있는 사람에게 보물은 아무 소용이 없습니다.

배우지 않음을 배우고자 합니다. 이것이 성인의 공부입니다. 성인은 무엇을 배우려 하지 않고, 배우지 않음을 배웁니다. 배우기는 쉬워도 배우지 않기는 어렵습니다. 그럼으로써 사람들이 배움으로 지나치게 나간 것을 처음의 순수한 상태로 되돌리고자 합니다. 배움은 사람을 지나치게 만들 뿐입니다.

그럼으로써 성인은 만물의 자연성을 도와줍니다. 자연스러움이 실현되도록 보조해줍니다. 그러나 그것이 무엇을 하는 것은 결코 아닙니다. 무엇을 감히 하려다 보면 자연성이 깨지기 때문입니다. 도와만 줄 뿐, 무엇을 하려 들지 않습니다.

◦ 나는 도와줄 뿐, 하려 들지 않습니다.

제65장   나는 똑똑한 것이 싫습니다

65.1 옛날에 길(道)을 잘 닦은 사람은 사람들을 똑똑하게 하지 않고 어리석게 만들었다.

사람들을 다스리기 어려운 것은 지혜가 많기 때문이다.

따라서 지혜로 나라를 다스리는 것은 나라의 도둑이고,

지혜로 나라를 다스리지 않는 것은 나라의 행복이다.

이 둘을 아는 것도 법식에 맞음이다.

65.2 늘 법식에 맞음을 아는 것을 검은 덕(玄德)이라고 한다.

검은 덕은 깊고도 멀도다!

사물과 함께 돌아간다!

그다음 큰 따름(大順)에 이른다.

65.1 古之善爲道者, 非以明民, 將以愚之.
　　　고 지 선 위 도 자　비 이 명 민　장 이 우 지

　　民之難治, 以其智多.
　　민 지 난 치　이 기 지 다

　　故以智治國, 國之賊,
　　고 이 지 치 국　국 지 적

　　不以智治國, 國之福.
　　불 이 지 치 국　국 지 복

　　知此兩者, 亦稽式.
　　지 차 량 자　역 계 식

65.2 常知稽式, 是謂玄德.
　　　상 지 계 식　시 위 현 덕

玄德深矣遠矣!
현 덕 심 의 원 의

與物反矣!
여 물 반 의

然後乃至大順.
연 후 내 지 대 순

65.1 옛날에 도를 잘하던 사람이 있었습니다. 그 사람은 사람을 밝게 만들지 않고 어리숙하게 만들었습니다. 왜냐하면 사람들이 밝아지면 이것저것 모든 것에 욕심을 내기 때문입니다. 이재에 밝으면 돈에, 명예에 밝으면 이름에 매달리게 되기 때문입니다.

사람들이 다스리기 어려워지는 것은 꾀가 많아지기 때문입니다. 단순하고 소박하지 않고 사람을 속이거나 등치려 하니, 그런 사람을 다스리기는 너무 어려워집니다.

따라서 지식으로 나라를 다스리는 것은 나라를 훔치려는 짓입니다. 그런 사람은 나라의 도적입니다. 지식으로 다스리지 않아야 나라가 행복에 가득 차게 됩니다. 이렇게 무엇이 나라의 도둑인지, 무엇이 행복인지 둘 다 아는 것이 곧 법식에 알맞음입니다. 무엇이 나라에 복이 되고 화가 되는 줄 알아야 하겠지요.

◦ 나는 똑똑한 것이 싫습니다.

65.2 법식에 알맞을 줄 알아야 합니다. 이를 일러 검은 덕(玄德)이라고 합니다. 덕 가운데에서도 가장 오묘하고 신비로운 것이니 검다고 부릅니다. 개인의 덕을 넘어서 국가의 덕이니 덕 가운데에서도 으뜸

276

되는 덕입니다. 검은색은 모든 것을 감싸면서도 드러나지 않습니다.

검은 덕은 매우 깊은 데까지 미칩니다. 검은 덕은 매우 멀리까지 갑니다. 아무리 깊어도, 아무리 멀어도 검은 덕은 영향을 끼칩니다. 그러니 검은 덕은 깊고도 멀다고 하는 것입니다. 이 검은 덕이 얼마나 좋은 것이면 《삼국지》의 유비가 자신을 '현덕'이라고 불렀겠습니까?

검은 덕은 만물과 함께 본래의 자연성으로 되돌아갑니다. 그런 다음에는 자연의 원리에 순응하는 데까지 이르게 됩니다. 그런 순응은 그저 굴종하는 것이 아니라 자연성을 회복한 상태에서의 순종이기 때문에 '대순大順'입니다. 자연을 따르는 것이 바로 큰 따름입니다.

◦ 나는 크게 따르겠습니다.

제66장　나는 가장 낮은 바다입니다

66.1 강과 바다가 온 골짜기의 왕이 될 수 있는 까닭은, 그것이 잘 낮추기 때문이다.

따라서 온 골짜기의 왕이 될 수 있는 것이다.

그러므로 성인이 사람 위에 있으려면 반드시 말은 낮추어야 하며,

사람보다 앞에 있으려면 반드시 몸은 뒤처지게 해야 한다.

66.2 그러므로 성인이 위에 있어도 사람들은 무겁지 않고

앞에 있어도 사람들은 해치지 않는다.

그러므로 천하가 밀어주길 좋아하면서도 싫증 내지 않는다.

그는 싸우지 않기 때문에, 따라서 천하가 그와 싸울 수 없다.

66.1 江海所以能爲百谷王者, 以其善下之.
　　　강 해 소 이 능 위 백 곡 왕 자　이 기 선 하 지

故能爲百谷王.
고 능 위 백 곡 왕

是以聖人欲上民, 必以言下之,
시 이 성 인 욕 상 민　필 이 언 하 지

欲先民, 必以身後之.
욕 선 민　필 이 신 후 지

66.2 是以聖人處上而民不重,
시 이 성 인 처 상 이 민 부 중

處前而民不害.
처 전 이 민 불 해

是以天下樂推而不厭.
시 이 천 하 락 추 이 불 염

以其不爭, 故天下莫能與之爭.
이 기 부 쟁   고 천 하 막 능 여 지 쟁

66.1 강과 바다는 골짜기의 왕입니다. 어떤 골짜기도 흘러흘러 강으로 내려오지 않을 수 없고, 강은 바다로 모이기 때문입니다. 골짜기가 아무리 깊어도 결국은 내와 만나게 되어 있고, 내가 아무리 많아도 바다로 모입니다.

그런데 왜 골짜기는 결국 강과 바다로 모이게 될까요? 그것은 너무도 단순한 진리에 근거합니다. 왜냐하면 강과 바다는 아래에 있기에 골짜기들이 모이고 또 모이는 것이지요. 만일 강과 바다가 골짜기보다 위에 있다면 자신의 의연함과 심연함을 자랑할 수 있었을까요? 불가능하지요. 강이 느긋하게 흐를 수 있는 것도 골짜기보다 자기를 낮추기 때문이고, 바다가 의젓하게 머무를 수 있는 것도 골짜기보다 자기를 낮추기 때문입니다.

사람도 마찬가지입니다. 사람들보다 위에 있고 싶으면 나를 낮추어야 합니다. 남보다 몸이 위에 있으려면 반드시 말을 낮추어야 합니다. 임금이 자신을 모자란 사람이라는 뜻에서 '과인寡人'이라고 부르는 것을 보십시오. 남을 다스리려는 자는 말로 자기를 낮추어야 남들이 따라오게 되어 있습니다. 사람들보다 앞서고 싶으면 반드시 몸을 뒤로 하십시오. 앞서는 사람은 뒤에서 따라잡고 싶어합니다.

◦ 나는 가장 낮은 바다입니다.

66.2 이상적인 인격을 지닌 성인은 아래에 머무를 줄 압니다. 말은 낮추고 몸은 뒤로합니다. 덕분에 성인은 사람들 위에 있어도 사람들이 무겁게 느끼지 않습니다. 자기를 눌러야 무겁게 느끼지, 위에 있어도 누르지 않는데 어찌 마다하겠습니까? 성인은 앞에 있어도 사람들이 부담 갖지 않습니다. 앞에 있으면서도 늘 사람들 뒤에 있으려 하는데, 앞에 있다손 치더라도 사람들이 어찌 해코지하려 들겠습니까?

성인의 이런 언어와 행동으로 결국 사람들은 그를 위로, 앞으로 나서도록 밀어주게 되어 있습니다. 태도나 자세가 공손하고 겸허한데 사람들이 싫어할 리 없겠지요. 그러니 세상은 성인을 밀어주면서도 싫증 내지 않습니다. 사람들은 잘난 척하는 사람을 처음에는 밀어줄지 모르지만, 결국은 지겨워하며 떠나가게 됩니다.

그런 사람은 결코 싸우지 않습니다. 싸우지 않으니 노상 질 것 같습니까? 아닙니다. 그는 싸우지 않기 때문에 결코 지지도 않습니다. 아무도 그와 싸울 상대가 없는 것입니다. 싸우지 않는 사람은 천하라도 이길 수 없습니다.

◦ 나는 뒤에 있는데도 사람들이 밀어줍니다.

제67장   나는 엄마처럼 사랑하고, 아끼며, 앞서지 않습니다

67.1 세상 사람들이 모두 나의 도가 크다면서 무엇과도 닮지 않은 듯하
   다고 한다.

   오직 크니, 닮지 않았다.

   닮았다면, 오래로다, 그것이 작아진 지!

67.2 나는 세 가지 보물이 있어 그것을 잡아 지키고 있다.

   하나는 내리사랑(慈)이요, 둘은 아낌(儉)이요, 셋은 감히 천하에 앞장
   서지 않는 것이다.

   내리사랑을 하니 용감하고, 아끼니 넓어지고, 감히 천하에 앞장서지
   않으니 온갖 것들의 우두머리(器長)가 될 수 있다.

67.3 이제는 내리사랑을 버리고 용감하기만 하고, 아낌을 버리고 넓어지
   기만 하고, 뒤를 버리고 앞으로만 가네.

   죽음이로다!

   무릇 내리사랑은, 그것으로 싸우면 이기고, 그것으로 지키면 단단
   하다.

   하늘이 장차 구해줄 것이니, 내리사랑으로 그것을 막아낸다.

67.1 天下皆謂我道大, 似不肖.
   천 하 개 위 아 도 대   사 불 초

   夫唯大, 故似不肖.
   부 유 대   고 사 불 초

若肖, 久矣, 其細也夫!
약 초 구 의 기 세 야 부

67.2 我有三寶, 持而保之.
아 유 삼 보 지 이 보 지

一曰慈, 二曰儉, 三曰不敢爲天下先.
일 왈 자 이 왈 검 삼 왈 불 감 위 천 하 선

慈故能勇, 儉故能廣, 不敢爲天下先, 故能成器長.
자 고 능 용 검 고 능 광 불 감 위 천 하 선 고 능 성 기 장

67.3 今舍慈且勇, 舍儉且廣, 舍後且先.
금 사 자 차 용 사 검 차 광 사 후 차 선

死矣!
사 의

夫慈, 以戰則勝, 以守則固.
부 자 이 전 즉 승 이 수 즉 고

天將救之, 以慈衛之.
천 장 구 지 이 자 위 지

67.1 나의 길(道)은 정말 큽니다. 크고도 또 커서 아무것도 그것과 닮을 수 없습니다. 사람들은 그것을 무엇처럼 크다고 말하고 싶지만 너무나 커서 차라리 닮은 바 없다고 합니다. 아무것도 닮지 않은 것이 바로 나의 길입니다.

닮지 않았다는 것은 두 가지 뜻으로 쓰입니다. 하나는 '아버지를 닮지 못했다는 뜻'으로 어리석음을 가리킬 때입니다. '불초소생不肖小生'이라는 말이 있습니다. 아버지를 닮으려고 하나 그렇지 못함을 내세우는 것은 유가들의 기본적인 가치관입니다. 가부장적 사회에서 아버지는 늘 모범이고 아들은 그 아버지를 닮아야 하지만 그렇지 못함을 강조하는 것이지요.

그런데 여기서 말하는 '닮지 않음'은 그만큼 도가 큼을 가리킵니다.

너무도 큰 것은 어떤 것을 닮지 못하지요. 아이들이 '얼마만큼'이라고 물을 때 '하늘만큼, 땅만큼'이라고 말하는 것처럼, 큰 것을 말할 때는 언제나 무엇처럼 크다고 말하고 싶어집니다. 그러나 도는 무엇같이 크지 않습니다. 그것은 그대로 클 뿐이지, 무엇을 닮고 있지 않습니다. 그래서 '불초'라고 합니다. '불초대도不肖大道'인 셈이지요. 정확히는 '대도불초'이고요.

큰길은 누구를 닮아서 이루어지는 것이 아닙니다. 닮은 것은 그것에 지나지 않습니다. 닮으면 그것을 넘어설 수 없습니다. 내 길은 내가 만듭니다. 그것이 내 큰길입니다.

오로지 그렇게 크니 닮은 것이 없는 것처럼 보입니다. 만일 닮았다면, 이 세상의 어떤 물건이 되어버려 너무도 작아지고 맙니다. 무엇과도 닮지 마십시오. 닮으면 작아진 지 오래입니다. 아무리 큰 것이라도 그것과 닮으려고 하면 도는 벌써 작아지고 만 것입니다.

° 나는 아무것과도 닮지 않습니다.

67.2 나에게는 세 가지 보물이 있습니다. 나의 보물은 남들이 말하는 보석도, 자식도, 건물도 아닙니다. 그런 것들은 모두 나의 밖에 있는 것들입니다. 돈과 명예도 내 내면의 것이 아닌 것과 같습니다. 그것들은 내 외면에 잠시 머물다 떠나갈 것에 불과합니다. 나는 내 속에 보물이 있어 꼭 잡아 지키고 있습니다. 내 속에 있다고 잡아놓지 않으면 이놈들도 도망갈지 모릅니다. 유지 보관에 주의하십시오.

첫째는 '내리사랑(慈)'입니다. 두 방향의 사랑이 있습니다. 하나는 아래에서 위로 하는 것으로, 자식이 부모에게 하는 효도(孝)입니다. 다른 하나는 위에서 아래로 하는 것으로, 부모가 자식에게 하는 자애(慈)입니다. 그런데 자식이 부모를 사랑하는 것보다 훨씬 더 자연스러운 것은 아무래도 부모가 자식을 사랑하는 것이겠지요. 동물도 모성애가 없는 것은 없으니까요. 이처럼 부모가 자식을 사랑하는 것처럼 근원적인 것은 없습니다. 그래서 나의 첫째 보물은 '모성애'입니다.

둘째는 '아낌(儉)'입니다. 자본주의 소비사회에 들어오면서 '소비가 미덕'이 된 듯하지만, 그것은 자본가들의 구호일 뿐이지 자연의 원리는 결코 아닙니다. 현대에 들어 대량 생산이 가능해지면서 대량 소비가 생기고, 이를 통한 이윤 창출이라는 목적이 탄생한 것입니다. 이것은 돈을 벌고자 하는 사람들의 욕구에 따른 결과물일 뿐, 자연이 이렇게 굴러가는 것은 결코 아닙니다. 자연은 어렵게 만들어 어렵게 쓸 뿐입니다. 이른바 낭비란 없습니다. 남음이란 없습니다. 따라서 소비가 인간의 미덕이라면, 검약(儉約)은 자연의 덕목입니다. 그런데 인간이 자연을 닮지 않으면 큰일 납니다. 환경론의 맨 위 덕목이 바로 절검(節儉)인 것을 기억하십시오. 환경 문제는 곧 쓰레기 문제이고, 쓰레기는 아끼지 않는 데서 생겨나는 것입니다. 그래서 나의 둘째 보물은 '절약'입니다.

셋째는 '감히 천하에 앞장서지 않는 것(不敢爲天下先)'입니다. 남보다 앞에 서지 마십시오. 뒤에서 돌 던집니다. 칼 맞고 총 맞기 좋은 자리가 남들 앞입니다. 사회에서 쉽게 앞장서려고 하지 마십시오. 앞장서려다가는 오히려 뒤처지기 쉽습니다. 앞장서는 놈은 뒤에 끌어내리게 되어 있습니다. 남들보다 튀는 사람은 남들이 싫어하게 되어 있습니다. 그래서 '감(敢)히' 곧 '용감(勇敢)히' 천하보다 앞서지 말라고 하는 것입니다. 천하는 도도히 흘러갑니다. 이 흐름은 나의 것도 너의 것도 아니고 우리의 것입니다. 이 흐름에 앞설 사람은 없는 것입니다. 그래서 나의 셋째 보물은 '앞서지 않는 것'입니다.

모성애는 용감한 것입니다. 어느 사랑이 모성애보다 용감하겠습니까? 알을 보호하려고 구렁이에게 덤비는 까치를 못 보았습니까? 가장 무서운 개는 젖이 처진 암캐라는 걸 모르십니까? 아기를 위해 불구덩이에 뛰어드는 엄마를 보지 못했습니까? 사랑이 용감한 것입니다.

검약은 세상을 넓게 만듭니다. 내가 적게 쓰면 남들이 쓸 수 있습니다. 내가 줄이면 남들이 늘어납니다. 선진국이 함부로 버리지 않으면 후진국이 살아갈 수 있습니다. 선진국이 쓰는 물이 후진국보다 열 배나 많고, 그것이 곧 환경을 오염시킵니다. 내가 남기지 않았기에 그 쌀이 어떤 어린이의 생명줄이 될 수도 있습니다. 아끼는 것은 오히려 넓히는 것입니다.

앞서지 않으면 만물의 으뜸이 될 수 있습니다. 세상은 흘러갑니다. 앞서 흘러가지 마십시오. 먼저 가다가는 아무도 따라오지 않을 수도 있습니다. 세상과 함께 가도록 해보십시오. 그러다 보면 어느덧 세상의 주인이 되어 있는 자신을 발견할 수 있을 것입니다.

◦ 나는 엄마처럼 사랑하고, 아끼며, 앞서지 않습니다.

67.3 요즈음은 어떻습니까? 자애는 버리고 용감해지기만 하고, 검약은 버리고 소비만 하고, 뒤에 서지 않고 앞서기만 합니다. 이러면 큰일입니다. 이러면 모두 죽고 맙니다.

사랑으로 공격을 해야 이깁니다. 사랑으로 수비를 해야 굳셉니다.

전투나 방어나 할 것 없이 모두 사랑으로 해야 합니다. 어미가 새끼에 하듯 사랑으로 해야 하는 것입니다. 사랑 없는 전쟁은 학살에 불과합니다.

하늘은 이런 사랑을 하는 자를 구해줍니다. 내리사랑은 만고불변의 원리이기 때문에 자연은 내리사랑을 하는 자를 지켜줍니다. 모성애를 지키십시오. 하늘이 도와줍니다. 모성애가 사라지는 사회는 하늘조차 버릴 것입니다.

◦ 내가 엄마처럼 사랑하니 하늘이 나를 지켜줍니다.

제68장   나는 화내지 않는 싸움꾼입니다

68.1 훌륭한 칼잡이는 힘을 보이지 않고, 훌륭한 싸움꾼은 화내지 않는다.

적을 잘 이기는 사람은 자기를 내보이지 않고, 사람을 잘 쓰는 사람은 자기를 아래에 둔다.

68.2 이를 싸우지 않는 덕이라 하고,

이를 사람을 쓰는 힘이라 하고,

이를 먼 옛날의 끝과 짝한다고 한다.

68.1 善爲士者不武, 善戰者不怒.
　　　선 위 사 자 불 무　　선 전 자 불 노

善勝敵者不與, 善用人者爲之下.
　선 승 적 자 불 여　　선 용 인 자 위 지 하

68.2 是謂不爭之德,
　　　시 위 부 쟁 지 덕

是謂用人之力,
　시 위 용 인 지 력

是謂配天古之極.
　시 위 배 천 고 지 극

68.1 무사가 있습니다. 그런데 늘 칼을 보이며 자랑합니다. 이런 무사는 삼류에 불과합니다. 어떤 무기도 보이지 않고, 자신의 무력을 자랑하지 않는 무사가 일류급 무사입니다. 힘을 보이면 오히려 상대방

이 어디가 약점인 줄 알아차리게 되어 있습니다. 그래서 훌륭한 칼잡이는 힘을 보이지 않습니다.

싸움을 하려 합니다. 그런데 화를 내며 시작합니다. 이런 싸움은 지게 되어 있습니다. 먼저 화낸 사람이 먼저 지게 마련인 것입니다. 감정이 북받쳐 있을 때는 전략을 고려하지 못합니다. 그래서 장수나 전사의 화를 돋우는 것도 전술 가운데 하나입니다. 화를 내지 않고 평온하게 싸움을 벌이면 이기게 되어 있습니다. 그래서 훌륭한 싸움꾼은 화내지 않습니다.

적을 잘 이기는 사람은 자기의 감정을 내보이지 않습니다. 적에게 감정을 허여許與하면 적은 곧 그 감정의 허약한 부분을 공격해 들어오게 되어 있습니다. 감정을 주지 마십시오. 그 감정이 동요하는 순간 당신은 위태해집니다.

사람을 잘 쓰는 사람은 자기를 남의 아래에 놓을 줄 압니다. 남이 자기에게 오게끔 하기 위해서는 먼저 자기를 남의 아래에 두십시오. 내가 위에 있고자 하면 남들은 부담스러워 도망갑니다. 남을 내 위에 두십시오. 그러면 남이 나를 편하게 느끼게 되어, 내가 남을 쓸 수 있게 됩니다.

◦ 나는 힘없는 칼잡이고 화내지 않는 싸움꾼입니다.

68.2 이런 것을 바로 싸우지 않는 덕이라고 합니다. 언제 힘을 비추었습니까? 언제 화를 냈습니까? 언제 싸우고자 했습니까? 그러니 싸우지 않고도 얻을 수 있습니다.

이런 것을 사람을 쓰는 힘이라고 합니다. 사람을 쓰고자 사람을 강

제했습니까? 사람에게 무력을 썼습니까? 남보다 내가 위에 있고자 했습니까? 이렇게 남보다 나를 아래에 놓으니 사람을 쓰게 됩니다.

이런 것을 먼 옛날과 짝한다고 합니다. 먼 옛날에는 힘을 드러내 보이지도, 화를 내지도 않고 이겼습니다. 싸우지 않고도 이긴 것입니다. 먼 옛날에는 자기를 보이지 않고 오히려 남 밑으로 들어갔습니다. 자신을 아래로 함으로써 사람을 잘 쓴 것입니다. 이런 원리와 짝하십시오. 그러면 태고의 궁극과 배필이 될 수 있습니다.

◦ 나는 하늘과 짝하여 싸우지 않고 이깁니다.

제69장 　나는 슬퍼하기에 이깁니다

69.1 병력을 쓰는 데 이러한 말이 있다.

내가 주인이 되지 말고 손님이 된다.

한 촌 앞으로 가지 말고 한 척 뒤로 물러선다.

이를 일러 나가지 않게 나가고, 팔 없이 휘두르고, 없는 적을 무찌르

고, 없는 병기를 잡는다고 한다.

69.2 적을 가볍게 여기는 것보다 더 큰 화는 없다.

적을 가볍게 여기다가는 나의 보물을 빼앗기고 말 것이다.

따라서 병기를 들고 서로 싸우면, 슬퍼하는 사람이 이긴다.

69.1 用兵有言.
　　　　용 병 유 언

吾不敢爲主, 而爲客.
오 불 감 위 주　이 위 객

不敢進寸, 而退尺.
불 감 진 촌　이 퇴 척

是謂行無行, 攘無臂, 扔無敵, 執無兵.
시 위 행 무 행　양 무 비　잉 무 적　집 무 병

69.2 禍莫大於輕敵.
　　　　화 막 대 어 경 적

輕敵幾喪吾寶.
경 적 기 상 오 보

故抗兵相加, 哀者勝矣.
고 항 병 상 가　애 자 승 의

69.1 군대를 동원하여 전쟁을 벌일 때 꼭 잊지 말아야 할 것이 있습니다. 자신의 부대가 적보다 크다고, 자신의 병력이 적보다 많다고 자신만만해서는 안 됩니다. 설령 정말 그렇더라도 전쟁을 주동해서 일으켜서는 안 됩니다. 전쟁은 늘 피동적으로 해야 합니다.

적도 압니다. 느긋한 마음으로 손님을 맞이하려는 군대가 가장 무섭습니다. 빵 달라, 우유 달라 돌진해오는 부대는 성급하기 때문에 막아내기 쉽습니다. 아니면, 그것만 주어버리면 끝입니다. 그러나 기다리고 있는 군대는 정말 두렵습니다. 그들이 무엇을 바라는지, 무엇을 하고자 하는지, 어디까지 주어야 하는지, 어디에서 멈춰야 하는지 모를 일이라서 오히려 겁납니다.

전쟁을 할 때 잊지 마십시오. 주인이 되지 말고 손님이 되십시오. 현대의 전쟁 개념도 마찬가지입니다. 우리도 국방國防이라고 방어를 내세우고 있지 '국공부國攻部'라고 쓰지 않습니다. 몇몇 사회주의국가에서 세계혁명을 꿈꾸며 '인민무력(power)부' 등과 같이 쓸 뿐, 대개의 경우 모두 '국방부Department of Defence'라고 씁니다. 손님맞이의 원칙에 대해 동의하는 것입니다.

덧붙여, 한 발자국 나아갔으면 한 걸음 물러서십시오. 한 뼘 나가고 한 걸음 뒤로 서십시오. 한 촌만큼 조금 나아가고 한 척만큼 많이 뒷걸음치십시오. 그것이 전쟁의 비결秘訣입니다.

이런 것을 무어라 하는 줄 아십니까? 나감 없이 나가고, 팔 없이 휘두르고, 없는 적과 싸우고, 없는 무기를 잡는다고 합니다. 이것이야말로 용병의 핵심입니다. 병법의 근본입니다.

◦ 나는 싸울 때 한 발짝 앞으로 가면 한 걸음 뒤로 물러섭니다.

69.2 전쟁에서 지는 데도 지름길이 있습니다. 그것은 바로 적을 우습게 보는 것입니다. 적을 가볍게 보다가는 큰 화를 당하게 됩니다. 어떤 적도 만만한 적은 없습니다. 생명과 재산을 놓고 벌이는 것이 전쟁일 터인데, 누가 쉽사리 자신의 모든 것을 내주겠습니까. 미국은 자신들이 크고 힘이 세다고 세계 곳곳에서 전쟁을 일으켰지만, 베트남에서 이라크까지 쉬운 전쟁은 하나도 없었습니다. 미국은 베트남에서 분명히 졌고, 이라크에서도 이겼다고는 할 수 없습니다.

적을 가볍게 보는 것은 바로 패배를 예고하는 것과 같고, 결국은 자기의 보물을 빼앗기게 될 것입니다. 자기가 가장 사랑하는 생명과 가족과 재산을 잃게 됩니다. 남의 그것들을 쉽게 빼앗으려다 오히려 나의 그것들을 잃게 되는 것이지요. 베트남전에 참전한 미국 청년들의 자아 상실을 보십시오. 자기를 잃고, 가족을 잃고, 조국을 잃고, 마침내는 인생을 잃어버립니다.

전시 상황에서 서로 무력을 자랑하며 대치하고 있을 때, 누가 이길 수 있을까요? 힘자랑을 하는 사람일까요, 즐거워하는 사람일까요? 모두 아닙니다. 전쟁을 통쾌하게 여기는 사람은 지게 되어 있습니다. 전쟁은 그것을 슬퍼하는 사람만이 이길 수 있습니다. 전쟁의 비애를 아는 자만이 전쟁을 승리로 이끌 수 있습니다.

◦ 나는 슬퍼하기에 이깁니다.

70.1 내 말은 무척이나 알기 쉽고, 무척이나 하기 쉽다.

천하 사람들은 알지도 못하고, 하지도 않는다.

말에는 할아버지가 있고, 일에는 임금이 있다.

70.2 오직 알지 못하니, 그러므로 내가 아는 것이 아니다.

나를 아는 사람은 드물고, 나를 본받는 사람은 귀하다.

그러므로 성인은 베옷으로 옥을 감싼다.

70.1 吾言甚易知, 甚易行.
　　　오 언 심 이 지　심 이 행

天下莫能知, 莫能行.
천 하 막 능 지　막 능 행

言有宗, 事有君.
언 유 종　사 유 군

70.2 夫唯無知, 是以不我知.
　　　부 유 무 지　시 이 불 아 지

知我者希, 則我者貴.
지 아 자 희　칙 아 자 귀

是以聖人被褐懷玉.
시 이 성 인 피 갈 회 옥

70.1 진리가 어렵습니까? 아닙니다. 어려운 것은 진리가 아닙니다. 진리는 간단하고 명료하며 소박합니다. 만일 어렵다면 그것이 너무

293

쉽기 때문일 것입니다. 사람들은 너무 쉬우면 그것을 진리라고 여기지 않습니다. 밥 먹고 잠자는 것이 진리인데도, 그것을 받아들이길 꺼려합니다. 그래서 많은 선사禪師들은 진리를 물으러오는 많은 제자와 신도에게 '차나 한잔 하시게'라는 말로 그것을 대변하지 않았습니까? 아니면 장난처럼 소리를 '꽥(喝)' 하고 질러 놀라게 하지 않았습니까?

진리는 알기도 쉽고, 하기도 쉬운 것입니다. 그런데 안타깝게도 천하 사람들은 알지도 못하고 행하지도 않습니다. '밥 먹고 잠자라'니, 너무 많이 먹거나 너무 적게 잠을 잡니다. 아니면 너무 많이 잠을 자거나 너무 적게 먹습니다. '차를 마시라'니, 거기에 이것저것 예의와 격식을 덧붙여서 쉴 틈을 만들어놓지 않습니다. 차 한잔 마시면서 쉬엄쉬엄 뒤돌아보자는 것인데, 쉼은 온데간데없습니다.

말을 알려면 그 핵심을 찾아내야 합니다. 말이 아무리 많아도 그것으로 말하고자 하는 것은 하나뿐입니다. 그런데도 사람들은 낱말의 개수만 세고 있지, 그것의 종지宗旨를 찾지 않습니다. 말의 할아버지를 찾으십시오. 자손들은 너무 많습니다. 5,000만 인구를 보지 말고 단군 할아버지를 보십시오. 어떤 말에도 '한(韓)' 아버지가 있습니다.

일을 알려면 그 요체를 찾아내야 합니다. 일이 아무리 많아도 그것이 하고자 하는 것은 하나뿐입니다. 무엇 때문에 이 일이 생겨났는지, 어떻게 자라왔고 마무리될 것인지를 알아내야 합니다. 많은 일이 실타래처럼 복잡다단한 것 같지만 한 매듭을 풀면 한 번에 풀릴 수도 있습니다. 일의 임금을 찾으십시오. 쌀이나 비료같이 실로 묶어놓은 포대는 잘만 풀면 순식간에 다다다다 풀립니다. 어떤 일에도 임금(君)이 있습니다.

◦ 내 말은 알기도 하기도 쉽습니다.

70.2 무지가 문제입니다. 뭘 알지 못하니, 내가 아는 것이 아니라고 합니다. 알지 못하는 것은 자신인데도, 오히려 내가 알지 못한다고 여깁니다. 그것이 곧 무지입니다. 무지가 나의 앎을 부정합니다.

나를 아는 사람은 정말 드뭅니다. 나를 아는 사람은 너무도 희소합니다. 그러니 나를 본받는 사람은 더욱 적습니다. 이렇듯 나를 알거나 본받는 사람은 무척이나 희귀希貴합니다.

진리의 인식과 실천의 희귀함은 한편으로 그것의 존재 가치를 분명히 해주기도 합니다. 성인은 그것을 갖고 있지만 숨깁니다. 성인은 영롱한 옥을 지녔지만 누추한 베옷으로 그것을 감추고 있습니다. 속에서는 빛이 나고 있지만, 일부러 거친 옷으로 그것을 감싸고 있습니다.

◦ 나의 빛은 거친 옷으로 감춥니다.

제71장 나는 나의 병이 병인 줄 압니다

71.1 알아도 모른다는 것이 좋다.

　　모르는데 안다는 것은 병이다.

71.2 오직 병을 병으로 여긴다.

　　그러므로 병이 없다.

　　성인은 병이 없는데, 병을 병으로 여기기 때문이다.

　　그러므로 병이 없다.

71.1 知不知上.
　　　지 부 지 상

　　不知知病.
　　　부 지 지 병

71.2 夫唯病病.
　　　부 유 병 병

　　是以不病.
　　　시 이 불 병

　　聖人不病, 以其病病.
　　　성 인 불 병　이 기 병 병

　　是以不病.
　　　시 이 불 병

　71.1 아는 것을 자랑하지 마십시오. 아무리 아는 것이라 할지라도
모름에 비하면 아무것도 아닙니다. 내가 안다고 해서 남이 모르리라

고 생각하지 마십시오. 어떤 부분에서 남은 반드시 나보다 낫습니다. 내가 안다고 말해주어도 남이 받아들이지 않으면 그것도 낭패입니다. 물어보지도 않은 것을 가르쳐줘봤자 사람들은 듣지 않기 십상입니다. 그러니 차라리 알아도 모른다고 하는 것이 좋습니다.

알지 못하는데도 안다고 하는 것은 병입니다. 병 중의 병입니다. 몸이 아픈 병처럼 심각한 마음의 병입니다. 몸의 병에는 약이라도 있지만, 아는 체하는 병은 약도 없습니다. 모르는 것을 안다고 하는 것은 정말 큰 병입니다.

공자는 '아는 것을 안다 하고 알지 못하는 것을 알지 못한다고 하는 것이 아는 것'이라고 했는데, 노자는 '알지 못하는 것을 안다고 하는 것이 병이니, 아는 것조차 모른다고 하는 것이 낫다'고 여기고 있습니다.

◦ 나는 아는 것도 모른다고 합니다.

71.2 병을 병으로 여겨야 합니다. 앎의 병이든 삶의 병이든 병을 병으로 여기십시오. 자신의 병을 병으로 여기지 않을 때 중병에 걸리게 됩니다. 병을 병으로 여기는 순간, 병은 사라집니다. 병을 알 때 병을 치유할 방도가 생기며, 병이 곧 자기인데 병이 따로 있을 리도 없습니다. 당뇨 환자들은 말합니다. '병을 사랑하라'고. 병을 사랑해야 병과 함께 살면서 즐거운 삶을 영위할 수 있습니다. 의사들은 말합니다. '병을 자랑하라'고. 여기저기 말해야 그 근원과 치유법을 찾아낼 수 있습니다. 특히 정신적 치료에는 자기 문제에 대한 인정이 절대적으로 필요합니다. 병을 병으로 깨달아야 한다는 것이지요. 그럼으로써 병이 사라집니다.

성인은 자신의 병을 병으로 여깁니다. 그렇기 때문에 병이 없습니다. 결코 쉬운 일은 아닐 것입니다. 자기의 병을 병으로 여긴다는 것은 정말 커다란 용기와 결단이 필요하기 때문입니다. 자기의 무지와 단점을 순순히 인정하는 것은 곧 성인의 길입니다. 그때 우리는 정신적으로도, 육체적으로도 무병할 수 있습니다.

◦ 나는 나의 병이 병인 줄 압니다.

제72장   나는 삶을 싫어하게 하지 않습니다

72.1 사람들이 두려움에 을러지지 않으면, 큰 두려움이 이르게 된다.

그 사는 곳을 좁히지 말고,

그 사는 바를 싫어하게 하지 말라.

오직 싫어하지 않으니 싫증 내지 않는다.

72.2 그러므로 성인은 스스로 알아도 스스로 드러내지 않고,

스스로 아끼지만 스스로 귀하게 여기지 않는다.

따라서 그것을 버리고 이것을 갖는다.

72.1 民不畏威, 大威至矣.
　　　민 불 외 위　　대 위 지 의

　　無狹其所居,
　　　무 협 기 소 거

　　無厭其所生.
　　　무 염 기 소 생

　　夫唯不厭, 是以不厭.
　　　부 유 불 염　　시 이 불 염

72.2 是以聖人自知不自見,
　　　시 이 성 인 자 지 부 자 현

　　自愛不自貴,
　　　자 애 부 자 귀

　　故去彼取此.
　　　고 거 피 취 차

72.1 사람들이 무엇인가 무서워하지 않는다면 어떻게 될까요? 좋을 것 같지만 그렇지 않습니다. 사람들이 어떤 권위權威에도 겁내지 않는다면, 언제가 큰 위협威脅에 휩싸이게 될 것입니다. 작은 두려움에 을러지지 않으면, 더 큰 두려움이 나타나게 된다는 것이지요.

그러니 사람들이 사는 곳을 자꾸 좁히지 마십시오. 무거운 세금으로 주머니를 좁히고, 잘못된 정책으로 방을 좁히고, 특권층만을 위해 학교 문을 좁히고, 재벌의 발전만을 위해 취업 문을 좁히지 마십시오.

사람들이 사는 것을 싫어하게 만들지 마십시오. 사는 것이 즐거워야 할 텐데, 사는 것이 싫어지면 큰일입니다. 죽지 못해 산다면, 그 불만은 언젠가 폭발할지도 모릅니다.

사는 곳과 사는 것이 싫지 않아야 삶에 싫증이 나지 않습니다. 삶에 싫증이 나면, 그것은 정말 큰 무서움으로 우리에게 다가올 것입니다. 사는 것이 싫은데 무엇이 두렵겠습니까? 법이 무섭겠습니까, 도덕이 무섭겠습니까, 이웃이 무섭겠습니까? 사람이 이 지경에 이르면 사회는 정말 무서워지고 마는 것입니다.

◦ 나는 삶을 싫어하게 하지 않습니다.

72.2 사람들이 삶을 달가워하고 싫어하지 않게 하기 위해서는 지도자들의 자세가 무척이나 중요합니다. 자신들의 지식을 드러내기 좋아하고 자신들의 육체만을 아끼면, 누가 그들을 좋아하겠습니까? 따라서 성인은 알아도 안다고 드러내지 않습니다. 안다고 꼭 드러내야 하는 것은 아닙니다. 따라서 성인은 자기를 아끼지만 그렇다고 해서 귀하게 여기지는 않습니다. 자신을 사랑하는 것이야 본성이지만 그것이

곧 타인보다 자기를 높이는 것은 아니겠지요.

  성인은 그것을 버리고 이것을 갖습니다. 성인은 멀리 있는 그것을 버리고 가까이 있는 이것을 얻으려고 합니다. 그것이란 돈과 명예와 권력 같은 것이고, 이것은 건강과 우정과 가족 같은 것입니다. 그것은 멋있게 보이지만 헛된 것이고, 이것은 아무것도 아닌 것 같지만 소중한 것입니다.

◦ 나는 이것을 갖고 저것을 버립니다.

제73장   나는 무릅쓰지 않습니다

73.1 무릅씀에 날쌔면 죽고,

　　　무릅쓰지 않음에 날쌔면 산다.

　　　이 둘은 때로는 이롭고 때로는 해롭다.

73.2 하늘이 싫어하는 것이 있는데,

　　　누가 그 까닭을 알겠는가?

　　　그러므로 성인조차 그것을 어려워한다.

73.3 하늘의 길은,

　　　싸우지 않고도 잘 이기고,

　　　말하지 않고도 잘 받아주고,

　　　부르지 않아도 스스로 오고,

　　　넉넉하면서도 잘 꾀한다.

73.4 하늘의 그물은 넓디넓다. 성글면서도 잃어버리지 않는다.

73.1 勇於敢則殺,
　　　용 어 감 즉 살

　　　勇於不敢則活.
　　　용 어 불 감 즉 활

　　　此兩者, 或利或害.
　　　차 량 자　혹 리 혹 해

73.2 天之所惡,
　　　천 지 소 오

孰知其故?
숙 지 기 고

是以聖人猶難之.
시 이 성 인 유 난 지

73.3 天之道,
천 지 도

不爭而善勝,
부 쟁 이 선 승

不言而善應,
불 언 이 선 응

不召而自來,
불 소 이 자 래

繟然而善謀.
천 연 이 선 모

73.4 天網恢恢. 疎而不失.
천 망 회 회   소 이 불 실

73.1 무엇인가 무릅쓰는 것이 좋은 것일까요? 때로 어쩔 수 없이 무릅써야 할 때가 있겠지요. 그러나 무릅쓰는 것에 날쌔면 안 됩니다. 그러다가는 죽기 십상입니다. 오히려 무릅쓰지 않는 것에 날쌔야 합니다. 그래야 살아남을 수 있습니다.

무엇인가 감히 하지 마십시오. 나아가 감히 하는 데 용감하지 마십시오. 그러면 죽습니다. 오히려 감히 하지 않는 데 용감하십시오. 그래야 삽니다.

노자는 자기의 세 보물 가운데 하나를 '감히 천하에 앞장서지 않는 것(不敢爲天下先)'이라고 했는데, 그 정신과 통합니다. 앞서지 않는 것도 중요하지만, 감히 하지 않는 것도 무엇보다도 중요합니다. 용감하려면 감히 하는 데 용감하지 말고, 감히 하지 않는 데 용감하십시오.

그러나 잊지 마십시오. 이 둘은 때로는 이롭고 때로는 해롭습니다.

오로지 감히 하지 않는 것만이 이롭지는 않습니다. 때때로 그것이 해로울 수도 있습니다. 운용의 묘가 필요합니다.

◦ 나는 무릅쓰지 않습니다.

73.2 하늘도 때론 싫어하는 것이 있습니다. 하늘이라고 모든 것을 다 좋게 여기는 것은 아닙니다. 그것은 자연이기 때문에 반자연적인 것은 미워할 수밖에 없습니다.

하늘이 싫어하는 까닭을 쉽게 알 수 있을까요? 어리석은 사람의 머리로는 쉽사리 이해하지 못합니다. 댐을 만들면서 그것이 자연 재앙이 될지 누가 알았겠습니까? 흘러나와야 하는 흙이 있는데 그렇지 않아 땅이 유실되는 경우도 있습니다. 물의 속도를 막아 장마철에 대홍수를 일으키는 경우도 있습니다. 지나친 영양화로 물이 썩는 경우도 있고, 안개와 추위에 고생을 하는 경우도 있습니다. 하늘은 싫어하는 것이 있지만, 그것을 아는 것은 정말 어렵습니다.

생명공학의 발달로 제초제에도 살아남는 유전자 조작 콩이 만들어지고, 나노 기술의 발달로 너무도 작은 것을 다룰 수 있게 되었습니다. 무섭게도 너무 작은 것은 너무 큰 것을 바꿀 수 있습니다. 우리는 모릅니다. 미래를 예측하는 성인조차 그것을 어렵게 여깁니다.

◦ 나는 하늘을 모릅니다.

73.3 하늘에는 길이 있습니다. 이른바 천도天道라는 것입니다. 요즘 말로 하면 자연의 원리입니다.

하늘의 길은 싸우지 않고도 잘 이기는 것입니다. 하늘은 베풀어줄 뿐이지만 결국 만물을 이끌어주고 있습니다. 결국 싸움을 걸지도, 하지도 않고 대장 노릇을 합니다.

하늘의 길은 말하지 않고도 잘 받아주는 것입니다. 하늘이 떠드는 것 보았습니까? 하늘은 침묵의 원천입니다. 그렇지만 어떤 만물의 요구에도 잘 응해줍니다.

하늘의 길은 부르지 않아도 스스로 오는 것입니다. 봄, 여름, 가을, 겨울이 오라고 불러보았습니까? 스스로 옵니다. 하늘의 길을 알기 위해 그저 기다려보십시오.

하늘의 길은 넉넉합니다. 무엇이든 받아줄 수 있을 정도로 큽니다. 그럼에도 이것저것 모두 사려 깊게 도모합니다.

◦ 나는 넉넉하게 일을 꾀합니다.

73.4 하늘에는 그물이 있습니다. 달리 말해, 자연의 연결망입니다. 자연의 네트워크이고, 자연의 인드라망이고, 자연의 '날줄과 씨줄(經緯)'입니다. 자연의 그물은 크디큽니다. 무한에 가깝습니다.

그렇다면 자연의 그물은 촘촘할까요, 성글까요? 촘촘하면 생명체들이 답답하게 묶여 있는 형국이겠지요. 그러나 자연의 그물은 헐렁하기 짝이 없습니다. 만물이 그 속에서 자유롭게 노닐 수 있을 정도로 그물코는 넓습니다.

그렇다고 자연의 그물에서 벗어나 있는 것은 아무것도 없습니다. 그렇기 때문에 자연의 그물은 듬성듬성하지만 아무것도 잃어버리는 것이 없습니다.

◦ 나는 세계에 큰 그물을 쳐놓았습니다.

제74장　나는 하늘의 일을 하지 않습니다

74.1 사람들이 죽음을 두려워하지 않는데,

어찌 죽음으로 그를 무섭게 할 수 있겠는가?

사람들이 늘 죽음을 두렵게 하고자,

삐딱한 사람을 내가 잡아다 죽이면, 누가 감히 하겠는가?

74.2 늘 죽이는 사람이 있어 죽인다.

죽이는 사람을 대신하여 죽이는 것을

목수를 대신하여 깎는다고 한다.

목수를 대신하여 깎는 사람치고

그 손을 다치지 않는 이가 드물다.

74.1 民不畏死,
　　　민 불 외 사

奈何以死懼之?
나 하 이 사 구 지

若使民常畏死,
약 사 민 상 외 사

而爲奇者, 吾得執而殺之, 孰敢?
이 위 기 자　오 득 집 이 살 지　숙 감

74.2 常有司殺者殺.
　　　상 유 사 살 자 살

夫代司殺者殺,
부 대 사 살 자 살

是謂代大匠斲.
시 위 대 대 장 착

夫代大匠斲者,
부 대 대 장 착 자

希有不傷其手矣.
희 유 불 상 기 수 의

74.1 모든 사람은 죽음을 두려워합니다. 따라서 목숨을 빼앗는다고 하면 모두 겁내고 조심합니다. 그러나 죽음이 두렵지 않은 사람이 문제입니다. 사람들이 죽음을 두려워하지 않을 때, 형벌이라는 것은 무의미해집니다. 날 죽이라는데, 어떻게 해볼 방도가 없는 것이지요.

이렇게 된 데에는 법률이 사람에 따라 지나치게 달라지는 현실도 한 원인입니다. 같은 죄로도 누구는 10년이고 누구는 5년입니다. 사형으로 바로 형장의 이슬로 사라지는 사람도 있지만, 무기징역으로 감형되어 결국은 풀려나는 사람도 있습니다. 양형이 너무도 제멋대로입니다. 믿기 힘듭니다. 한동안 '유전무죄有錢無罪, 무전유죄無錢有罪'라는 말이 인질범으로부터 유행된 적이 있습니다. 내가 잘못해서 벌받는다고 생각하지 않고, 내가 돈이 없어 유죄가 되었다고 여기는 것이지요. 돈만 있었으면 무죄가 될 수 있었다고 믿는 것입니다. 이렇게 법률의 권위에 대한 존경심이 없는데 형벌이 무슨 소용이 있겠습니까?

예부터 내려오는 정말 오래된 법이 있습니다. '남을 죽인 사람은 죽인다'는 것입니다. 사람들이 죽음을 두려워하게끔 하기 위해서는 삐딱한 놈은 잡아 죽여야 합니다. 죄 없는 자를 죽이고 죄 있는 자를 살리는 것이 아니라, 정말 죄 있는 자를 죽여야 합니다. 그러면 누가 감히 범죄를 저지르겠습니까? 그러나 그것은 최고의 인격자만이 할 수 있는 일입니다.

자기의 잣대로 죄를 평가해서는 안 됩니다. 뿐만 아니라 단지 주어진 법전에 맞추어 형을 내리는 것도 안 됩니다. 객관적이라고는 하지만 거기에는 현실과 역사에 대한 인식이 없기 때문입니다. 배곯는 사람이 훔친 빵 한 조각 때문에 죄형법정주의라는 원칙 아래 범죄자가 되어서는 안 됩니다. 우리는 사람입니다. 그래서 형벌을 내리는 사람도 어쩔 수 없이 사회의 구성원으로 그 영향을 받습니다. 과거의 정의는 현재의 부정의, 현재의 정의는 미래의 부정의일 수도 있는 것입니다.

따라서 가장 순수하고 고매하고 동정심 많은 영혼을 가진 판관만이 사람을 죽일 자격이 있습니다. 사형을 당하면서도 억울해하지 않고, 진정으로 속죄할 수 있는 사회적 분위기는 성인만이 만들 수 있는 것입니다.

◦ 나는 죽이면서 웁니다.

74.2 죽음의 문제에서 가장 중요한 것이 있습니다. 죽음을 맡고 있는 것이 있다는 사실입니다. 그렇게 죽음을 관장하는 것이 늘 죽입니다. 아무나 죽이는 것이 아닙니다. 사회에서도 죄인을 잡는 사람이 있고, 형벌을 내리는 사람이 있습니다. 그러나 가장 근원적으로는 하늘입니다. 하늘은 자연으로 생명의 탄생과 소멸을 주관합니다. 죽음은 내가 이러고저러고 할 바가 아닌 것입니다.

만약 죽음을 맡고 있는 것을 대신하여 죽이면 어떻게 되겠습니까?

그것은 큰 목수를 대신해 나무를 자르는 것과 같습니다. 목수 대신 도끼를 휘두르다가는 거의 손을 다치게 됩니다. 목수를 대신해서 나무를 베지 않듯이, 하늘을 대신해서 사람의 목을 자르지 마십시오. 하늘을 대신할 사람은 아무도 없습니다.

° 나는 하늘의 일을 하지 않습니다.

제75장　나는 일을 벌이지 않습니다

75.1 사람들이 굶주리는 것은

　　　그 위에서 양식을 많이 먹고 세금을 많이 뜯기 때문이다.

　　　그러므로 굶주린다.

75.2 사람들이 다스리기 어려운 것은

　　　그 위에서 무언가를 하려고 하기 때문이다.

　　　그러므로 다스리기 어렵다.

75.3 사람들이 죽음을 가벼이 여기는 것은

　　　그 위에서 삶을 두텁게 구하기 때문이다.

　　　그러므로 죽음을 가벼이 여긴다.

75.4 무릇 없음으로 삶을 이루어 나가는 사람이

　　　삶을 귀하게 여기는 것보다 똑똑하다.

75.1 民之飢,
　　　민 지 기

　　　以其上食稅之多.
　　　이 기 상 식 세 지 다

　　　是以飢.
　　　시 이 기

75.2 民之難治,
　　　민 지 난 치

　　　以其上之有爲.
　　　이 기 상 지 유 위

是以難治.
시 이 난 치

75.3 民之輕死,
민 지 경 사

以其上求生之厚.
이 기 상 구 생 지 후

是以輕死.
시 이 경 사

75.4 夫唯無以生爲者,
부 유 무 이 생 위 자

是賢於貴生.
시 현 어 귀 생

75.1 사람들이 배고픈 것은 다른 데 까닭이 있는 것이 아닙니다. 그들의 잘못이 아닙니다. 그것은 윗사람들이 너무 많이 먹고, 너무 많이 돈을 떼어 가는 데 있습니다. 윗사람이 풍요로워질수록 사람들은 배고프고, 윗사람이 세금을 많이 뗄수록 사람들은 힘듭니다. 문제는 윗사람들입니다. 그들 때문에 사람들은 굶주리고 있는 것입니다.

◦ 나는 적게 먹습니다.

75.2 사람들이 다스리기 어려운 것은 다른 데 까닭이 있는 것이 아닙니다. 그들이 거칠거나 힘이 세어서가 아닙니다. 그것은 윗사람들이 무엇인가를 하려 들기 때문입니다. 정치를 한답시고 이것저것을 벌입니다. 때로는 조국을 위한다면서 전쟁까지 벌입니다. 그러다 보니 거기서 도망치기 위해 사람들은 갖은 수를 다 씁니다. 그래서 사람들이 다스려지지 않는 것입니다.

◦ 나는 일을 벌이지 않습니다.

75.3 사람들이 죽음을 가벼이 여기는 것은 다른 데 까닭이 있는 것이 아닙니다. 그들이라고 해서 죽음을 어찌 두려워하지 않겠습니까? 그것은 윗사람들이 삶을 지나치게 두텁게 만들기 때문입니다. 이른바 후생厚生이란 백성들에게 해야 될 것인데, 윗사람들은 자기들의 후생 사업만 벌이고 있습니다. 그러니 사람들은 삶이 자꾸만 말라갑니다. 그래서 사람들은 '죽은들 어떠하리'라며 죽음을 가벼이 여기고 있는 것입니다.

◦ 나는 나의 삶을 두텁게 만들지 않습니다.

75.4 무릇 없음으로 삶을 살아가야 합니다. 윗사람들은 자기 배의 배부름을 없애야 합니다. 윗사람들은 백성들의 과중한 세금을 없애야 합니다. 윗사람들은 무엇인가 하려 함을 머릿속에서 없애야 합니다. 윗사람들은 자신의 삶을 두텁게 꾸미려는 욕심을 없애야 합니다. 무위로써 삶을 영위해야 하는 것입니다. 이것이 삶을 부귀로 만드는 것보다 현명한 노릇입니다. 무위로써 귀생貴生의 욕심을 없애십시오.

◦ 나는 없음으로 살아갑니다.

제76장　　나는 부드럽기에 살아 있습니다

76.1 사람의 삶이란 부드럽고 약한 것이고,

그 죽음이란 딱딱하고 강한 것이다.

만물과 초목의 삶이란 부드럽고 무른 것이고,

그 죽음이란 말라비틀어진 것이다.

따라서 딱딱하고 강한 것은 죽음의 무리이고,

부드럽고 약한 것은 삶의 무리이다.

76.2 그러므로 병력이 강하면 진다.

나무가 강하면 부러진다.

강하고 큰 것이 아래에 있고,

부드럽고 약한 것이 위에 있는 것이다.

76.1 人之生也柔弱,
　　　인 지 생 야 유 약

其死也堅强.
기 사 야 견 강

萬物草木之生也柔脆,
만 물 초 목 지 생 야 유 취

其死也枯槁.
기 사 야 고 고

故堅强者死之徒,
고 견 강 자 사 지 도

柔弱者生之徒.
유 약 자 생 지 도

76.2 是以兵強則滅.
시 이 병 강 즉 멸

木強則折.
목 강 즉 절

強大處下,
강 대 처 하

柔弱處上.
유 약 처 상

76.1 살아 있는 것은 부드럽고 죽은 것은 딱딱합니다. 생명력이 넘칠수록 약하고, 죽음에 가까울수록 강해집니다. 봄철에 잔뜩 물오른 새잎을 보십시오. 얼마나 부드럽고 약합니까? 아이들의 살결과 뼈마디를 보십시오. 얼마나 말랑거리고 유연합니까? 늙을수록 딱딱해집니다. 뼈마디도 굳고 살결도 굳고, 심지어 손톱과 발톱도 너무 단단해져 깎기조차 힘듭니다. 죽은 것 가운데 부드러운 것은 없습니다. 모두 경화硬化되었습니다. 더 단단해지다가는 부서질 것만 같습니다.

우리의 장기도 마찬가지입니다. 간경변, 간경화 모두 단단해지는 병입니다. 말랑말랑한 장기만이 제 역할을 합니다. 암도 종기가 생겨 본디의 보드라움을 막는 것입니다.

죽음의 무리는 딱딱하고 강합니다. 사람도 딱딱하고 강하면 죽게 됩니다. 삶의 무리는 부드럽고 약합니다. 사람도 부드럽고 약하면 잘 살게 됩니다. 모든 생명체는 그렇게 죽음의 무리와 삶의 무리로 나누어집니다. 나아가 모든 조직이나 사회도 그렇게 나누어볼 수 있습니다. 유연한 집단만이 살아남습니다. 경직된 구조는 자멸을 초래합니다.

◦ 나는 부드럽기에 살아 있습니다.

76.2 병력이 강하면 이길 것 같지만 오히려 이기지 못하기 쉽습니다. 부드럽고 약하게 전쟁을 해야 합니다. 고정된 진영과 융통성 없는 전략으로는 승리를 놓칩니다. 병력의 강함만을 믿다가 패한 전쟁은 너무도 많습니다. 게다가 힘센 병력을 자랑하고 함부로 쓰다가는 원한만을 부릅니다. 원한은 끝이 없어 결국 전쟁에서의 승리를 되물려주게 됩니다. 힘셀수록 조심해야 합니다.

나무가 강하면 좋을 것 같지만 자칫하면 부러지고 맙니다. 갈대는 휘고 부러지지 않지만 대나무는 휘지 못하고 부러집니다. 나무도 그러한데, 사람이야 더욱 그렇겠지요.

강하고 큰 것이 아래에 처하십시오. 강하고 큰 것이 위에 있으려다가는 망하게 됩니다. 강하고 클수록 아래로 들어가십시오.

부드럽고 약한 것이 위에 처해야 합니다. 부드럽고 약한 것이 강하고 큰 것을 다스릴 수 있습니다.

인간의 법도는 자연의 이치에서 나옵니다. 강한 뿌리는 아래에 있습니다. 큰 줄기도 아래에 있습니다. 아래에 굳건히 있기에 모든 가지들이 모입니다. 그러나 부드러운 잎은 위에 있습니다. 약한 꽃도 위에 있습니다.

∘ 나는 아래에 있으렵니다.

제77장   나는 남아도는 것을 덜어 모자란 것에 보탭니다

77.1 하늘의 길은 마치 활을 당기는 것과 같도다.

높은 데는 누르고 아래는 올린다.

남아도는 것은 덜어주고, 모자란 것은 보태준다.

77.2 하늘의 길은 남아도는 것을 덜어 모자란 것을 보태준다.

사람의 길은 그렇지 않다.

모자란 것으로 남아도는 것을 받든다.

누가 남아도는 것으로 천하를 받들 수 있는가?

오로지 도가 있는 사람이다.

77.3 그러므로 성인은 하면서도 자랑하지 않고,

일이 이루어지면 머물러 있지 않으니,

그렇게 똑똑함을 보이려 하지 않는다.

77.1 天之道, 其猶張弓乎.
　　　천 지 도　기 유 장 궁 호

高者抑之, 下者擧之.
고 자 억 지　하 자 거 지

有餘者損之, 不足者補之.
유 여 자 손 지　부 족 자 보 지

77.2 天之道, 損有餘而補不足.
　　　천 지 도　손 유 여 이 보 부 족

人之道則不然.
인 지 도 즉 불 연

損不足以奉有餘.
손 부 족 이 봉 유 여

孰能有餘以奉天下?
숙 능 유 여 이 봉 천 하

唯有道者.
유 유 도 자

77.3 是以聖人爲而不恃,
시 이 성 인 위 이 불 시

功成而不處,
공 성 이 불 처

其不欲見賢.
기 불 욕 현 현

77.1 하늘의 길이 있습니다. 위대한 자연의 원리이지요. 천도天道입니다. 그것은 하나의 큰 원칙을 갖습니다. 바로 높은 것은 낮추고, 낮은 것은 높이는 것입니다.

자연은 하나의 길을 걸어왔습니다. 높은 데 있는 것은 깎이고 흘러내려 낮은 데를 메웁니다. 서 있던 것은 눕습니다. 비어 있던 곳은 채워왔습니다. 메는 낮아지고 골은 차왔습니다.

하늘의 길은 마치 활과 같습니다. 활을 당기면, 높은 데는 낮아지고 낮은 데는 높아집니다. 바로 그것입니다. 높은 것은 누르고 낮은 것은 올립니다.

요즘 말로는 '엔트로피entropy'와도 비슷합니다. 열역학의 법칙으로 균질성을 뜻하지요. 의자가 반듯이 서 있었지만 시간이 지날수록 삐걱거리다 부서지는 것을 엔트로피의 증가라고 합니다. 질서를 기준으로 보았을 때 그것은 감소한 것이지만, 자연의 평형상태를 기준으로 보았을 때는 증가한 것이기 때문입니다. 무無질서가 아니라 비非질서

이지요. 뜨거운 물은 식게 되어 있지요. 청년기 지형은 노년기 지형으로 변하게 되어 있지요. 뛰어다니던 아이는 지팡이를 짚는 늙은이가 되고, 곧추서 있던 젊은이는 일어나지 못하는 주검이 되지요. 자꾸 낮아지는 것이지요.

자연은 이러한 과정에서 일정한 유형을 만듭니다. 남아도는 것을 덜어 모자란 것을 채워주는 것이지요.

◦ 나는 남아도는 것을 덜어 모자란 것에 보태줍니다.

77.2 하늘의 길은 남아도는 것을 덜어 모자란 것에 보태주는데, 사람의 길은 어찌된 일인지 거꾸로 되어 있습니다. 남아도는 것을 덜어 모자란 것에 주는 것이 아니라, 모자란 것에서 더욱 덜어 남아도는 것을 받듭니다. '빈익빈貧益貧 부익부富益富'라는 반자연적 길을 걷습니다.

빈익빈 부익부는 자본주의의 험악한 몰골인데도 사람들은 그것이 자연의 원리라고 착각합니다. 99만 원이 있고 9만 원이 있는 사람이 있을 때, 99만 원에서 1만 원을 빼서 10만 원을 만들어주는 것이 아니라, 9만 원에서 1만 원을 빼서 100만 원을 만들어줍니다. 무서운 노릇입니다. 10만 원에서 1만 원의 소중함과 100만 원에서 1만 원의 소중함이 같이 평가됩니다. 잔인합니다. 10만 원에서 1만 원은 10분의 1이고, 100만 원에서 1만 원은 100분의 1인데도 화폐가치가 같다는 이유만으로 효용가치도 같다고 여겨집니다. 그리고 99만 원에 1만 원을 채우는 것이 마치 우리 모두의 발전을 보장하는 것처럼 생각합니다. 슬프지 않을 수 없습니다.

사람들은 모자란 것이 남아도는 것을 받듭니다. 부족不足이 여유餘裕

를 봉양奉養합니다. 하늘과는 다른 길을 걷습니다.

누가 남아도는 것으로 이 천하를 받들 수 있을까요? 오로지 도가 있는 자만이 할 수 있습니다. 이 사회의 균형을 위해, 이 인류의 평등을 위해 그는 이렇게 하늘의 길을 갑니다. 그는 사회의 지도자이자, 예언자이자, 혁명가입니다. 사람의 길을 하늘의 길로 바꾸는 그는 길을 아는 사람입니다. 길이 곧 도이고, 도가 곧 길입니다.

∘ 나는 하늘의 길로 갑니다.

77.3 도가 있는 사람은 성인입니다. 그러나 성인은 해주면서도 결코 자랑하지 않습니다. 그저 할 뿐 내가 했다고 하지 않습니다. 성인은 일을 마무리하고도 그곳에 머물지 않습니다. 공을 이루었지만 떠나는 것입니다.

성공했다고 내가 했다고 하거나, 성공했다고 내 것이라고 하는 것은 성인의 길이 아닙니다. 성공했으면 떠나십시오. 박수칠 때 떠나십시오. 버리고 잊어버리고 멀리 떠나십시오. 성인은 그렇게 자신의 현명함을 보이고 싶어하지 않습니다.

성인은 이렇듯 하늘의 길에 충실합니다. 똑똑함을 덜어 어리석음에 줍니다. 어리석음을 올리고, 똑똑함을 내립니다. 하늘에도 저울(衡)이 있는 것이지요. 형평衡平성이라는 원리입니다.

∘ 나는 똑똑함을 드러내고자 하지 않습니다.

319

78.1 천하에 물보다 부드럽고 약한 것은 없지만,

굳세고 강한 것을 공격하는 데 그것을 이길 만한 것은 없다.

어느 것도 그것을 바꿀 것은 없기 때문이다.

약함이 강함을 이기고, 부드러움이 굳셈을 이기는데,

천하는 알지 못하지 않으면서도, 할 수 있지도 않다.

78.2 따라서 성인은 말한다.

나라의 허물을 받아들이는 것을 사직의 주인이 된다고 하며,

나라의 상서롭지 않은 것을 받아들이는 것을 천하의 왕이 된다고

한다.

옳은 말은 거꾸로 된 것처럼 보인다.

78.1 天下莫柔弱於水,
　　　천 하 막 유 약 어 수

而攻堅强者莫之能勝.
이 공 견 강 자 막 지 능 승

以其無以易之.
이 기 무 이 역 지

弱之勝强, 柔之勝剛,
약 지 승 강　유 지 승 강

天下莫不知, 莫能行.
천 하 막 부 지　막 능 행

78.2 是以聖人云.
　　　시 이 성 인 운

受國之垢, 是謂社稷主,
수 국 지 구　시 위 사 직 주

受國之不祥, 是謂天下王.
수 국 지 불 상　시 위 천 하 왕

正言若反.
정 언 약 반

78.1 천하에 가장 부드럽고 약한 것은 물일 것입니다. 물이 가장 힘이 없는 듯 보입니다. 그러나 물처럼 힘센 것은 없습니다. 물은 바위도 뚫고, 길도 만들고, 마을도 옮깁니다. 거대한 바위도 옮기고, 가장 단단한 돌멩이도 모래로 만듭니다. 막으면 돌아갑니다.

굳세고 강한 것을 공격하는 데는 물보다 나은 것이 없습니다. 물을 이길 것은 아무것도 없습니다. 왜냐하면 아무것도 물을 바꿀 수 없기 때문입니다. 물은 흘러흘러 아래로 내려갑니다. 막히면 돌아가고, 차면 넘칩니다. 네모에서는 네모가 되고, 세모에서는 세모가 됩니다. 물의 성질을 바꿀 것은 아무것도 없습니다. 물의 본성을 꺾을 것은 아무것도 없습니다.

불이 무섭다 하지만 닥쳐보면 물이 더 무섭습니다. 보기에는 불이 물보다 무서워 보입니다. 그러나 불은 도망갈 구석이라도 있지만 물은 여지를 남겨놓지 않습니다. 불은 물에 꺼지지만, 물은 빠지길 기다리는 수밖에 없습니다.

약한 것이 강한 것을 이기고, 부드러운 것이 굳센 것을 이깁니다. 천하 사람들은 이러한 도리를 알면서도 막상 행하지는 못합니다. 스스로 유약해지지 못합니다.

∘ 나는 물이 가장 무서운 줄 압니다.

78.2 국가의 형벌은 그때 그 시절의 상황을 반영하고 있어 세월이 흐르면 달라집니다. 우리나라에도 많은 법이 있다가 사라졌습니다. 특별법은 생겨났다 없어지길 반복합니다. 유신헌법과 긴급조치는 1970년대를 대변하는 헌법과 조치이지만, 이제는 역사의 유물일 뿐입니다. 국가보안법의 앞날도 그렇습니다.

국가로부터 모진 수모와 고통을 당한다고 해서 노여워하지 마십시오. 그런 허물은 곧 벗겨집니다. 과거의 많은 수형자들이 현재의 정치가들 아닙니까? 그래서 성인은 말합니다. 나라의 허물을 입는 것이 오히려 사직社稷의 주인이 되는 것이라고. 사직이란 땅의 신(社)과 곡식의 신(稷)에게 제사를 지내는 곳입니다. 달리 말해 사직은 곧 국가의 지도자가 됨을 뜻합니다.

국가가 자신을 위험인물로 간주한다고 해서 걱정하지 마십시오. 블랙리스트에 올라가는 것은 때로 영광일 수도 있습니다. 그만큼 국가가 인정해주는 것 아니겠습니까? 그래서 성인은 말합니다. 나라가 상서롭지 않게 여긴다면 천하의 왕이 될 수 있다고. 국가의 입장에서 그는 불운하고 불길한 놈으로 불상不祥한 인물이지만, 다른 편에서 보면 장차 천하를 장악하여 왕 노릇을 할 사람이기 때문입니다.

많은 사람이 국가로부터 버림받았습니다. 그러나 그들이 결국 국가를 세웁니다. 사실상 국가와 정부는 많이 다른 것이지요. 반정부가 곧 반국가는 아니니까요.

바른말은 뒤집혀 있는 것 같습니다. 거꾸로 보이지 않으면 옳은 말이 아닐지도 모릅니다. 사랑한다는 말은 밉다는 것일 수도, 밉다는 말은 사랑한다는 것일 수도 있습니다. 반국가적 행위는 곧 애국적 행동이 되기도 합니다. 얼마나 많은 선구자가 반역자에서 애국자로 바뀝니까? 얼마나 많은 종교가 이단에서 정통으로 옮겨 갑니까? 이를 놓고 어떤 철학자는 정반합正反合이라고 하지 않던가요?

◦ 나는 허물을 입습니다.

제79장 나는 꿔주면서 받으려 하지 않습니다

79.1 큰 미움을 풀어도 반드시 남는 미움이 있으니

어찌 잘할 수 있을까?

79.2 그러므로 성인은 왼쪽 계契(계약서)를 지니고 있어도

사람들에게 달라고 하지 않는다.

덕이 있는 사람은 계를 맡지만

덕이 없는 사람은 철徹(징수권)을 맡는다.

79.3 하늘의 길은 사람을 가까이하지 않지만,

늘 좋은 사람과 함께한다.

79.1 和大怨, 必有餘怨,
　　　화 대 원　필 유 여 원

安可以爲善?
안 가 이 위 선

79.2 是以聖人執左契,
　　　시 이 성 인 집 좌 계

而不責於人.
이 불 책 어 인

有德司契,
유 덕 사 계

無德司徹.
무 덕 사 철

79.3 天道無親,
　　　천 도 무 친

常與善人.
상 여 선 인

79.1 사람끼리 살다 보면 어쩔 수 없이 원한을 지게 되는 경우가 종종 있습니다. 결코 고의가 아닌데 안타깝게도 그런 일이 생길 수 있습니다. 때로는 작은 오해에서 비롯되어 큰 원한을 지고, 때로는 무심코 저지른 실수가 깊은 원망을 사게 되는 것이지요. 큰 미움은 아무리 풀어도 미움이 남게 됩니다. 슬픈 일입니다.

돈 문제가 늘 그랬습니다. 친구끼리 돈을 빌려주다 우정조차 깨진 경우가 많습니다. 돈만 잃으면 되는데 사람도 잃습니다. 게다가 미움도 남아 서로 원수가 됩니다.

미움을 사지 않는 것도 힘들지만, 미움을 푸는 것도 힘듭니다. 더욱 힘든 것은 미움을 풀고도 남은 미움이 없도록 하는 것입니다. 어떻게 이렇게 잘할 수 있을까요? 정말 큰 숙제입니다.

◦ 나는 미움을 남겨두지 않습니다.

79.2 미움을 남기지 않는 방도가 있긴 합니다. 그것은 미움을 받지 않도록 상대방을 책하지 않는 것입니다. 비록 책임이 상대방에게 있고 권리가 자기에게 있더라도 그것을 묻지 않는 것입니다.

만일 돈을 꿔주었다면 계약서를 써야겠지요. 민망할지라도 문서로 남기는 것은 무엇보다도 중요합니다. 말은 사라지지만 글은 남기 때문입니다. 그런 다음 채권자로서의 문건을 지니십시오. 옛날에는 그것을 '왼쪽 계약서(左契)'라고 했습니다. 채권자가 왼쪽 것을, 채무자가 오른쪽 것을 가졌기 때문입니다. 그러나 그 계약서로 사람들에게 책임을 묻지는 마십시오. 그것이 비결입니다.

돈을 꿔주면서 돈을 받겠다고 생각하지 마십시오. 받을 생각이 조금이라도 있다면 아예 꿔주지 마십시오. 주면서 버리십시오. 돈도 마음도 버리십시오.

훌륭한 사람은 차용증이 있어도 남들에게 달라고 하지 않습니다. 그래야 원한을 사지 않습니다. 돈을 갚지 못하는 사람의 마음은 또 얼마나 괴롭겠습니까?

덕이 있는 사람은 계약서만 갖지만, 덕이 없는 사람은 이자까지 받으려 합니다. 덕이 있는 사람은 서류로 남겨두기만 하지만, 덕이 없는 사람은 10분의 1의 세금을 뗍니다(徹). 덕이 있는 사람은 채권자로 만족하지만, 덕이 없는 사람은 채권자의 권리를 실행합니다.

◦ 나는 꿔주면서 받으려 하지 않습니다.

79.3 하늘은 참 무심합니다. 하늘은 무고무친無故無親하여, 어떤 연고도 어떤 친인도 남겨두지 않습니다. 어떤 정도 남겨두지 않습니다. 홀로 갑니다. 그저 갑니다.

그러나 이 사고무친四顧無親의 하늘이야말로 늘 좋은 사람과 함께합니다. 양친도 친척도 버렸기에 좋은 사람과 함께할 수 있는 것입니다.

중이나 신부가 홀로 사는 데는 까닭이 있습니다. 부모와 가족에 대한 사랑을 남겨놓지 않음으로써 모든 이를 사랑할 수 있기 때문입니다. 자기 욕심이야 참을 수 있을지 모릅니다. 그러나 가정이 있으면, 특히 자식이 있으면 재산이 필요하게 됩니다. 이것도 저것도 해주고 싶기 때문에 욕심이 생기는 것입니다. 그래서 전통적으로 성직자는 결혼을 하지 않았던 것입니다.

◦ 나는 좋은 사람과 함께하려고 나의 사랑을 버렸습니다.

제80장   나는 작은 나라에서 적은 사람과 삽니다

80.1 나라는 작게, 백성은 적게 하라.

열 명이나 백 명이 써야 하는 무기도 쓰지 마라.

사람이 죽음을 무겁게 여기면 멀리 옮겨 다니지 않도록 하라.

비록 배와 수레가 있어도 탈 일이 없고,

비록 군대가 있어도 줄지을 일이 없다.

사람들이 다시 새끼줄을 이어(結繩文字) 쓰도록 하라.

80.2 달게 먹이고,

예쁘게 입히고,

편히 살게 하고,

풍속을 즐기게 하라.

80.3 이웃 나라가 서로 바라보이고,

닭과 개 소리가 서로 들려도,

사람들이 늙어 죽을 때까지 서로 오가지 않는다.

80.1 小國寡民.
소 국 과 민

使有什伯之器而不用.
사 유 십 백 지 기 이 불 용

使民重死而不遠徙.
사 민 중 사 이 불 원 사

雖有舟輿, 無所乘之,
수 유 주 여 무 소 승 지

雖有甲兵, 無所陣之.
수 유 갑 병 무 소 진 지

使人復結繩而用之.
사 인 부 결 승 이 용 지

80.2 甘其食,
감 기 식

美其服,
미 기 복

安其居,
안 기 거

樂其俗.
낙 기 속

80.3 隣國相望,
인 국 상 망

鷄狗之聲相聞,
계 구 지 성 상 문

民至老死, 不相往來.
민 지 노 사 불 상 왕 래

80.1 작은 나라가 좋습니다. 큰 나라 좋아하지 마십시오. 나라가 크면 사람들이 살기 어려워집니다. 국가라는 덩치를 먹여 살리기 위해서는 국민이 힘써야 하는데, 덩치가 크면 클수록 국민의 고생은 심해집니다. 국가의 덩치가 작아야 국민이 가뿐하게 살 수 있습니다.

국민도 적을수록 좋습니다. 사람이 많다 보면 경쟁이 심해집니다. 서로 치고받고 싸우게 됩니다. 사람들이 너무 많아 보기 싫은 것보다 그리울 정도로 적은 것이 낫습니다. 단출한 사회야말로 이상적입니다.

옛날에는 열 명씩, 백 명씩 군인을 한 단위로 묶었습니다. 오늘날의 분대, 소대, 중대, 대대, 연대 같은 편제이지요. 대체로 열 명의 무리를 십什이라 하고, 백 명의 무리를 백伯이라 했습니다. 오늘날의 소대, 중대 같은 것이지요. 요즘에도 '대오隊伍'라고 '다섯 오伍'를 쓰는 까닭이 여기에 있습니다. 오는 육군의 분대나 공군의 편대와 비슷합니다. 그런데 열 명이나 백 명이 써야 하는 무기는 대단한 공격력이나 화력을 지닌 것임에도 쓰지 않는 것이 좋습니다.

사람들이 무엇보다도 죽음을 무겁게 여겨야 합니다. '중사重死'란 생명 중시이고, '경사輕死'란 생명 경시입니다. 어의적으로는 반대지만, 생명 중시를 '중생重生'이라고 쓰기도 합니다. 아무튼 사람들이 생명을 중시한다면 공연히 멀리 나다닐 필요가 없겠지요. 한 번 죽기를 각오하여 부귀영화를 누리겠다든지 하는 욕심이 있어 옮겨 다니는 것이니까요. 한 번도 이사 가지 않고 살 수만 있다면 정말 좋겠습니다. 시골에서는 태어나서 한 번도 그 집을 떠나지 않은 사람을 간간이 만날 수 있습니다. 그들은 평화 그 자체입니다.

배와 수레는 이동 수단입니다. 그것을 타고 다니는 것이 좋을까요? 아닙니다. 그것은 무엇인가 부족하기 때문에 떠돌아다니기 위해서 타는 것입니다. 배와 수레를 타고 멀리 가지 않아도 되어야 좋은 사회입니다. 고향을 떠나 돈을 벌기 위해 도시로 모여들던 시절을 생각해보십시오. 떠난 사람도 피폐해지고 남은 마을도 황량해집니다. 배와 수레가 있어도 탈 일이 없어야 합니다.

갑병甲兵은 예로부터 무서운 부대입니다. 오늘날의 탱크 부대와 같습니다. 탱크 부대를 오늘날 기갑機甲부대라고 하는 것은 기계로 만든 갑병甲兵이라는 뜻입니다. 그들은 철갑鐵甲을 두르고 화력을 자랑합니다. 근대전에서의 승리는 곧 장갑차의 발달과 궤를 같이합니다. 2차대

전도 그랬고, 한국전쟁도 그랬습니다. 그만큼 탱크를 앞세워 전쟁을 벌일 때 위협적이기 짝이 없는 것입니다. 군사정권 시절에는 청와대 앞 경복궁에 탱크를 배치하던 때가 있었습니다. 휴전선을 두고 탱크 부대가 대치하는 것은 그만큼 우리의 상황이 평화적이지 않음을 뜻합니다. 탱크가 아무리 많아도 포진할 때가 없어야 합니다.

옛날에는 사람들이 글자를 몰랐습니다. 문자가 불필요했는지도 모릅니다. 원시사회에서는 새끼를 꼬아 단순한 의미 전달을 하는 결승문자結繩文字만으로도 잘 살아갔습니다. 그런데 이제 문자는 숫자, 문자, 기호 등이 합쳐져야 의사소통이 가능해질 정도로 복잡해졌습니다. 과연 어떤 시절이 평화로울까요? 다시금 그런 시절로 돌아갈 수는 없을까요? 단순한 표기가 훨씬 더 인간적이지 않을까요? 사람은 먹고, 자고, 싸는 이 세 가지 조건에서 크게 벗어나지 못합니다. 그런데 왜 이렇게 복잡해진 것일까요?

∘ 나는 작은 나라에서 적은 사람과 삽니다.

80.2 사람에게 먹을 것을 주십시오. 맛나게 먹게 하십시오. 그 이상 좋은 것은 없습니다. 그 많은 논리 속에도 먹는 문제가 숨어 있기 마련입니다. 중국 사람들처럼 중요한 상담은 식당에서 하십시오. 상대방은 어느덧 너그러워져 있을 것입니다.

사람에게 옷을 입히십시오. 예쁘게 입도록 하십시오. 옷이 날개라고, 누구라고 좋은 옷을 싫어하겠습니까? 여인들에게는 더욱 그러합니다. 오늘날의 패션 산업을 보십시오. 전 세계의 돈과 명예가 그리로 모이고 있지 않습니까? 옛날 같으면 단순한 재봉사에 불과했을 직업이 이제는 예술가로 다시 태어나고 있습니다.

사람이 편하게 살게 해주십시오. 좋은 집이 아니어도 좋으니 편안하게 지낼 수 있도록 하십시오. 등이 따뜻할 때 사람은 불만이 없어집니다. 오순도순 살 수 있도록 해야 합니다. 집이 없어 고생하다 보면 삶이 싫어지기 쉽습니다. 태어나서 집 한 채 마련하려고 인생을 다 바치는 우리의 주택 공급 구조는 사람을 황폐하게 만들고 있습니다.

좋은 날을 즐기게 해주십시오. 시속時俗에 따라 사람들이 살 수 있도록 하십시오. 명절이 오면 집에 가서 가족과 함께 즐겁게 놀 수 있도록 해주십시오. 설날이면 떡국 먹고 어른들께 세배할 수 있게 해주십시오. 대보름이면 부럼을 깨물고 귀밝이술을 마실 수 있게 해주십시오. 추석이면 송편을 빚고 조상님께 차례를 올릴 수 있게 해주십시오. 풍속은 사람을 즐겁게 만듭니다.

∘ 나는 그저 좋습니다.

80.3 이웃 나라가 바로 코앞에서 바라보고 있지만 굳이 건너갈 까닭이 없습니다. 우리나라에서 만족스럽기 때문입니다. 이웃 나라에서 닭 홰치는 소리와 개 짓는 소리가 들려도 갈 일이 없습니다. 우리나라에서 행복하기 때문입니다. 사람들은 늙어 죽을 때까지 서로 오가지 않아도 됩니다. 우리나라가 만세이기 때문입니다.

쿠바를 보십시오. 쪽배를 타고 목숨을 걸고 바다를 건너 미국으로 갑니다. 왜 이런 일이 생기나요? 중국을 보십시오. 우리나라로 밀항하려다 창고에서 질식사하기도 합니다. 정말 안타까운 일입니다.

∘ 나는 다른 나라 없이도 잘 삽니다.

제81장   나에게 싸움은 없습니다

81.1 믿음직한 말은 아름답지 않고, 아름다운 말은 믿음직하지 않다.

　　　　잘하는 사람은 말이 많지 않고, 말이 많은 사람은 잘하지 못한다.

　　　　아는 사람은 넓지 않고, 넓은 사람은 알지 못한다.

81.2 성인은 쌓아두지 않는다.

　　　　벌써 남을 위했으니 이미 더욱 가졌다.

　　　　벌써 남에게 주었으니 이미 더욱 많다.

81.3 하늘의 길은 이로우면서도 해치지 않는다.

　　　　성인의 길은 하면서도 싸우지 않는다.

81.1 信言不美, 美言不信.
　　　　신 언 불 미　　미 언 불 신

　　　　善者不辯, 辯者不善.
　　　　선 자 불 변　　변 자 불 선

　　　　知者不博, 博者不知.
　　　　지 자 불 박　　박 자 부 지

81.2 聖人不積.
　　　　성 인 부 적

　　　　旣以爲人, 己愈有.
　　　　기 이 위 인　　이 유 유

　　　　旣以與人, 己愈多.
　　　　기 이 여 인　　이 유 다

81.3 天之道, 利而不害.
　　　　천 지 도　　리 이 불 해

　　　　聖人之道, 爲而不爭.
　　　　성 인 지 도　　위 이 부 쟁

81.1 믿음직한 말은 아름답지 않습니다. 어머니, 아버지의 말은 퉁명스럽습니다. 그러나 가장 믿음직합니다. 아름다운 말은 믿음직하지 않습니다. 사기꾼의 말은 정말 수려합니다. 그러나 믿어서는 안 됩니다. 무뚝뚝하고 욕 잘하는 할머니 음식점에 손님이 꼬이기도 합니다. 그것은 주인 할머니가 오히려 부모처럼 정을 담아 음식을 해주기 때문입니다.

일 잘하는 사람은 말이 많지 않습니다. 잘한다고 떠벌리는 사람치고 정작 일 잘하는 사람은 없습니다. 말로 일을 하기 때문입니다. 말 없는 사람이 오히려 일을 잘합니다. 말보다 몸이 앞서 일을 합니다. 일은 입으로 하는 것이 아닙니다. 사람들은 말이 앞서는 사람을 싫어합니다. 말만 해놓고 이루어진 것이 없으면 정말 실망스럽습니다. 말을 하지나 않았으면 기대도 하지 않았을 텐데 말입니다.

아는 사람은 넓게 알지 않습니다. 지적으로 실력 있는 사람은 하나에 통달한 사람입니다. 넓게 아는 사람은 깊이 알지 못합니다. 이것저것 다 알려 하다가는 결국 아무것도 모르게 됩니다. 팔방미인八方美人이 뭐 하나 잘하는 것 없다는 말도 이런 연유에서 비롯됩니다. 사실(박사博士란) 글자만 좇으면 넓게 아는 사람을 뜻하지만 실제로는 전문가를 가리킵니다. 원래 '오경박사五經博士'라는 데에서 나왔는데, 이는 다섯 경전에 달통한 사람을 일컫는 말입니다.

◦ 나는 하나만 알렵니다.

81.2 쌓아두면 뭐합니까? 세상의 재물은 본디 내 것이 아니었고 앞으로도 내 것일 수 없습니다. 버리십시오. 그렇다고 해서 자기 것이 없

333

어지는 것일까요? 아닙니다. 오히려 자신에게 모든 것이 모이게 되어 있습니다.

남을 위하십시오. 그러면 나는 더욱 많은 것을 갖게 됩니다. 남에게 주십시오. 그러면 나는 더욱 많은 것을 얻게 됩니다. 재산으로 주면 재산으로 갚을 것이요, 명예로 주면 명예로 갚을 것이요, 사랑으로 주면 사랑으로 갚을 것입니다. 그러니 나는 벌써 버렸지만, 이미 더욱 많이 얻고 말았습니다.

∘ 나는 남에게 다 주었습니다.

81.3 하늘의 길이 있습니다. 자연의 원리입니다. 천도天道입니다. 그것은 오직 하나의 원칙만을 갖습니다. 만물을 이롭게 하면서도 해치지 않는 것입니다.

성인의 길이 있습니다. 인간의 도리입니다. 인도人道입니다. 그것은 오직 하나의 원칙만을 갖습니다. 만물과 더불어 하면서도 싸우지 않는 것입니다.

하늘과 사람을 더불어 이야기해봅니다. 어디까지가 하늘이고, 어디까지가 사람입니까? 어디까지 자연의 영역으로, 어디까지 인간의 영역으로 설정할 것입니까?

아뿔싸! 그보다 중요한 것이 있습니다. 남에게 잘못하지 마십시오. 남과 다투지 마십시오. 덜고 더 더십시오. 그곳에 길이 있습니다.

∘ 나에게 싸움은 없습니다.

지은이 정세근

국립대만대에서 박사 학위를 받았다. 미국 워싱턴주립대에서 비교철학을 가르쳤으며, 현재 충북대 철학과 교수로 있다. 대동철학회 회장을 맡았다. 철학 관련 5대 학회의 편집위원이다.

주요 저서로《莊子氣化論》(중국어),《제도와 본성》(학술원 우수학술도서),《노장철학》(문화부 우수학술도서),《위진현학》(문화부 우수학술도서),《윤회와 반윤회》(4쇄),《광예주쌍집》(전2권: 역주 및 도판) 등이 있으며, 노자 관련 근간 논문으로〈곽점 초간본 노자와 태일생수의 철학과 그 분파〉(2002),〈노자 하상장구주에서의 국가와 신체〉(2003),〈한국 도가철학 연구의 길〉(2004),〈노자의 반전론〉(2004),〈우리 시대의 노장 연구사〉(2005),〈노자의 심론〉(2006),〈한비자의 노자 이해〉(2010),〈노자의 정신론〉(2011),〈박세당의 도덕경과 체용론〉(2012),〈여성주의와 노자철학〉(2014),〈됐다와 놀자: 노장의 행복론〉(2016) 등이 있다. 위의 논문이 실려 있는 노장과 노장 주석가에 관한 책으로《노장철학과 현대사상》(2018),《도가철학과 위진현학》(2018)이 있고, Kmooc에서 일반인과 학생을 대상으로 '다문화와 세계종교 기행' 무료강의 (English caption)를 열고 있다.

노자 도덕경

1판 1쇄 발행 2017년 8월 30일
1판 3쇄 발행 2019년 10월 30일

지은이 정세근
펴낸곳 (주)문예출판사 | **펴낸이** 전준배
출판등록 1966. 12. 2. 제1-134호
주소 03992 서울시 마포구 월드컵북로 6길 30
전화 393-5681 | **팩스** 393-5685
홈페이지 www.moonye.com | **블로그** blog.naver.com/imoonye
페이스북 www.facebook.com/moonyepublishing | **이메일** info@moonye.com

ISBN 978-89-310-1062-6 03150